브런치 재테크

브런치 재테크

맛있게 돈 모으는 30가지 레시피

허서윤·신찬옥 지음

21세기북스

저자 서문

이제 막 재테크를
시작하는 왕초보에게

잔소리쟁이 허 셰프로 살았던 300일의 기록

퇴근길 지하철, 사람들은 약속이라도 한 듯 스마트폰에서 눈을 떼지
못합니다. 저 역시 무료하기도 하고 앞사람 보기 민망하기도 해서 스
마트폰을 들여다보고 있던 참이었죠. 문득 생각했습니다. 이런 자투
리 시간에 읽을 만한 콘텐츠를 만들어보면 어떨까? 재테크 왕초보를
위해 쉽고 재미있게 금융 상품 전반을 요약해보자! 그렇게 상상의 나
래를 펼쳐나가자 이야기 속 재테크 스승인 허 셰프가 되었습니다.

　존재하지도 않는 '대박 재테크 비법'으로 독자를 호객하기는 싫었습
니다. 재테크는 부자들이나 하는 것이고 우리는 모두 속고 있다고 비
관하기도 싫었습니다. 낙관도 비관도 아닌, 냉철한 판단만이 소중한
나의 돈을 지켜줄 수 있다고 생각했습니다. 『브런치 재테크』를 읽은 뒤
은행 창구 직원이 권하는 보험이나 펀드 상품이 나에게 적합한지 아
닌지 판단할 수 있고, 재무 설계사가 짜준 포트폴리오를 보고 장단점

을 짚어낼 수 있으면 되겠다 싶었습니다.

그래서 허 셰프로 살았던 지난 300일 동안 독자들에게 지겹게 잔소리를 했습니다. "남의 말만 듣고 금융 상품 가입하지 마세요, 종잣돈 만들기 전에는 절대로 투자하지 마세요, 제발 경제 공부 열심히 해서 '가장 합리적인 선택'을 하세요"라고요. 제 돈만큼 소중한 여러분의 돈을 제대로 지키는 법을 알려드리고 싶었기 때문입니다. 이것이 『브런치 재테크』를 시작한 첫 마음이자, 마지막까지 정성을 다해 담고 싶었던 진짜 레시피입니다.

영어나 수학보다 재테크 학원이 더 필요하지 않을까

저희는 둘 다 재테크 전문가가 아닙니다. 취재 기자들이 쓴 경제 뉴스를 독자들이 좀 더 쉽게 보고 이해할 수 있도록 '편집'하는 매일경제신문의 편집 기자입니다. 『브런치 재테크』도 이와 비슷한 방식으로 만들어졌다고 할 수 있습니다. 말하자면 서점과 인터넷에 넘쳐나는 경제 뉴스와 재테크 정보들을 알맹이만 요약하고 이해하기 쉽게 풀어썼다는 뜻입니다. 낮에는 회사에서 주구장창 경제 기사를 읽고, 밤이면 집에 돌아와 어려운 경제를 조금이라도 재미있게 써보고자 머리를 쥐어짰습니다. 몸은 힘들고 (다채로운 '악플'에) 마음은 너덜너덜해졌지만, 연재되는 내내 응원해주시고 칭찬해주신 독자들 덕분에 끝까지 완주할 수 있었습니다.

'브런치를 먹으며 재테크를 배우는 모임'이라는 콘셉트가 마음에 드셨는지, 실제로 '경성이브' 같은 재테크 모임을 만들면 안 되겠냐고 묻는 분들이 꽤 계셨습니다. 그럴 때마다 저희끼리 이런 이야기를 했죠. 영어나 수학 학원보다 재테크 학원이 더 필요할지도 모른다고요.

재테크라고 하면 '돈 많이 버는 기술' 정도로 생각하기 쉽지만, 저희는 그보다 '돈 관리하는 기술'에 더 가깝다고 생각합니다. 얼마를 벌든 '나만의 돈 관리 시스템'을 만들어 적합한 금융 상품에 가입하고 평생 재무 플랜을 세울 수 있으면 된다고요. 그래서 감히 "재테크 안 해도 된다"고 주장하면서, 평생 예금과 적금만 들 작정이더라도 금융 상품에 대해서 알고는 있어야 한다고 잔소리했지요. 매일 30분씩 경제 뉴스 챙겨 읽고, 재테크 카페에도 수시로 들어가 정보를 살피고, 금융 신상품 나오면 설명서도 열심히 챙겨 보며 공부하라고 말입니다.

이렇게 말하니 정말 학원 강사 같나요? 오래 다닐 필요도 없는 학원입니다. 3~6개월만 배우고 나머지는 평생 독학해도 됩니다. 경제를 배우는 학원에 다닌다고 생각하시면 어떨까요? 그런 가벼운 마음으로 『브런치 재테크』를 읽어주셨으면 좋겠습니다.

독자들과 함께 만든 쌍방향 재테크 입문서

『브런치 재테크』는 2013년 5월 27일부터 12월 16일까지 30주 동안, 매주 월요일에 '네이버' 매거진에 연재된 내용을 책으로 묶은 것입니다. 인터넷과 모바일로 매주 독자들과 만나다 보니 자연스레 쌍방향 소통이 이뤄지면서 그것들이 내용에 반영되는 긍정의 결과를 만들었습니다. 그래도 미진한 부분을 보충해드리고자 블로그(blog.naver.com/

huh_chef)에 심화 레시피 코너도 만들었습니다. 보충 수업 혹은 수준별 수업인 셈이죠. 많은 댓글이 달리고 저희는 그 댓글에 다시 답변을 달았습니다. 그리고 그 내용은 고스란히 네이버 매거진과 이 책에 반영되었습니다.

요컨대 『브런치 재테크』는 연재 내내 '애정'해주신 독자들과 블로그 이웃들이 함께 써주신 것이나 다름없습니다. 특히 책으로 펴내면서 많은 분들이 궁금히 여기던 부분은 좀 더 자세히 풀어쓰고, 몇 달간 블로그에 올렸던 심화 레시피 중 핵심만을 뽑아 싣는 등 많은 재테크 정보를 담으려고 노력했습니다. 21세기북스의 편집자인 장보라 씨가 독자들이 보기 편한 최적의 편집을 해주셨고, 근사한 일러스트까지 더해져 여러분께 선보이게 되었습니다.

이 책으로 끝이 아닙니다. 블로그를 개설했더니 굉장히 많은 이웃님들이 방문해 폭풍 질문을 쏟아내시더군요. 소중한 개인 정보가 결부된 돈이라는 민감한 문제인데도 얼굴 한번 본 적 없는 저희에게 도움을 청하셨습니다. 모르는 건 전문가에게 물어보고, 몇 시간씩 검색해 정보를 모아 알려드렸지만 부족한 부분이 많은 건 어쩔 수 없더군요. 그래도 고맙다고, 큰 도움이 되었다고 말씀해주시니 그저 감사할 밖에요. 저희의 작은 노력으로 소중한 돈을 지킬 수 있었다니 그만한 기쁨이 어디 있겠습니까. 앞으로도 블로그를 통해 피드백은 계속될 예정입니다. 언제든 궁금한 점 질문해주시면 열심히 공부해서 알려드리도록 하겠습니다.

호의 은행과 부자 노트를 권합니다

책 속에 나오는 브런치 재테크 모임의 이름은 '경성이브'입니다. '경제적 성공을 이루고 싶은 사람들의 브런치 모임'의 약자죠. 여기서 말하는 '경제적 성공'을 너무 거창하게 생각하지 않으셨으면 합니다. 10억 만들겠다고 핏발 세우며 죽기 살기로 모으는 재테크 시대는 갔습니다. '돈 관리하는 시스템 만들기'는 단기 속성으로 끝내시고, 나머지는 인생을 더 즐겁게 사는 방법을 찾으셨으면 합니다. 그러시라고 저희가 열심히 요약한 거니까요.

여러분의 행복한 인생을 응원하며, 호의 은행 계좌 개설과 부자 노트 쓰기를 권합니다. 호의 은행이란, 파울로 코엘료의 소설 『오 자히르』에 나왔던 단어를 뜻만 조금 바꾼 것입니다. 우주에 『해리 포터』에나 나올 법한 어마어마한 호의 은행이 있다고 상상해보세요. 내가 베푼 호의는 사라지는 게 아니라 호의 은행에 차곡차곡 쌓입니다. 그리고 언젠가 몇 배, 몇 십 배, 때론 몇 백 배로 돌아옵니다. 내가 호의를 베푼 대상이 갚지 않아도 우주 은행이 나에게 돌려주는 것이지요. 어때요? 듣기만 해도 기분 좋아지는 상상 아닌가요? 한번 믿어보십시오. 『브런치 재테크』를 쓰면서 저는 벌써 몇 번이나 호의 은행의 만기 환급금을 받았으니까요.

부자 노트는 본문에도 나옵니다만, 평소에 쓰는 다이어리를 '부자 노트'로 변신시키라는 권유입니다. 저도 새해 다이어리를 다시 세팅해 저만의 '부자 노트'로 만들었습니다. 그 노트에 평생 재무 계획도 쓰고, 떼돈 벌어줄 아이디어도 쓰고, 괜찮은 금융 상품도 메모하세요.

스크랩할 경제 뉴스도 체크해두고, 전문가의 증시 전망도 적어두세요. 누구 보여줄 일 없으니 마음 가는 대로 쓰시면 됩니다. 이렇게 쓰다 보면 자연스럽게 '부자의 뇌'가 작동하기 시작할 것입니다. 혹시 아나요? 여러분을 자수성가 부자로 만들어줄 멋진 아이디어가 튀어나올지!

이제, 날마다 경제 뉴스를 챙겨 읽고, 여유와 미소로 호의 은행에 저축을 하고, 소박한 부자 노트를 쓰는 사람이 되어보지 않으시겠습니까?

지금 이 순간의 호의가 당신에게 고스란히 전달되기를 바라면서
허서윤, 신찬옥 드림

PART 02

왕초보에게 떠먹여주는
투자의 기초

주식, 펀드, ETF, 3만 원으로 하는 틈새 재테크…

PART 03
돈이 저절로 굴러가는
부자 습관 배우기

부자 노트, ELS, 채권, 부동산(전월세), 연말정산…

'0'원에서 시작하는
종잣돈 모으기 프로젝트

예금, 적금, 통장 쪼개기
체크카드 vs 신용카드
CMA, 재형저축, 보험……
"통장 잔고 '1,670'원인 다인의 재테크가 시작된다"

ATM 기기마저
거부한 여자

:

취직을 하게 되면 월급 절반은
저축하겠다던 야심찬 결심은 사라진 지 오래.
어느새 캐러멜마키아토 같은
달달한 소비의 유혹에 빠지고 말았다.
카드 대금 때문에 부었던 적금 깨기를 몇 차례,
'아껴야지' 생각은 하면서도
그날그날 살아가던 다인에게 위기가 찾아온다.

핑크 하이힐이 가져간 내 월급

'인출 불가, 잔액 부족'

헉! 현금 지급기가 계속해서 나를 거부한다. 어떻게 된 기계가 달라는 현금은 안 내놓고 명세서만 토해내느냐 말이다. 20만 원, 10만 원, 5만 원…… 모두 인출 불가란다. 무슨 일이지? 일단 내일 김 대리 결혼 축의금은 미뤄두고라도, 오늘 밤 홍대 클럽 가서 쓸 비상금 3만 원이라도 찾자. 다시 비밀번호를 누른다.

'인출 불가, 잔액 부족'

뭐야? 통장에 3만 원도 없다고? 그럴 리가 없는데. 뭔가 잘못된 게 틀림없어. 누가 나 몰래 내 돈을 다 빼가기라도 한 거야? 보이스피싱이나 해킹 같은 건가? 떨리는 손으로 잔액 조회를 누른다.

'1,670원'

이럴 수가! 11만 1,670원도 아니고, 1만 1,670원도 아니고, 달랑 1,670원이라고? 나도 모르게 절규에 가까운 목소리가 튀어나온다. 누가 듣기라도 할까 싶어 얼른 입을 막고 황급히 입출금 내역 조회를 누른다. 내 통장에서 돈을 빼간 자들의 목록이 주르륵 뜬다. 어디 보자. 감히 허락도 없이 내 돈을 몽땅 꿀꺽하다니, 잡히면 니들 다 죽었어!

"야, 윤다인! 뭐해? 점심시간 끝난 지가 언젠데?"

입사 동기 소연이다. 점심시간이 끝났다는 말에도 나의 붕괴된 '멘탈'은 돌아올 줄 모른다.

"왜 그래, 너? 무슨 일 있어? 어디 좀 봐. 너 얼굴이 완전 하얗게 질렸어!"

당연히 그렇겠지. 은행에서 회사까지 어떻게 걸어왔는지 기억도 나지 않는다. 겨우 휴게실로 돌아와 냉수 한잔 들이켜고 주저앉아 있는 참이다.

"괜찮아? 차가운 물 좀 줄까?"

이미 마셨거든! 나 좀 그냥 내버려둘래? 아 참, 일해야지! 일을 해야 월급을 받을 수 있을 테니까. 나는 통장 잔액이 1,670원인 여자! 나이 스물여섯에 이게 무슨 꼴이람. 내 통장에서 천금 같은 월급을 강탈해간 건 다른 누구도 아닌 나였다. 지지난달에 '샤랄라'하고 '블링블링'한 핑크 하이힐 산다고 백화점에서 호기롭게 긁은 신용카드가 내 목을 조를 줄이야.

일주일 동안 어떻게 살아남지?

"소연아, 오늘이 며칠이지?"

"너 진짜 왜 그래? 계속 멍 때리고 있더니 뜬금없이 날짜는 왜?"

"아, 쫌! 며칠이냐고?"

"17일이지. 그건 왜?"

"17일이면, 월급날까지 며칠 남은 거냐?"

"참나! 회사 다닌 지 1년이 넘은 애가 그것도 몰라? 월급날이 25일이니까 대충 일주일 남았네!"

일주일! 출퇴근은 교통카드로 해결하면 되고, 밥은 사원증으로 구내식당에서 먹고, 숨만 쉬고 살면 어떻게든 버틸 수 있으려나. 오늘

불타는 금요일을 홍대에서 보내려는 계획은 완전 물 건너갔네. 아, 내일 김 대리 결혼식은 또 어쩌지? 축의금을 후불로 낼 수도 없고…….

"소연아, 나에 대한 너의 애정은 얼마 짜리냐?"

"뭐, 뭐야? 그 수상한 말투는?"

"아 쫌! 토 달지 말고 이야기해주면 안 되냐? 나 지금 상태 완전 안 좋거든!"

"너야말로 말 돌리지 말고 솔직하게 불어. 나 빨리 자리로 가봐야 하거든!"

"매정한 년! 도, 돈 좀 빌려줘!"

빌려달라는 말이 끝나기도 전에 소연의 몸이 재빨리 반응한다. 나는 엉겁결에 쌩하게 일어나는 소연의 팔목을 붙잡고 매달린다. BJ그룹 42기 최고의 짠순이 사원 이소연에게 돈을 빌리다니, 나도 참 급했나 보다.

"야, 소연아! 내일 김 대리 결혼식이잖아. 축의금 안 내면 나 어떻게 되는지 알지? 5만 원만 빌리자, 딱 5만 원만! 응?"

소연이 멈칫한다. 사수인 김 대리에게 찍히면 사무실이 군대 내무반 되는 건 순식간이다. 그래! 동기사랑 나라사랑이라는데, 불쌍하지도 않냐? 나는 슈렉에 나오는 장화 신은 고양이보다 백 배 더 불쌍하고 슬픈 표정을 지어 보인다. 이쯤 되면 제아무리 소문난 짠순이라도 흔들리지 않을 수 없겠지.

"넌, 어떻게 된 애가 돈 5만 원이 없어서……."

그래그래, 나도 내가 한심해. 돈만 빌려준다면 이 정도 모욕쯤이야

못 참겠냐! 그러나 정작 나를 기절시킨 건 소연이의 다음 말이었다.

"알았어, 빌려줄게! 너 오늘 계 탄 줄 알아라! 1,500만 원짜리 만기 된 적금 찾은 기념으로 빌려주는 거야. 다음엔 국물도 없다!"

같은 월급 받고 재산은 1만 배 차이

'1,670원 vs 1,500만 원'

오후 근무를 어떻게 했는지 모르겠다. 소연이가 건넨 5만 원을 받아들고 자리로 돌아온 후로 머릿속에 두 개의 숫자가 동동 떠다닌다. 입사한 지 1년 2개월, 회사님이 똑같은 월급을 주셨는데 차이가 나도 이렇게 차이가 날 수 있나. 내 통장 잔액보다 소연이의 저축액이 더 충격이다. 200만 원도 안 되는 월급으로 어떻게 1년 만에 1,500만 원이나 모았지? 밥만 먹고 숨만 쉬고 모은 거야? 짠순이라고 흉보던 내 자신이 부끄러워졌다.

"윤다인! 퇴근 안 해? 너 오늘 진짜 이상해. 니가 좋아하는 '불금'이잖아! 홍대든 이태원이든 가서 금요일 밤을 불태워야지!"

소연이의 재촉에 가방을 챙겨 일어선다. 불금은 무슨! 돈도 없는데 집에나 가야지. 아침에 그렇게 공들여 화장할 때만 해도 퇴근길이 이렇게 좌절 모드일 줄 누가 알았겠어, 보람도 없이.

"근데 1,670원은 뭐냐?"

1,670원이라는 말에 정신이 번쩍 든다. 내 표정이 심상치 않았는지 소연이가 조심스레 눈치를 살핀다. 아, 자존심 상해!

"아, 아까 내가 낙서한 거 봤구나? 1,670원이 아니고 1,670만 원이야. 너 1,500만 원 모았다기에 나도 목표 좀 세워본 거야."

"와, 대박! 천하의 윤다인이 저축을 한다고? 너처럼 돈 쓰기 좋아하는 애가? 그러고 보니 불타는 금요일에 지하철 타고 곧장 집에 가는 것도 수상하긴 했어!"

"그럼! 나도 이제 저축도 하고, 그 뭐냐, 재테크도 좀 하고 그래야지!"

"와우! 재테크까지? 너 내가 아는 그 윤다인이 맞아? 뭐 잘못 먹은 거 아니야?"

이소연! 아까부터 너 진짜 아픈 곳만 골라서 찌를래! 난 1년 2개월 동안 대체 뭘 하고 산 걸까. 후회가 마구 밀려든다. 이러다 울겠네. 다른 이야기하자!

아무나 갈 수 없는 그들만의 모임

"너야말로 수상하거든? 금요일마다 칼퇴근해서는 쪼르르 집으로 달려가고. 토요일 오전엔 뭘 하기에 전화도 안 되고. 나 몰래 연애라도 하는 거야? 혹시 사내 연애?"

"사내 연애 같은 소리 하네. 내가 미쳤냐? 금요일엔 학원가고, 토요일 오전에도 중요한 수업이 있어서 그래."

"학원? 수업? 부지런하기도 하셔라. 뭐 배우는데? 영어? 취미 같은 강좌?"

"어, 그런 게 있어. 일종의 비밀 수업이랄까."

"뭐야, 나도 좀 가르쳐줘. 좋은 거 있으면 같이 배우자, 응?"

소연이가 물끄러미 나를 바라본다. 뭐지, 이 반응은? 그냥 장난으로 해본 말인데, 진짜 비밀 수업인 거야?

"허 셰프한테 허락 안 받고 데려가도 될까……?"

이젠 혼잣말까지 한다. 뭐? 허, 허 셰프? 요리 배우는 거였어? 요리는 관심 없는데.

"그래, 일단 같이 가보지 뭐. 내일 오전에 시간 돼? 11시 수업이긴 한데 보통 10시 30분에 모여서 워밍업도 하고 정신 교육도 받고 그러거든. 10시 20분에 안국역에서 만나자."

"어, 나, 나는 보통 토요일엔 늘어지게 자고 브런치 먹는데……."

"우리도 브런치 먹어. 메뉴는 그날그날 다른데 완전 맛있어! 아무나 갈 수 있는 곳 아닌데 큰맘 먹고 데려가는 거니까, 오든 말든 맘대로 하셔. 아, 나 내려야겠다!"

"야, 이소연! 거기가 어딘데? 뭐하는 곳인지는 알고 가야 할 거 아니야?"

"와보면 알아! 우리끼리는 '경성이브'라고 불러. 내일 만나서 이야기하자! 나 간다."

소연이 인파를 헤치고 지하철에서 내린다. 경, 경성이브? 뭐냐, 이 고색창연한 이름은? 궁금해서 잠도 안 오게 생겼네! 나는 궁금함을 참지 못해 소연에게 문자를 보냈다. 협박 반, 읍소 반이 통했는지 소연에게서 답장이 도착했다.

'경제적 성공을 이루고 싶은 사람들의 브런치 모임!'

와우! 내일 꼭 가야겠다. 고맙다, 이소연!

'경제적 성공을 이루고 싶은 사람들의 브런치 모임'인 '경성이브'에 오신 것을 환영합니다. 다양한 재료와 요리 비법으로 맛깔나는 밥상을 차려내듯, 수많은 금융 상품과 투자 정보들을 모아 나만의 재테크 레시피를 만들어보는 모임입니다. 먼저 밥상을 차려본 사람으로서 재테크 초보자에게 도움이 될 레시피들을 쉽고 재미있게 알려드리겠습니다. 숟가락 들고 맛있게 드실 준비 되셨죠? 그럼 저는 첫 번째 수업에서 드실 요리를 준비하러 가보겠습니다. 어렵거나 힘들 거라는 걱정은 접고 마음 편하게 오세요! 재테크는 시작이 반이거든요. 그럼 내일 브런치 모임에서 만나요!

무쇠솥을 들고
나타난 남자

:

입사 1년을 갓 넘긴 스물여섯 살 직장인 윤다인.
통장 잔고 1,670원이라는
충격적인 숫자를 확인한 다음 날,
직장 동기의 소개로
'경제적 성공을 이루고 싶은 사람들의
브런치 모임'인 '경성이브'에 참석하게 된다.

'경성이브'와의 첫 만남, 여긴 어디? 난 누구?

"꼭 그렇지만은 않다고 봅니다."

안경을 쓴 30대의 남자가 맞은편에 앉은 여자의 말을 자르고 끼어든다. 어제 소연이가 정신 교육 어쩌고 하더니, 이거 뭔가 살벌한데?

"기초노령연금과는 별개로 보험사에 몇 억씩 즉시연금을 넣는 사람들이 있으니까요! 정부에서 65세 이상 노인 70%에 기초노령연금을 지급하기로 한 건 우리나라가 고령 사회로 진입했다는 걸 공식적으로 천명한 거죠. 생각해보세요. 퇴직 후 국민연금을 받을 때까지 길게는 10년간의 공백이 생기는 데다 고령 인구는 점점 늘어날 텐데요. 장기적으로 보험주의 전망이 밝다고 볼 수도 있는 거 아닐까요? 요즘 부쩍 드는 생각인데, 돈 많은 자산가들이 생각보다 훨씬 더 많습니다. 저는 그 점을 눈여겨보고 있습니다."

"저도 동의합니다. 은행에 다니는 제 친구 녀석이 농담처럼 그러더군요. 20만 원짜리 연금 보험에 드는 것보다 보험 관련 주식을 사두는 게 수익이 더 나을지도 모른다고요."

"오, 그거 말 되는데요? 이 참에 매달 한 주씩 모아볼까요?"

안경 쓴 남자의 말에 진지하게 대화를 이어가던 사람들이 소리 내어 웃는다.

뭐야, 저게 웃겨? 나는 꿀꺽 하고 침을 삼킨다. 사람들은 다시 진지하게 보험이니 연금이니 하는 이야기를 이어간다. 아, 목말라. 여기는 손님이 왔는데 물도 안 주나? 옆자리 소연이는 진지한 얼굴로 그들의 대화를 경청하고 있다. 표정만 보면 다 알아듣는 눈치다.

말로만 듣던 '훈남' 셰프의 등장

경제적 성공을 이루기 위한 브런치 모임, 경성이브! 그 이름에 혹해서 10시쯤 안국역에 도착했다. 소연이를 따라 풍문여고 길을 한참 걸어 도착한 곳은 작은 한옥을 개조한 카페 겸 레스토랑. 예닐곱 개의 탁자가 놓인 소박한 실내, 한옥 같지 않은 모던한 인테리어와 가게의 절반 가까이를 차지하고 있는 널찍한 주방이 인상적이다.

이미 도착한 네 명의 회원이 가운데에 자리를 잡고 앉아 이야기를 나누고 있다. 가볍게 인사를 하고 탁자 끝 빈자리에 앉았다. 사람들은 아무 일 없다는 듯 대화를 계속했다. 카드가 어쩌고 보험이 어쩌고 펀드가 어쩌고……. 익히 예상은 했지만 하품 나온다, 진짜.

"이번 주 이슈는 단연 기초노령연금이군요."

반쯤 안드로메다로 놀러 나갔던 정신이 확 돌아온다. 이야기 내내 주방에서 분주하게 무언가를 만들던 남자가 앞치마에 물기 묻은 손을 닦으며 걸어 나왔다.

"늦어서 죄송합니다. 오늘 메뉴를 급하게 변경하느라 시간이 좀 걸렸네요."

오오, 드디어 허 셰프의 등장인가? 가까이서 보니 키도 꽤 크다. 180cm쯤 될까? 아주 잘생긴 외모는 아니지만 하얀 요리사 복장이 아주 잘 어울리는 '훈남'이시다. 살짝 눈웃음을 지을 때는 로이킴을 닮은 것도 같다. 나는 황급히 자세를 고쳐 앉는다.

"좋은 논의였어요. 그런데 이렇게 생각해볼 수도 있지 않을까요? 기초 연금에 양육 수당에 4대 중증 질환 보장까지 복지 혜택은 늘어나는데, 그 많은 돈이 다 어디서 날지……. 결국 세금을 더 거둬야 한다는 계산인데, 그로 인한 파급 효과가 어떨지 고민해보세요. 내가 수십억 자산가라면 어떻게 할까. 많은 월급쟁이들은 세금을 아끼기 위해 무엇을 할까. 개별 보험주 분석할 때는 계열사 지배 구조도 눈여겨보시고요."

회원들이 고개를 끄덕인다. 오, 키 큰 훈남이 똑똑하기까지! 셰프니까 요리도 잘할 테고, 이거 뭔가 '하트 뿅뿅'의 전조인걸! 이런 내 마음을 읽은 듯 허 셰프가 나를 지그시 바라본다.

첫 번째 브런치 재테크 메뉴

"안녕하세요! 여기 주인장 허윤회입니다. 소연 씨 친구시죠? 환영합니다. 처음 오셨는데 너무 우리 이야기만 했죠? 다들 인사하세요! 저, 성함이……."

"아, 안녕하세요! 윤다인입니다. 소연이랑 같은 회사 입사 동기이고요. 스물여섯 살, 입사 2년 차입니다. 잘 부탁드립니다."

"환영합니다! 원하는 경제적 성공을 위해 열심히 공부해봅시다!"

회원들이 박수를 쳤다. 이거 좀 쑥스러운걸.

"자, 다인 씨가 처음 나온 날이니까 오늘 브런치 메뉴가 뭔지는 다들 아시겠죠?"

허 셰프가 의미심장한 표정으로 좌중을 둘러보았다.

"와! 좋아요, 좋아! 소연 씨가 모임에 처음 나온 날 먹은 뒤로 꽤 오랜만이네요."

체크무늬 셔츠를 입은 한 여성 회원이 박수까지 치면서 좋아한다.

"현재 다인 씨 저축액이 얼마인지 모르겠습니다만, 첫 월급을 받은 재테크 초보시라고 가정하고 오늘 메뉴를 정했습니다. 다들 알고 계시겠지만, 저는 늘 첫 재테크 브런치로 이 메뉴를 준비합니다. 그만큼 중요하기 때문이죠. 자, 식사할 준비 하실까요?"

저축액이라는 말에 통장 잔고 1,670원이 머리 위를 둥둥 떠다닌다. 얼마냐고 물어보지 않아서 고마워요, 허 셰프. 회원들이 탁자 위를 정리하는가 싶더니, 셰프가 커다란 무쇠솥을 들고 나타났다. 뭐, 뭐지, 저 메뉴는?

육중한 뚜껑을 열자 김이 모락모락 피어오르며 구수한 밥 냄새가 퍼졌다. 사람들이 탄성을 질렀다. 이런 레스토랑에서 리소토도 아니고 흰 쌀밥이라니. 이거 말고 다른 메뉴가 또 있는 걸까?

"다인 씨 얼굴이 영문을 모르겠다는 표정이군요. 저는 금융 상품들을 음식에 비유하곤 하는데요! 재테크에 첫발을 내딛는 초보에게 추천하는 음식은 바로 '밥'입니다. 우리나라에서 가장 좋은 쌀과 저만의 불 조절 법으로 무쇠솥에 지은 밥이죠. 자, 다들 앉으세요. 그릇에 담아드릴게요."

적금은 밥이다! 이것만 기억하자

속이 깊은 리소토 접시에 각각 밥이 담겼다. 아침도 못 먹은 채 어려운 이야기를 듣고 있었더니 배가 고프네. 일단 밥부터 먹고 보자. 반찬 없이도 입에서 살살 녹는구나!

"여기 참기름이랑 고추장도 있으니 봄동겉절이에 비벼 드실 분은 같이 드세요. 텃밭에서 따온 고추도 된장에 찍어 드시고요."

"와, 이 밥은 언제 먹어도 맛있네요. 그런데 집에서 하면 왜 이런 맛이 안 나지?"

체크무늬 셔츠의 여자 회원이 봄동겉절이를 옮겨 담으며 말했다.

"칭찬, 고맙습니다! 다인 씨도 입맛에 맞으십니까?"

"네, 완전 맛있어요. 사실 아까부터 배가 좀 고팠거든요."

"맛있죠? 한국 사람은 역시 밥입니다. 요즘 쌀 소비량이 많이 줄었다고는 하지만 그래도 밥은 우리 식생활의 기본 중 기본이죠. 오늘 소개해드릴 재테크 상품 역시 기본 중의 기본인 바로 적금입니다. 굳이 말을 만들어보자면 '적금은 밥이다'랄까요?"

정신없이 입으로 들어가던 숟가락이 멈췄다. 적금이 밥이라고?

"요즘 같은 저금리 시대에 적금을 권하다니, 제 말이 엉터리 같죠? 적금은 누구나 들 수 있는 너무 쉬운 재테크 방법이니까요. 하지만 매일 먹는 밥처럼 꼭 필요한 재테크 상품이기도 합니다. 이제 자산 관리를 시작하는 초년생들에겐 더더욱 그렇죠. 마저 드세요. 후식까지 다 드시면 오늘의 재테크 레시피를 알려드릴게요."

적금에도 레시피가 있다고? 그냥 은행가서 들면 되는 거 아닌가. 옆을 보니 그렇게 열심히 떠들던 사람들이 말 한마디 없이 우걱우걱 밥을 먹고 있다. 아 몰라, 일단 먹고 보자! 적금은 밥이다, 이 말만 기억하면 되겠지, 뭐!

맛있게 적금 넣는 3가지 법칙

1. 적금은 밥이다! 3년간 은행을 떠나지 마라

금리가 높은 적금을 찾아서 가입한다. 은행권 특판이나 신협, 새마을금고, 저축은행 적금을 활용하면 좋다. 만기는 기본 1년 짜리로 하되, 조금이라도 금리 차이가 난다면 13개월짜리로 가 입한다. 다른 스킬은 필요 없다. 매달 월급날, 따박따박 적금으 로 직행한다.

2. 쌀밥보단 잡곡밥! 적금 통장도 섞어라

매달 가능한 저축액을 나눠 두 개 이상의 적금에 가입하라. 혹 시 중도에 급전이 필요하면 한 상품만 해지하고 나머지는 유지 하면서 새로 가입하면 된다. 자유 적립식 적금은 나약한 의지력 을 시험하므로 초보 시절에는 가입하지 않는 게 좋다.

3. 물 조절이 생명! 우대금리, 비과세 다 챙겨라

만 20세 이상이라면 누구나 1,000만 원까지 세금 우대. 소득세 9%와 농특세 0.5%만 내면 된다. 또 새마을금고나 단위농협, 수 협, 신협에 조합원으로 가입하면 최대 3,000만 원까지 1.4%의 농특세만 부과된다. 0.1%라도 금리가 높은 곳을 찾되, 너무 목 숨 걸지는 말자. 이자보다 교통비가 더 들 수 있다.

재테크 왕초보의
첫 번째 실수

:

'경성이브'의 첫 번째 수업은 적금!
허 셰프는 '적금은 밥'이라면서
첫 번째 재테크 메뉴로 무쇠솥에 지은
가정식 백반을 준비했다.
다인은 후식을 먹으며 적금을 들 때
따져봐야 할 것들에 대해 배운다.

만기까지 안 쓰고 버틸 수 있겠니?

"그게 바로 초보자들이 가장 많이 하는 실수예요. 그렇게 쉽게 생각하고 들었다간 3개월 안에 해지하게 될 겁니다. 내기해도 좋아요!"

그, 그런가? 나는 그만 부끄러워서 얼굴이 화끈거렸다. 옆에 있던 소연이 위로의 말을 던진다.

"괜찮아, 나도 그랬는걸! 다들 처음엔 의욕이 넘쳐서 그렇대."

"네, 그렇습니다. 종잣돈을 만들 때까지 적금에 올인하라고 조언하면 대부분의 재테크 초보자들은 부담스러운 금액을 정해 적금 하나에 몰빵합니다. 재테크, 아니 자금 관리에서 가장 중요한 유동성을 생각하지 않는 거죠. 그러고는 감당하지 못해 들었던 적금을 해지하고, 또다시 가입하고, 또 해지하고를 반복합니다. 은행 좋은 일만 시키는 셈이죠."

후식을 먹고 적금 레시피까지 공부한 후, 소연과 나는 따로 수업을 듣기로 했다. 허 셰프가 "이제 제일 먼저 무엇을 하시겠습니까?"라고 묻기에, 나는 어디선가 봤던 기억이 떠올라 "월급의 절반을 적금에 가입하겠다"고 대답했다. 그런데 아뿔싸! 이게 초보자들의 대표적인 실수란다.

"다인 씨, 혹시 지난달에 신용카드를 얼마나 썼는지 정확히 알고 계신가요?"

"그, 글쎄요. 그게……."

카드 대금! 그 생각을 못했다. 대충 얼마인지 감도 잡히지 않는다. 한 50만 원쯤 되려나?

신용카드의 세 가지 배신

"재테크 초보자들이 하는 두 번째 실수가 신용카드를 쓰는 겁니다. 내 손으로 돈을 벌기 시작했으니 사고 싶은 것도 많고 돈 쓸 곳도 자꾸 생겨 지출이 늘어나는 건 이해해요. 하지만 초년생 때부터 신용카드 쓰는 버릇을 들이면 향후 지출 관리가 열 배쯤 힘들어집니다."

커피 전문점에서, 패밀리 레스토랑에서, 백화점에서 폼 나게 카드를 긁던 순간이 떠올랐다. 역시 신용카드를 발급받지 않았어야 했어! 그렇지만 할인 혜택도 많다고. 체크카드는 아무래도 혜택이 적잖아. 차마 말은 못하고 소연이를 바라보자, 그녀가 웃으며 말했다.

"어제 재테크 카페에서 본 건데, 신용카드의 세 가지 배신이라는 글이 있더라고요. 결제액은 예상보다 30% 이상 더 많다, 결제일은 LTE 속도로 돌아온다, 내가 발급 받은 카드 혜택은 항상 반토막 난다!"

"재밌네요! 자기 관리가 철저한 사람이라면 신용카드 혜택은 누리면서 지출을 억제할 수 있겠죠. 하지만 제가 정말 지적하고 싶은 건 지출 억제의 문제가 아닙니다. 오늘 쓴 돈이 길게는 한 달 이상 지난 후에 결제된다는 점이죠."

"그건 좋은 거 아닌가요? 공짜로 한 달 빌려 쓰는 거나 마찬가지잖아요."

"그건 고수들에게나 그렇고, 초보들에겐 독이 되는 경우가 많습니다. 그렇지 않고서야 결제일만 되면 다들 우울해할 리가 없잖아요?"

아, 남의 이야기가 아니다. 지금 내 통장의 잔액은 1,670원. 다음 주에 월급이 나와도 지난달에 쓴 카드 대금이 인정사정없이 빠져나가고 나면……. 게다가 소연이에게 갚아야 할 빚도 5만 원이나 있다. 하늘에서 돈벼락이라도 내리지 않고서야 다음 달도 손가락 빨고 살아야 할 판이다! 나는 급우울해져서 손톱을 만지작거렸다.

"이런, 제가 너무 잔소리만 했나요? 커피 좀 드릴게요. 마침 좋은 원두가 들어왔답니다. 잠시만 기다리세요."

체리피커 고수님의 돈 되는 가르침

허 셰프가 자리를 떴다. 휴, 한숨을 내쉬자 소연이가 웃으며 내 등을 토닥인다.

"소연이 너는 신용카드 안 쓰지? 체크카드만 두 개라고 했나?"

"응, 나는 대학 때부터 재테크 카페를 열심히 들락거렸거든. 그때 체리피커 고수님 한 분이 해주신 말씀을 뼛속 깊이 새겼지!"

"아, 나도 얼른 체크카드로 갈아타야겠다. 그런데 그 고수님 말씀이 뭐였는데?"

"안 쓰는 게 최고의 피킹이니라! 신용카드로 10% 할인을 받으면 10% 절약이지만, 안 쓰면 100% 절약일지다! 그 말을 떠올리며 할인 혜택의 유혹을 뿌리칠 수 있었어. 할인이 안 되니까 자연히 패밀리레스토랑 같은 데도 안 가게 되더라고."

맞다. 그런 곳에 같이 안 간다고 42기 최고의 짠순이라고 놀려대던 생각이 난다. 미안하다, 친구야.

허 셰프가 아메리카노 두 잔과 에스프레소 한 잔을 들고 나왔다

"자, 커피 드세요. 제가 내렸지만 커피 크레마가 아주 예술이네요.

자, 이제 다인 씨는 뭘 하실 건가요?"

또 같은 질문이다. 첫 번째 질문은 오답이었지만 이번에는 자신 있게 대답할 수 있어!

"신용카드에서 체크카드로 갈아타려고요. 그래야 지출 관리가 쉬워지고, 적금도 들 수 있을 테니까요."

"오케이! 좋습니다. 그 기간이 얼마나 걸릴까요?"

"네? 글쎄요. 체크카드 발급받고 신용카드 해지하고 하면 하루 이틀 정도요?"

소연이의 표정이 순간 일그러졌다. 왜, 뭐가 틀린 거야?

"적어도 3개월은 잡으셔야 할 거예요. 사람에 따라 다르지만요."

"3개월이요? 뭐가 그렇게 오래 걸리죠?"

"일단 지난달에 사용한 금액은 이번 달 월급에서 빠져나갈 테고, 할부 건이나 카드 결제 날짜에 따라서는 다음 달에도 일부 청구가 될 겁니다. 거기에 이번 달 생활비도 필요하잖아요. 그런데 체크카드는 결제하자마자 돈이 빠져나가는 구조예요. 통장 잔액이 넉넉하다면 모를까, 두 달에서 세 달 정도는 허리띠를 졸라매야 완전히 갈아탈 수 있습니다. 제가 신용카드 사용을 신중하게 하라고 당부하는 이유가 바로 이거죠."

뭔가 좀 복잡한데? 눈을 멀뚱거리고 있자니 소연이가 설명해줄 테니 들어보란다.

"예를 들어 이번 달 월급이 190만 원이 나왔어. 그런데 지난달 카드 대금으로 100만 원이 빠져나가버려. 그럼 90만 원 남지? 그 돈으로 한 달을 살아야 하잖아. 그런데 씀씀이를 줄이기가 쉽지 않거든. 아껴 쓰지 않으면 이번 달에도 지난달과 마찬가지로 100만 원이 필요한데, 체크카드를 쓰면 90만 원밖에 못쓰니 10만 원 적자가 나겠지. 다음 달에도 일부 신용카드 결제 대금이 빠져나가고, 그달 생활비도 체크카드로 빠져나가고 하면……. 두세 달은 적금 들기 어려운 구조라는 거지."

체크카드 갈아탈 때 챙겨야 할 3가지

"맞습니다. 직접 갈아타기를 해보면 온몸으로 느끼게 될 겁니다. 월급을 몇 백만 원씩 받는 사람들도 카드 사용액이 많으면 두어 달은 허덕거리거든요."

그렇구나. 무슨 말인지 대충 알 것 같다. 집에 가자마자 이번 달 카드 사용액부터 알아보고 괜찮은 체크카드 찾아봐야겠어.

"지금은 카드 갈아타기를 할 수 있는 아주 좋은 시기입니다. 다인 씨가 잘 맞춰 오신 거예요. 신용카드 혜택이 줄줄이 줄고 전월 실적 조건도 까다로워지고 있거든요. '지난 달 30만 원 이상 결제 시에만 할인' 하는 식으로요. 소득공제 혜택도 체크카드가 월등히 높습니다. 2012년까지 20%였던 신용카드 공제율이 10%로 낮아졌거든요. 체크카드와 현금영수증은 30%이니까 총 급여의 25%인 공제 문턱을 넘는 돈은 똑같은 금액을 써도 체크카드가 정확히 두 배 공제를 받는 셈이겠죠."

잘 맞춰서 왔다는 허 셰프의 말에 왠지 안심이 된다. 커피를 한 모금 마신다. 이야기를 듣는 동안 그새 식어버린 커피의 쌉쌀한 맛이 입

안에 퍼진다. 에휴, 난 그동안 왜 그렇게 생각 없이 살아온 걸까? 후회가 밀려든다.

"아, 중급 코스 회원님들 가시나 봅니다. 배웅하고 와서 체크카드 똑똑하게 갈아타기 3계명 알려드릴게요. 잠시만요!"

체크카드 똑똑하게 갈아타기 3계명이라! 메모를 하려고 가방을 뒤적거리는데 소연이가 갑자기 호들갑을 떤다.

"어머, 벌써 시간이 이렇게 됐네! 다인아, 우리 김 대리 결혼식 가야지! 레시피 듣고 얼른 가자. 늦으면 찍힐지도 몰라!"

나는 황급히 남은 커피를 들이켠다. 힘내자! 오늘 배운 게 많잖아. 그래, 이제부터 시작이다. 나 윤다인, 기필코 재테크의 여왕으로 거듭나고 말겠어! 나는 두 주먹을 불끈 쥐었다.

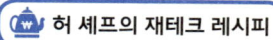 **허 셰프의 재테크 레시피**

체크카드 똑똑하게 갈아타기 3계명

1. 체크카드도 하이브리드 시대

통장 잔액 안에서만 소비하기 위해 체크카드를 선택했지만 살다 보면 '만약'이라는 상황이 생기는 법. 요즘 금융권에서는 통장에 돈이 없어도 30만 원 정도의 소액은 신용카드처럼 결제할 수 있는 기능을 넣은 하이브리드 체크카드가 인기다. 신용카드를 발급받지 않은 초보라면, 체크카드만 쓰되 하이브리드 기능을 활용할 수 있다. 단 신용 결제가 될 경우, 통장에 잔액이 남아 있어도 그 부분에 한해서는 전부 신용카드 결제가 된다는 점을 기억할 것!

2. 연봉 25%까지는 신용카드에 양보하세요

카드 사용액 중 연봉의 25%가 넘는 금액부터가 소득공제 대상이다. 예를 들어 내 연봉이 3,000만 원이라면 25%인 750만 원까지는 체크카드 대신 신용카드를 써서 달콤한 혜택을 누리는 것도 방법. 특히 소득공제에서 제외되는 국세, 지방세, 보험료, 휴대전화 요금, 아파트 관리비 등은 마지막까지 신용카드로 남겨둔다. 일부는 카드 실적으로도 인정되니 일석이조!

3. 신용카드, 무조건 자르지 마라

2013년부터 신용카드 발급 조건이 까다로워졌다. 신용이 6등급 이상, 4대 보험 가입자, 일정 소득 확인이 되어야만 카드가 발급된다. 이미 신용카드를 쓰고 있었다면 해지하지 말고 묵혀두자. 급하게 목돈을 결제해야 할 일이 생길 수도 있고, 좋은 상품이 나왔을 때 교체 발급받기도 쉽기 때문이다. 신용카드를 사용하지 않으면 연회비도 부과되지 않고 1년이 지나면 휴면 카드로 자동 해지된다.

왜 자꾸 통장을
만드는 거야?

브런치 재테크 첫 수업을 들은 다인은
생전 처음 해보는 재테크에 푹 빠진다.
황금 같은 토요일 오후를 사수 김 대리 결혼식에 바치고,
집에 오자마자 브런치 수업에서 들었던
키워드들을 검색하며 열심히 공부한다.

BJ그룹 최고의 짠순이에게 묻노니

"야, 윤다인! 너 지금이 몇 시인 줄이나 알아? 일요일 아침부터 진짜 이럴 거야, 너?"

잠에 취한 소연이의 목소리에서 짜증이 묻어났다. 시계를 보니 아침 8시. 너무 일찍 전화했나? 궁금한 게 있으면 못 참는 성격이라……. 아, 중요한 건 그게 아니고!

"너 왜 체크카드가 두 장이야?"

"뭐? 그거 물어보려고 이 아침에 전화했어? 이걸 진짜 그냥!"

"미안미안! 어젯밤에 집에 와서 폭풍 검색 좀 했거든. 혜택 좋은 체크카드가 뭐가 있나 찾아보고, 중급 코스 회원들이 이야기하던 월지급식 즉시연금 검색도 하고. 근데 갑자기 궁금해지더라고. 너 같은 짠순이가 왜 체크카드를 두 장이나 쓰는 건지. 통장에 돈이 없는 것도 아닌데……. 그래서 눈 뜨자마자 전화한 거야."

"아, 몰라! 다음에 이야기해. 끊어!"

"소연아! 제발 좀 알려줘. 뭔가 이유가 있을 거 아냐? 아님 그냥 쓰는 거야? 너라면 뭔가 이유가 있을 것 같단 말이지!"

"으이구, 못살아! 너 때문에 잠 다 깼잖아! 그게 그렇게 궁금해?"

"응, 허 셰프님한테 전화해서 물어볼 뻔했어. 소연이는 왜 체크카드를 두 장 쓰는 거냐고!"

"누굴 탓하겠냐. 널 경성이브에 데려간 내 잘못이지. 잘 들어 봐. 신용카드 혜택 때문에 여러 장 쓰는 사람들 많잖아. 혜택을 골라 챙긴다고 해서 케이크 위의 체리를 따먹는다는 뜻의 체리피커라고 하지. 신용카드만큼은 아니지만 체크카드에도 다양한 부가 서비스들이 있어. 포인트를 적립해준다거나 네가 좋아하는 영화관과 커피 전문점 할인을 해준다거나. 그래서 체크카드를 두세 장 쓰는 사람들도 많아. 내 경우는 좀 다르지만……."

너, 카페라테 효과 몰라?

"그래, 내가 보기에 너는 그런 혜택에 혹할 애가 아니거든!"

"쳇, 알아주셔서 감사하다! 사실 난 카드 사용액이 3, 40만 원 정도라서 한 장으로 충분해. 다른 체크카드는 CMA 계좌에 연동되어 있는 거야."

카드 사용액이 3, 40만 원 정도라는 말에 나는 그만 뒷이야기를 흘려들었다. 진짜 적게 쓰는구나. 나는 60만 원이 훌쩍 넘는 때가 허다한데. 이러니 저축액이 차이나는 게 당연하지. 그동안 너무 막 살아온 거 아닐까? 에휴, 반성하자, 반성!

"야, 윤다인! 듣고 있어? 뭐해? 멍 때려?"

"어? 아, 아니! C, CM 뭐라고? 그게 뭔데?"

"CMA도 몰라? 증권사에서 만드는 종합 자산 관리 계좌 말이야. 은행에서 만드는 자유 입출금 통장이랑 비슷하다고 보면 돼."

"증, 증권사? 주식하는 데 아니야? 거기서도 통장을 만들어줘?"

"뛰어난 검색 능력 발휘해서 직접 알아보셔. 난 좀 더 자야겠어. 내일 보자!"

다음 날 점심시간.

"그래, 거기까지는 나도 알아. 그다음!"

"어쭈, 검색 많이 하셨네! 나 같은 경우는 '비상금 통장'으로 사용해. 내가 빡빡하게 적금을 넣고 있어서 혹시 모를 비상금으로 150만원을 넣어두고 있거든. 조만간 다른 CMA 통장을 하나 더 만들까 생각 중이야."

"CMA를 하나 더? 왜? 안 그래도 네이버 검색해보니 CMA 몇 개씩 만드는 사람들도 있던데, 왜 통장을 자꾸 만드는 거야? 그 뭐냐, 통장 쪼개기인가 나누기인가 뭐 그런 거야?"

"눈빛 좀 봐! 노트까지 펼쳐들고! 너 무슨 범인 취조하는 형사 같다. 점심도 구내식당에서 먹었는데, 오늘은 커피 마시러 안 가?"

월요일은 시간이 두 배쯤 천천히 가는 것 같다. 졸리고 멍했던 오전을 겨우 버틴 뒤 소연이랑 구내식당에서 점심을 먹고 회사 앞 벤치에 앉아 있는 참이다. 커피? 이따 휴게실에서 믹스 마시면 되지. 공짜잖아! 금요일 월급 나올 때까지 돈 안 쓰는 게 최대 목표라고.

"너 카페라테 효과라는 거 몰라? 나 이제 커피 전문점 끊을 거야."

"너 병원에 안 가도 되겠냐? 사람이 너무 갑자기 변하면 일 생긴다는데……."

소연이가 얼굴을 뚫어져라 쳐다보며 놀린다. '너도 통장 잔액이 1,670원 되어봐라. 이렇게 안 될 수 있나' 하고 말하려다 참는다. 나는 노트를 넘겨 어제 메모해둔 부분을 찾는다.

"카페라테 효과란, 매일 커피 값 4,000원씩을 아끼면 한 달에 12만 원이 절약된다는 거야. 이 돈을 30년간 모으면 원금만 4,320만 원이 되고, 여차저차 투자를 잘하면 무려 2억까지 불릴 수 있다고! 이걸 읽으니까 갑자기 커피 값이 너무 아까워졌어."

이름표를 붙여, 네 통장에

"오! 제법인데. 돈 아끼는 건 좋은데 너무 무리하지는 마. 지출 줄이기도 다이어트랑 똑같아서 금단 현상에 요요 현상도 오고 그런다, 너!"

"아니! 난 절대 그럴 일 없어. CMA 통장을 왜 여러 개 만드는 건지 나 말해 봐! 적을 준비는 되어 있으니까!"

"돈에 이름표를 달아주는 거라고 생각하면 쉬워. 이 CMA에 있는 돈은 유럽 여행 자금, 이 통장에 들어 있는 돈은 펀드 투자금, 다른 통장에 있는 돈은 그냥 비상금, 뭐 이렇게."

"왜? 얼마 되지도 않은 월급 가지고 그렇게 나누면 머리만 아플 것 같은데?"

"그런가? 일단 그렇게 해놓으면 그 돈은 충동적으로 쓰지 않게 돼. 그리고 미리 목적에 맞춰 통장을 만들어놓으니까 필요할 때 찾아서 쓰면 되지!"

"오, 그래? 그럼 나도 당장 CMA 통장 만들어야겠다! 이름은 카페라테 통장!"

"그래그래. 4,000원씩 모아서 큰돈 만들어라! 그럼 어느 증권사로 갈 건데?"

"어제 다 찾아봤지. 체크카드를 연계해서 사용할 수 있는 동그라미

증권으로 결정했어."

"하긴 어느 증권사에서 만드나 얼추 비슷하기는 해. 근데 네모증권에서는 몇 가지 조건만 충족시키면 100만 원까지는 4% 넘게 이자를 주던데? 우리는 가입한 펀드가 없으니까 자동 이체나 체크카드 결제 같은 걸로 3%대는 받을 수 있을 거야."

"와, 3%대면 그게 어디야! 일단 내일 CMA 통장 만들고 보자고!"

"응, 나도 네모증권 갈 일 있으니까 내일 점심시간에 같이 가자!"

밀턴 프리드먼 선생님께서 말씀하시길

"그런데 뭐 따로 챙겨갈 건 없어? 은행이랑 똑같아?"

"은행이랑 똑같아. 내일 CMA 통장 만들고 나면 다른 은행권 자유 입출금 통장 금리도 살펴봐! 간단한 조건만 충족되면 일정 금액 한도로 3%대 금리 주는 곳이 많거든. 우리 회사 월급 통장은 희망은행으로 정해져 있지만, 매달 얼마씩 자동 이체하면 월급 통장으로 인정해 주는 은행들도 있고."

"아, 그래? 그럼 은행 중에서도 이자 많이 주는 자유 입출금 통장을 하나 만들어야겠다. 나도 재테크에 관심 갖다 보니 통장을 자꾸 만들게 되네. 지금까지는 회사가 정해준 월급 통장 하나뿐이었는데."

"그래, 열심히 해보자, 윤다인! 아, 그나저나 이번 토요일 수업도 갈 거야? 미리 예약해야 해서."

"당근이지! 이제 재테크 첫걸음 뗀 거나 마찬가지인데, 무슨 일이 있어도 갈 거야!"

"알았어. 같이 신청해놓을게. 지난번 참가비는 내가 내준 걸로 할 테니까, 이번 주부터는 네가 내. 브런치 모임 한 번에 만오천 원이야."

15,000원! 생각지 않던 지출이라 당황스럽다. 점심 먹고 재테크 수업까지 듣는 비용 치고는 비싸다고 할 수는 없지만……. 그래도 월급 나온 다음 날이니 다행이다.

"네 표정을 보니 허 셰프가 해준 말이 생각난다."

"허 셰프가 뭐라고 했는데?"

"세상에 공짜 점심은 없습니다!"

침대는 가구가 아냐! 뭐 이런 거냐? 첫! 알았다, 알았어!

🫖 허 셰프의 재테크 레시피

돈 관리의 시작! 자유 입출금 통장 나누기

1. 다양한 재료를 준비한다, 은행 고금리 통장과 증권사 CMA 통장

소액 한도로 고금리를 주는 은행 자유 입출금 통장과 증권사 CMA 통장을 만들어두자. 증권사에서 가입할 수 있는 CMA도 훌륭한 월급 통장이나 비상금 통장이 될 수 있다. CMA는 은행 자유 예금처럼 마음대로 입출금이 가능하고 하루만 맡겨도 연 2, 3%대의 이자를 주기 때문이다. 제휴 은행 현금 지급기에서 입출금할 수 있고, 인터넷 뱅킹은 물론 체크카드 사용과

공과금 납부, 자동 이체도 가능하니 월급 통장으로 활용해도 좋다.

2. 쓸 돈 안 쓸 돈, 절대로 섞지 마라!

한동안 쓸 일이 없는 비상금과 이번 달 안에 써야 하는 돈은 나누어 관리한다. 쓸 일이 없는 비상금은 CMA 통장에, 카드 값이나 용돈 등 빠져나가야 하는 돈은 은행권 통장에 넣어놓는 식이다. 자신의 지출 패턴에 맞게 두세 개로 나눠 쓰면 된다. 가능하면 각각의 통장의 돈이 섞이지 않도록 주의할 것. 특히 비상금은 반드시 '비상'시에만 쓴다는 생각을 가져라.

3. 만들 땐 귀찮아도 완성되면 뿌듯해! 자동 이체 시스템

월급이 들어오면 적금 통장과 지출 통장, 비상금 통장으로 바로 이체시키는 게 좋다. 처음엔 귀찮겠지만 자동 이체 시스템을 만들어놓으면 지출 관리가 훨씬 편해진다. 각각의 통장에 이자가 붙는 건 물론이고, 이번 달에 얼마나 썼는지가 한눈에 보이기 때문이다. 지출 통장의 잔고가 비어 가는데 무턱대고 돈을 쓸 수 있겠는가. 돈의 흐름이 한눈에 보이는 자동 이체 시스템을 만들어라.

1억 모으기 전
꼭 해야 할 일

:

다인은 소연에게서
'통장 쪼개기'와 'CMA 통장'에 대해 배우고,
증권사에 가서 CMA 통장을 개설한다.
커피 값을 아껴 재테크를 하겠노라며
'카페라테 통장'이라고 이름까지 붙인 그녀.
그리고 다시 토요일 아침,
두 번째 브런치 재테크 수업이 시작됐다.

카페라테 통장? 학원비 통장!

"하하, 카페라테 통장이요? 제가 들어본 통장 이름 중 가장 분위기 있는 이름이네요. 아주 잘하셨습니다!"

허 셰프의 칭찬에 어깨가 으쓱해진다. 잔액이 1,000원밖에 안 되지만, CMA 통장을 만들고 커피 값을 아끼겠다고 다짐한 것만으로도 재테크 달인이 된 기분이다.

"제가 그 통장에 별명을 달아드릴까요? 음, 학원비 통장입니다."

웬 학원비?

"소연 씨는 무슨 말인지 아시죠? 지난번에 제가 말씀드렸는데."

허 셰프와 소연이가 의미심장한 눈빛을 나눈다. 뭐냐, 이 소외감은?

"네. 그래서 이번에 저도 다인이랑 같이 네모증권 가서 CMA 통장 만들었어요. 그동안 겁나서 못했는데, 적금도 탔고 하니 이제 '학원 수업'을 시작해보려고요."

"네, 좋습니다. 두 분 모두 학원비 통장에 차곡차곡 모아보세요. 그동안 밥 이야기를 조금 더 해야 할 것 같습니다. 그래서 2, 3주는 두 분만 따로 보충 수업을 해드리려고요. 소연 씨는 이미 들으신 부분도 많을 텐데, 괜찮으시겠어요?"

"그럼요. 저도 아직 초보 수준이긴 마찬가지인데요, 뭐. 다인이 덕분에 복습도 하고 좋죠."

"저, 두 분 말씀하시는데 죄송한데요, 왜 학원비 통장이라고 부르는 거죠?"

"다인 씨는 모르면 바로바로 물어보는 스타일이시네요! 소연 씨가 설명해주시겠어요? 저는 카페라테 통장 개설을 축하하는 의미로 카페라테 두 잔 만들어올게요!"

언젠가 우리가 1억을 모은다면

허 셰프가 자리를 뜨자 소연이가 학원비 통장에 대해 설명해준다.

"우리 같은 초보가 잘 알지도 못하면서 펀드나 주식에 투자하는 건 돈을 잃는 거나 마찬가지거든. 그래서 셰프는 항상 학원비를 낸다고 생각하고 투자하라고 강조해."

아, 그렇구나. 커피 값 아껴서 투자 방법을 배운다? 오호, 이거 뭔가 남는 장사 같은걸?

따뜻한 우유 거품과 커피 향이 입안에 가득 퍼졌다. 좋다, 좋아! 우리의 만족스러운 표정을 읽었는지 허 셰프가 미소를 짓는다.

"적금 개설하고 자동 이체만 해두면 만기까지는 따로 관리할 필요가 없죠. 그럼 그동안 우리는 뭘 해야 할까요?"

"열심히 회사 다녀야죠, 뭐. 월급이 나와야 적금을 드니까요!"

"오, 제가 들어본 것 중 두 번째로 좋은 답변이에요. 그리고요?"

"그, 글쎄요."

"두 분이 알아서 '학원비 통장'을 만들어왔으니 그 이야기를 조금 할게요."

허 셰프가 잠시 말을 멈췄다. 돈이 모이는 동안 열심히 해야 할 일은 뭘까?

"다인 씨와 소연 씨 모두 열심히 적금을 들어서 3,000만 원을 만들었다고 합시다. 여기까지는 별다른 방법이랄 게 없겠죠. 아껴 쓰면서 독하게 모으기만 하면 되니까요. 5년 후, 그리고 10년 후에 1억 원 이상의 목돈이 모였다고 상상해보세요."

으아, 1억이라니! 상상만 해도 기분 좋다.

적금 붓는 3년 동안 해야 할 한 가지

"승부는 여기서 시작입니다. 지금껏 해왔던 대로 계속 적금을 들어도 상관은 없겠죠. 하지만 그 3년 혹은 5년 동안 열심히 재테크 공부를 한 사람의 1억과 적금밖에 모르고 살아온 사람의 1억은 잠재력이 달라요. 똑같은 씨앗이지만 키우는 사람에 따라 엄청난 차이가 나는 거죠. 물론 재테크 안 해도 상관없습니다. 다만 알면서 안 하는 것과 몰라서 못 하는 건 구별되어야 한다는 거예요. 그래서 저는 그 종잣돈이 만들어지는 시간 동안 열심히 '학원 수업'을 해보길 권하는 겁니다."

"벼가 자라서 쌀이 되고 잘 익은 밥이 될 때까지 열심히 공부하라는 거군요?"

"그렇습니다. 요즘은 밥이 다 되면 알아서 보온 모드로 돌아가니까 지켜볼 필요도 없죠. 3년 혹은 5년은 아주 긴 시간입니다. 돈의 흐름과 시장의 사이클을 공부하기에도 차고 넘치는 시간이고요. 다 잃게 되어도 부담되지 않는 학원비 정도로 다양한 수업을 받아보세요. 진짜 재테크는 그 후에 해도 절대 늦지 않습니다."

그렇구나. 그럼 학원 수업이라는 건 다양한 투자를 말하는 거겠지? 나는 노트에 '수업=투자 공부'라고 메모한 뒤 밑줄을 그었다.

"학원비 통장 이야기는 이 정도로 하고, 오늘의 메인 이야기를 해볼까요? 다인 씨! 아직 적금 가입 안 하셨죠?"

어제 월급이 들어왔다. 지난달 카드 대금 빠져나가고 어쩌고 하면 적금 들 여유가 거의 없다. 으, 이거 또 우울해지네.

"네, 이번 달부터 소액으로라도 하나 들려고요. 다음 달부터는 체크 카드만 쓰고 본격적으로 납입할 생각입니다."

"좋습니다. 제가 재테크 초보자들에게 항상 강조하는 말이 있습니다. 초보 3년간은 은행을 떠나지 말라! 이건 첫 수업 끝나고 가르쳐드렸죠?"

"넵! 초보 3년간 은행을 떠나지 말라!"

소연이와 나는 유치원생처럼 허 셰프의 말을 큰 소리로 따라했다.

"네, 그렇습니다. 첫 번째 종잣돈을 마련하기 전까지는 무조건 은행에서 해결한다고 생각하세요. 사람마다 기준은 다르겠죠. 1,000만 원이든 3,000만 원이든 무조건 허리띠 졸라매고 적금으로 따박따박 모으는 게 정석입니다. 이자가 적어서 적금 드는 맛이 안 나는 시절이긴 합니다만, 은행에 내 돈을 안전하게 보관하면서 약간의 이자도 생긴다고 생각하고 모으는 겁니다."

아, 통장에 1,000만 원, 아니 500만 원만 있어도 좋겠다!

최고 금리를 주는 적금을 개설하라

"오늘도 질문 하나 해볼까요? 다인 씨는 본인이 원하는 종잣돈을 모으려면 얼마나 걸릴 것 같나요?"

"음, 글쎄요. 부끄럽지만 이제 시작이라서……. 한 3년은 걸릴 것 같은데요?"

"3년, 좋습니다. 예를 들어 3년 안에 3,000만 원을 모으고 싶다면, 36개월이니까 한 달에 84만 원꼴로 적금을 들면 되겠네요. 이미 말씀드린 대로 한 상품에 몰빵하지 마시고 적어도 두 개 이상으로 나눠서 가입하세요. 요즘 스마트폰으로 가입하면 고금리를 주는 적금들이 있는데, 대부분 한도가 100만 원 정도의 소액이거든요. 이 상품들을 활용하면 좋겠죠."

아, 스마트폰 적금! 이건 소액이라 당장 시작할 수 있겠는걸. 이때 소연이가 한마디 거든다.

"그리고 나머지 금액은 금리가 가장 높은 상품을 골라서 넣으면 돼. 금리가 비슷비슷하면 신협이나 새마을 금고를 가는 것도 좋아. 요즘은 저축은행 금리도 많이 떨어져서……."

"이자 소득세가 비과세라서 그런 거지? 1.4% 농특세만 내면 되는 거니까."

"응, 우리 같은 초보자에게는 큰돈이 되진 않지만 그래도 한 푼이라도 더 받으면 좋잖아."

"네, 그런 마인드가 중요합니다. 0.1%라도 더 주는 은행을 찾아다니는 것과 얼마 안 되는 돈이라도 CMA 등에 넣어서 조금이라도 이자를 받겠다는 마음가짐요. 여러 명이 수업을 들으실 때는 이런 숙제를 내곤 했거든요. 지금 현재 금리가 가장 높은 곳에서 적금을 개설하라!"

"그런데 금리가 제일 높은 곳이 어딘지 어떻게 찾죠?"

"바로 그겁니다. 그게 이번 주 숙제입니다. 작년 초급반 우승자는 무려 천안까지 다녀오셨더라고요. 그때만 해도 저축은행 특판이 꽤 쏠쏠했던 때라서……."

천안? 차비가 더 드는 거 아니야? 그래도 그 정성만은 인정!

"금리가 가장 높은 적금 상품은 각자 찾아보시고요. 오늘 레시피는 참고할 수 있는 상품 몇 개를 알려드리는 겁니다."

오케이! 금리가 가장 높은 적금 상품, 꼭 찾고 말겠어!

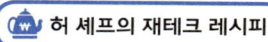 허 셰프의 재테크 레시피

저금리 시대, 서바이벌 적금 가입하기

1. 고금리를 원한다면 터치하라! 스마트폰 적금

요즘 가장 많은 이자를 주는 상품은 거의 대부분 스마트폰 전용 예금과 적금이다. 연 3%대의 금리를 주는 대신 납입 한도가 정해져 있다. 저축할 수 있는 금액이 크지 않으므로 메인 적금은 따로 들고 서브 적금으로 활용하거나, 가입 제한이 없다면 통장을 여러 개 만들어 활용한다. 친구 초대를 하거나 추천인을 적거나 미션을 완수하거나 퍼즐을 맞추거나 농장 아이콘을 클릭하는 등 '손품'을 팔아야 고금리를 맛볼 수 있다.

2. 숨은 꿀단지, 주택청약종합저축

아직 주택청약종합저축 가입 전이라면, 청약할 생각이 없더라도 적금 통장으로 활용하자. 월 납입금이 최대 50만 원으로 정해져 있기는 하지만, 2년 만기를 채우면 연 3.3% 금리를 챙길 수 있다. 게다가 무주택 세대주라면 월 10만 원씩 1년에 120만 원 범위 내에서 납입금의 40%, 최대 48만 원까지 소득공제를 받을 수 있다. 단 소득공제를 받은 후 5년 내에 적금을 깨거나 국민주택(85㎡) 이상에 당첨되면 누계액 6%를 추징당한다는 점을 기억할 것.

3. 전국 방방곡곡의 금리 한눈에 보는 법

전국은행연합회 홈페이지(www.kfb.or.kr)에서 금리 정보를 볼 수 있다. 포털 사이트에서 '적금 금리 높은 곳'이라고 검색만 해도 대략적인 정보가 나오고, 재테크 포털 사이트인 '모네타'에서도 쏠쏠한 정보를 챙길 수 있다(최고 금리 카테고리와 저축 노하우 게시판을 참고). 동네 신협과 새마을금고도 눈여겨보라. 인터넷에는 없는 '최고 금리'를 집 앞에서 발견하는 경우도 있으니까.

7년간 깨지 않고 묵힐 수 있겠니?

:

두 번째 재테크 수업에서
허 셰프는 투트랙 재테크를 제안했다.
종잣돈이 만들어질 때까지 열심히 적금을 붓고,
소액으로 가입한 CMA를 활용해
투자 공부를 하라는 것이다.
다인과 소연은 최고 금리를 주는 적금에 가입하기 위해
각자 열심히 검색에 들어간다.

고금리와 비과세, 둘 다 잡는다고?

"소연아! 과제는 잘 되어가니?"

"무슨 과제? 아, 적금 찾는 거? 나 일하는 거 안 보이냐? 이거 점심 시간 끝나기 전에 김 대리님 드려야 하거든. 지금 정신없으니까 나중에 이야기해!"

바쁜가보군. 허 셰프가 가르쳐준 대로 모네타와 은행연합회, 포털 사이트 금융 게시판을 이 잡듯이 뒤졌다. 현재 인터넷에 고시된 금리가 맞는지 지점에 전화까지 걸어봤다. 적금 금리가 높은 은행은 두세 곳으로 압축됐다. 금리가 높다는 저축은행이 4%를 겨우 넘을까 말까, 말로만 듣던 초저금리 시대라는 말이 실감났다.

일단 100만 원 한도인 3%대 스마트폰 적금을 가입하려고 했더니, 모바일 뱅킹 신청을 하려면 영업점으로 가야 한단다. 점심을 먹고 회사 근처 은행으로 갔다.

대기인 15명! 월말이라 사람이 많구나. 휴대폰을 만지작거리고 잡지를 뒤적이며 기다리다 눈이 번쩍 뜨이는 플랜카드를 발견했다!

'4.3% 고금리 저축! 비과세 혜택까지 누리세요'

4.3%라고? 저건 뭔지 알아봐야겠다!

"183번 고객님, 어서 오십시오!"

"네, 모바일 뱅킹 신청하려고 하는데요."

"스마트폰 뱅킹 말씀이시죠? 여기 신청서에 형광펜으로 표시된 곳 작성해주시면 됩니다."

"저, 그런데 저기 플랜카드요, 저것도 적금인가요?"

"적금처럼 매달 일정액을 불입하는 상품입니다. 일반 적금보다 금리도 높고 10년 이상 납입하시면 비과세 혜택도 누리실 수 있어요."

"그래요? 얼마씩 넣어야 하는 건가요?"

은행에서 보험도 팔고 펀드도 판다고요?

"으이구, 내가 못살아! 윤, 다, 인!"

소연이가 소리를 지른다. 어휴, 동기지만 이럴 땐 가끔 무서워.

"왜? 허 셰프가 그랬잖아! 3년간 은행을 떠나지 말라고!"

"기껏 은행에 가서 들라는 적금은 안 들고 보험 상품을 보고 왔으니 그렇지!"

"보, 보험? 적금이랑 똑같은 것 같던데? 2년이 지나 목돈이 필요하면 찾을 수도 있댔어!"

"그런 걸 유니버셜 저축보험이라고 하는 거거든?"

"그, 그래? 안 좋은 상품이야?"

"허 셰프라면 이렇게 말했을 거야. 세상에 안 좋은 금융 상품은 없습니다. 내게 맞는 상품과 맞지 않는 상품이 있을 뿐!"

"그래, 내 말이 그 말이야! 금리도 높고 좋아 보였다고!"

"물론 좋은 상품이지. 하지만 지금 우리에겐 맞지 않아. 우리는 종잣돈 만드는 게 첫 번째 목표니까. 저축보험은 10년 이상 유지해야 비과세 혜택과 약속한 금리를 받을 수 있어. 그전에 해지하면 원금을 손해 보게 된다고. 넌 7년, 10년씩 묵혀놓아도 될 만큼 돈이 많아?"

"은행에서 파는 상품이니까 당연히 적금인지 알았지."

"요즘은 은행에서 보험도 팔고 펀드도 팔아. 방카슈랑스 몰라? 누군가에게는 좋은 상품이니까 창구에서 권하는 거지만, 최종 결정을 하는 건 너잖아. 그 상품에 대해 잘 알고 있어야 선택도 잘할 수 있는 거라고. 알겠어?"

알았다고! 내가 입을 삐죽거리자 좀 심하다고 생각했는지, 소연이 갑자기 친한 척을 한다.

"그래서 금리 높은 상품은 찾으셨어? 너 검색의 여왕이잖아."

"응, 빛나리저축은행이 가장 높아. 그런데 영업점이 강남에 두 곳뿐이라 찾아가려면 번거롭긴 하겠어."

재형저축? 들어본 거 같기는 한데

"내가 찾은 곳도 비슷해. 회사에서 제일 가까운 곳은 새나라저축은행이었어. 그런데 저축은행을 고를 때는 금리 말고도 따져봐야 할 것들이 있어. 자기자본 비율(총자산 중에서 자기자본이 차지하는 비중. 기업 재무구조의 건전성을 나타내는 가장 대표적인 지표)이라거나 고정이하여신 비율(금융 기관의 대출금 중 3개월간 연체된 '부실 채권' 비율) 같은 거. 예금자 보호가 되는 5,000만 원 이하로 넣어야 하는 건 물론이고."

"아, 그래? 나는 영업점이 어디 있는지만 신경 썼는데, 다른 게 또 있었어? 오늘 너한테 많이 배우는구나. 고맙다, 친구야!"

"그래그래! 이따 퇴근하고 허 셰프가 알려줬던 재테크 레시피 저축은행 편 메일로 보내줄게. 일단 스마트폰 적금 가입부터 해."

"와, 저 없이도 주중에 진도를 팍팍 나가시는군요? 제가 따라잡기 힘들 정도예요."

허 셰프가 큼직한 뚝배기에 담긴 된장찌개를 테이블 가운데에 올려 놓는다.

"와, 맛있는 냄새! 오늘의 메뉴는 된장찌개네요?"

"네! 새 정부 들어 가장 기대를 모았던 금융 상품을 소개해드리려고 준비한 메뉴인데, 다인 씨랑 소연 씨가 벌써 다 배워오셨네요. 식기 전에 드세요."

가장 인기 있었던 상품? 그게 뭐지? 일단 찌개를 한 숟갈 떠 맛을 본다. 와, 맛있어! 된장찌개가 달콤하다니!

"원래 소개해드릴 상품은 재형저축이었어요. 출시되었을 때만 해도 반짝 인기를 끌었는데, 불과 두 달 만에 사르르 식어버렸죠. 가장 큰 이유가 뭘까요?"

"저, 죄송한데, 저는 재형저축이 뭔지도 잘 모르는걸요."

정신없이 밥을 먹던 소연이가 피식 웃었다. 허 셰프의 얼굴이 약간 붉어졌다.

"아, 죄송합니다. 제가 아직 초짜 선생이어서요. 재형저축에 대해 먼저 설명해드릴게요. 2013년 4월 초에 출시된 근로자의 재산 형성을 위한 비과세 저축이에요. 연봉 5,000만 원 이하의 근로자만 가입할 수 있고 7년 이상 유지하면 이자 소득세가 비과세되는 상품이죠. 정부가 야심차게 내놓은 상품이어서 은행들도 4% 중반 고금리를 내걸고 열심히 고객을 모았죠. 그래서 두 달 만에 170만 명 정도가 가입을……."

4% 중반이라는 말에 나도 모르게 셰프의 말을 자르고 끼어들었다.

"4% 중반이요? 대박! 게다가 비과세라고요? 그렇게 좋은 상품이 있었어요? 지금도 들 수 있어요? 아, 난 왜 몰랐지?"

"야, 재형저축 출시되자마자 내가 알려줬던 거 생각 안 나? 너 그때 봄 구두 산다고 인터넷 검색하고 있었잖아!"

"그, 그랬나? 아무리 그래도 그렇지! 소연이 너 혼자만 가서 그 좋은 상품을 든 거야?"

"일단 가입하면 선물 주는 이벤트도 있고 해서 통장을 개설해두긴 했는데 어떻게 써먹을지는 좀 더 연구해봐야겠어."

축구공만 한 항아리의 정체

허 셰프가 고개를 끄덕이며 말했다.

"역시 우등생다운 소연 씨 대답이네요. 자, 다인 씨에게 다시 한 번 질문할게요. 다른 은행 적금보다 금리도 높고 비과세 혜택까지 있는 재형저축이 왜 금방 인기가 식었을까요?"

"일단 금리랑 세금 때문은 아닐 테고요. 저 같은 회사원들이 많으니 연봉 5,000만 원 이하 제한도 아닐 테고요. 음, 그렇다면······ 문제는 7년에 있었군요!"

"네! 정답입니다. 식사 마저 하고 계세요. 가져올 게 있어요."

허 셰프가 레스토랑 뒤뜰로 난 작은 문으로 나가더니 축구공만 한 항아리를 들고 나타났다. 꿈꿈하고 짭쪼롬한 냄새에 뚜껑을 열지 않아도 내용물이 뭔지 알 것 같았다.

"방금 드신 된장찌개를 끓인 된장이에요. 7년 묵은 귀한 녀석이죠. 7년간 관리하는 게 여간 어렵지 않았어요. 중간에 독을 깨먹은 것도 있고 곰팡이가 피어버린 것도 있죠. 그럼에도 불구하고 7년간 잘 관리했더니 이렇게 맛있는 찌개를 끓이게 되었어요."

나는 다시 한 번 된장찌개 국물을 떠먹어보았다. 7년을 묵히면 이런 맛이 나는구나…….

"그런데 오늘 수업에서 강조하고 싶은 건 재테크 초보는 장기 상품에는 되도록 가입하지 말라는 겁니다. 일단 7년을 묵힐 수 있는 메주(돈)가 부족하고, 관리도 잘 못해서 중간에 깨먹거나(중도 해지) 곰팡이가 생겨서 '7년 후의 열매'를 맛보는 사람이 아주 적거든요. 재형저축도 그래서 인기가 시들해진 거라고 보고요. 같은 7년 만기 상품이었던 장기주택마련저축은 소득공제 효과가 있었지만, 재형저축은 소득공제도 안 되거든요. 장기주택마련저축도 소득공제가 안 되구요."

아, 소연이가 지금 내가 들어야 하는 건 보험이 아니라 적금이라고 말한 게 이런 이유였구나! 7년을 묵히는 건 나중에 메주가 넘쳐날 때 해도 늦지 않아!

"후식 가져올게요. 7년 숙성시킨 와인으로 셔벗을 만들었거든요!"

확실하게 깨우치라고 셰프가 죄다 7년 시리즈로 준비하셨군! 돈은 나중에 넣더라도 일단 재형저축 통장은 만들어놓아야겠다.

된장을 만들 듯이 장기 상품 제대로 숙성하기

1. 재형저축 없이도 짭짤하게

재형저축의 가장 큰 무기는 이자 소득세 14%가 면제되고 농특세 1.4%만 내면 된다는 것. 그런데 새마을금고나 단위농협과 수협, 신협에 일정 금액의 출자금을 납입하고 조합원에 가입하면 최대 3,000만 원까지 마찬가지로 농특세 1.4%만 징수한다. 금리를 따져보고 1~3년짜리 적금에 가입해 굴리면 7년간 돈이 묶여 있지 않아도 비과세 효과를 볼 수 있다. 이때, 만기가 긴 적금일수록 납입액을 적게 설정하자. 그래야 부담 없이 만기까지 유지할 수 있다.

2. 재형저축 제대로 써먹는 법

초기에 출시된 재형저축은 3년간 최고 4.6% 금리를 주고 그 후에 변동 금리로 전환되는 상품이다. 인기가 시들해지자 은행권은 7년간 쭉 3%대(최고 3.6%) 이자를 주는 고정 금리 상품을 출시했다. 재형저축을 활용할 생각이라면 일단 두 상품 모두 가입하되 3년간은 4.6% 통장에 집중 투자하고, 3년 후 금리가 떨어지면 고정 금리 통장에 집중하는 양다리 전략을 써보자. 이런 양다리 재테크는 항상 유용하다는 점을 기억해둘 것.

3. 7년간 숙성시킬 메주만 넣자

모든 장기 상품은 만기를 채워야 빛을 발한다. 종잣돈 없는 재테크 초보라면 장기 상품 가입은 결혼이나 출산 후로 미루는 게 좋다. 결혼한다고 깨고, 차 산다고 깨고, 아이 키운다고 깨고, 집 산다고 깨면 피 같은 원금을 손해 보거나 쥐꼬리만도 못한 이자를 받게 되기 때문이다. 장기 상품에 가입할 경우, 무조건 소액으로 시작해서 만기가 가까울수록 몰아서 돈을 넣는 게 유리하다. 보험 상품도 처음 계약을 소액으로 설정하고 추가 납입하는 전략을 쓰자. 추가로 납입하는 금액은 사업비(수수료) 부담이 없거나 적어서 더 좋다.

07

이게 다 아이언맨
때문이야

:

두 번째 재테크 수업에서는
재형저축에 대해 공부했다.
4%대의 고금리와 비과세를 무기로 내세운
재형저축의 인기가 금세 시들해진 건 '7년'이라는
시간의 장벽 때문이었음을 알게 된 다인.
이렇게 재테크를 열심히 공부하는 와중에
예기치 못한 복병을 만난다.

재테크 초보가 한 번쯤 겪는 부작용

"이게 다 '아이언맨' 때문이야! 나 어떻게 해, 소연아!"

"웃겨! 왜 우리 로버트 다우니 주니어 탓을 하는 거야? 아이언맨이 뭘 어쨌다고?"

"옷가게 앞을 지나가다가 예쁜 원피스가 눈에 띄어서 들어가 구경했는데, 보면 볼수록 나한테 딱인 거야. 그렇지만 난 재테크하는 여자니까 참고 그냥 가려고 했는데……."

"그런데 뭐?"

"그 매니저 언니가 이러는 거야. 아이언맨이 슈트에 집착하는 이유를 아세요?"

"갑자기 웬 아이언맨?"

"내 말이! 그리고 그다음 멘트에 내가 홀랑 넘어가버렸다니까."

"핑계도 좋다! 뭐라고 했는데?"

"아이언맨이 슈트에 집착하는 건 자신을 지켜주기 때문이에요. 여자도 똑같답니다. 예쁜 옷은 여자의 가장 훌륭한 무기죠."

"그래서 그 말에 넘어가 그냥 샀다는 거야?"

"응. 나도 모르게 카드를 꺼내고 말았어. 돈 아껴 쓴다고 매일 회사, 집, 회사, 집만 다녔더니 왠지 초라하고 의기소침해지는 것만 같아서, 그래서 '무기'가 필요했나 봐."

"두 번 의기소침했다간 명품백도 사겠네! 그리고 너 〈아이언맨 3〉 안 봤냐? 토니 스타크도 결국 슈트 다 파괴했거든? 그러니까 애꿎은 아이언맨 탓하지 말고 다음부턴 조심해. 재테크 초보가 한 번쯤 겪는 현상이 너한테도 온 거니까."

"재테크 초보가 한 번쯤 겪는 현상? 그게 뭔데?"

금연침? 단식원? 특별 처방이 필요해

"담배를 끊으면 금단 현상이 오고, 다이어트를 할 때도 한 번씩 요요 현상이 오죠. 쇼핑도 일종의 중독이라서 허리띠를 졸라매기 시작하면 '지름 현상'이 나타납니다. 다인 씨는 좀 빨리 오신 것 같네요……."

허 셰프의 말에 얼굴이 화끈거렸다. 소연이 웃음을 참느라 입을 가린다.

"그래서 주식이나 펀드가 부담스러운 재테크 왕초보에게 권하는 '처방'이 있습니다. 오늘은 그 요법을 먼저 알려드려야겠군요."

"요법이요? 금연침이나 단식원 같은 그런 건가요?"

"비슷합니다. 행위에 강제성을 부여하고, 재테크 목표인 유동성을 확보하고, 조금의 이득을 더 추구하는 거죠."

"강제성, 유동성, 또 뭐요?"

"다인이한테 너무 어렵게 설명하시면 안 돼요, 셰프님."

쳇, 옆에서 거드는 네가 더 밉다!

"네. 언제나처럼 쉽게 설명해드릴게요. 오늘은 날씨도 좋으니 야외에서 수업할까요? 제가 브런치 메뉴를 준비하는 동안 두 분은 삼청동 산책이라도 하고 오세요."

와, 야외 수업이라니! 안 그래도 답답했는데, 잘됐다!

"다인 씨, 산책 나가기 전에 잠시 저 좀 보시죠."

셰프가 왜 나만 부르는 거지? 단 둘이서만 무슨 이야기를 하려고?

"숙제를 하나 내드리려고요. 삼청동 산책하시면서 사람들 옷차림에 꽃무늬가 몇 개나 있는지 세어보고 오세요."

"꽃무늬요? 네, 알겠습니다."

'지름신'을 막는 첫 번째 부적

"잘 다녀오셨습니까? 주말이라 사람들 많죠?"

"네. 연인들, 가족들, 친구들이 북적북적하네요. 날씨도 좋고, 오랜만에 소연이랑 수다도 실컷 떨었어요."

"잘됐네요. 제가 내드린 숙제는 완료하셨죠?"

"그럼요, 요새 꽃무늬가 진짜 유행인가 봐요. 산책길에 만난 꽃무늬 가방과 치마 등등 총 열세 개였어요."

"오, 많네요. 소연 씨는 꽃무늬 아이템을 몇 개나 보셨나요?"

"글쎄요, 두세 개 정도요? 대신 제가 찾기로 한 물방울무늬는 여덟 개쯤 봤어요."

"다인 씨는 물방울무늬 아이템 몇 개나 보셨어요?"

"아, 소연이도 숙제가 있었군요? 전 물방울무늬는 한 개도 못 본 거 같은데……."

"두 분 다 오늘의 숙제 잘 완료하셨어요. 이제 설명해드릴 테니 잘 들어보세요. 사람의 뇌는 원하는 것만 골라서 봅니다. 두 분이 똑같은 풍경의 거리를 걸었지만 각자 숙제로 받은 무늬가 더 잘 보였죠? 차를 사야겠다고 생각하면 도로에 있는 차들을 유심히 보게 되듯이,

재테크에 관심을 가지면 돈 되는 정보들이 쏙쏙 들어오는 겁니다.”

아, 그래서 이런 숙제를 낸 거구나.

“일단 ‘즐겨찾기’ 목록부터 바꿔보세요. 쇼핑몰이나 연예 뉴스처럼 소비에 집중한 즐겨찾기 대신, 재테크 카페나 경제 신문 같은 투자 분야의 즐겨찾기를 늘리는 겁니다. 인터넷 서핑을 할 때도 한국은행이 왜 금리를 내렸는지, 20년 가까이 꿈쩍 않던 일본 주식 시장이 왜 40% 가까이 급등했다가 고꾸라졌는지, 그리고 왜 다시 오르고 있는지 등을 읽어보는 거죠. 관심을 가지면 알게 되고, 알게 되면 그전에 안 보이던 것들이 보입니다. 어제처럼 원피스가 예쁘다고 생각 없이 구매하는 일도 예방할 수 있고요.”

으, 창피해! 즐겨찾기 목록에 있는 수십 개의 쇼핑몰 사이트가 생각났다. 심심하면 백화점에서 아이쇼핑을 하고, 자주 가는 카페나 블로그도 패션이나 맛집 관련 일색이다. 포스팅한 글들을 읽다보면 살 것들이 생기고, 가고 싶은 곳과 먹고 싶은 것들이 생겼어. 그런데 그게 다 구매욕을 불러오는 일이었다니.

‘지름신’을 막는 두 번째 부적

“자, 식사할 준비할까요? 저기 안쪽 테이블에 세팅해놨어요. 저도 금방 가겠습니다.”

안쪽 테이블을 보자마자 나지막이 탄성이 나왔다. 작은 접시들이 좌우로 열두 개씩 세팅되어 있고, 가운데에는 4층짜리 애프터눈 티세트 트레이가 마련되어 있었다. 마카롱, 스콘, 치즈케이크, 마들렌, 쿠

키들……. 저기 저건 수제 초콜릿? 아니 티라미수인가?

"우와, 대박! 다인아, 이거 아까워서 어떻게 먹지?"

"그러게, 너무 예쁘다! 이게 말로만 듣던 그 애프터눈 티세트 맞지?"

"서서 뭐하세요? 어서 앉으세요, 따끈한 홍차 준비했습니다."

어느새 허 셰프가 앙증맞은 티 포트 두 개를 들고 와 웃는다.

"당장 드시고 싶겠지만 욕망을 잠시만 누르시고, 앞에 놓인 작은 접시 열두 개에 원하는 빵과 케이크를 하나씩 담아보시겠어요?"

소연이와 나는 신중하게 열두 개의 케이크를 골랐다. 좋아하는 마카롱은 두 개나 담았다. 접시가 채워지자 허 셰프가 찻잔에 차를 따라주었다.

"오늘 알려드릴 재테크 기법은 풍차 돌리기인데요. 열두 개의 접시가 필요한 메뉴가 뭐가 있을까 하다가, 두 분 다 여성이어서 애프터눈 티세트를 준비했습니다. 각각의 접시를 정기예금 통장이라고 생각하시면 쉽습니다. 그렇게 열두 개의 접시를 채우듯, 매달 정기예금 통장을 개설하는 거죠. 매달 정기적금에 넣는 것처럼, 새 정기예금을 드는 겁니다. 1년만 꾹 참고 돈을 넣다 보면, 매달 만기가 돌아오면서 돈 모으는 재미를 알게 되죠. 2년, 3년째에도 원하는 종잣돈을 만들 때까지 똑같이 계속 열두 개의 정기예금을 드는 거예요. 참 쉽죠? 천천히 드세요. 저는 가서 재테크 레시피 준비해놓을게요."

첫 번째 접시에 있는 따끈한 스콘에 버터와 딸기잼을 발라 입에 넣었다. 너무 맛있어서 천국이 따로 없다 싶다. 남아 있는 열한 개의 접시를 뿌듯하게 바라본다. 살찌는 소리가 들리는 것 같지만 그래도 흐

뭇하다. 근데 '풍차 돌리기'가 뭐였지? 적금 넣을 돈을 매달 새로운 정기예금 통장에 넣으라고? 그럼 1년이면 통장이 열두 개나 되겠네. 그리고 2년, 3년째에도 계속해서 매달 정기예금을 들면 되는 건가? 오늘도 이렇게 유용한 재테크 정보 하나 배웠네. 집에 가면 당장 즐겨찾기 목록을 재테크용으로 바꾸고, 풍차 돌리기 공부해야지.

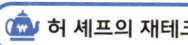 허 셰프의 재테크 레시피

내 맘을 채워줄 12개의 통장

1. 이자도 같이 저축해요, 풍차 돌리기

풍차 돌리기는 이번 달 저축할 돈을 금리가 가장 높은 정기예금에 넣는 것이다. 매달 정기예금 통장을 개설하므로 1년이면 열두 개의 통장이 만들어지고, 13개월 차에 첫 번째 통장의 만기가 돌아온다. 월 50만 원씩 저축한다고 가정하면, 13개월째부터는 '1년 전 넣은 50만 원+이자+이번 달 저축액 50만 원'을 정기예금에 가입할 수 있다. 이때 이자도 같이 저축하는 게 풍차 돌리기의 핵심이다! 기본적으로 단리 상품인 은행의 예금과 적금으로 '셀프 복리'를 만들자는 것이다.

2. 양수겸장, 종잣돈 만들고 유동성 확보하고

예금 풍차 돌리기의 가장 큰 장점은 목돈을 만드는 과정에서도 언제나 쓸 수 있는 현금을 확보할 수 있다는 점이다. 매달 만기가 돌아오기 때문에 혹시 중간에 급전이 필요하거나 더 좋은 투자 기회가 생겼을 때 손해 보며 통장을 깨지 않아도 된다. 금리가 계속 떨어지는 시기에는 추가 이자 수익을 노리기에는 풍차 돌리기가 불리한 것도 사실이다. 독하게 마음먹고, 매달 일정액을 꼬박꼬박 모아 하루라도 빨리 종잣돈을 만들겠다는 데 의의를 두는 게 좋다.

3. 예금 풍차의 심화편, 적금 풍차

정기예금보다 정기적금 금리가 더 높다는 사실을 알고 있는가? 초기 저축액이 적은 직장인이라면 적금 풍차로 시작할 수도 있다. 10만 원짜리 적금부터 시작해서 한 달 저축 가능액이 늘어날 때마다 추가로 적금에 가입하는 식이다. 요즘은 비교적 금리가 높은 편인 스마트폰 적금을 활용해 적금 풍차를 돌리는 재테크 족이 많다. 12개월을 꽉 채워 적금 풍차를 돌릴 생각이라면 미리 1년 치 시뮬레이션을 돌려보고 첫 불입액을 결정해야 낭패를 보지 않는다. 12개월이 부담스럽다면 6개월에 한 번이나 분기에 한 번씩 나눠 가입해도 된다.

왕초보에게 필요한
보험은 따로 있다

:

돈 안 쓰고 허리띠 졸라매는
지출 다이어트 와중에 '구매욕'에 굴복하고 만 다인.
허 셰프는 지출이 아닌 저축에 초점을 맞추는
'부자의 뇌'로 바꾸는 연습 두 가지를 알려준다.
1년에 열두 개의 정기예금 통장을 만드는
풍차 돌리기까지 배우며
은행권 상품 공부를 마무리했다.

가장 어렵고 골치 아픈, 저 남자의 마음

"윤다인 씨! 몇 번을 말해야 알아들어요? 입사 1년이 넘었는데, 보고서 작성할 때마다 일일이 봐줘야 합니까?"

존댓말 쓰지 말아주세요, 김 대리님. 그게 더 무섭다고요.

"죄송합니다. 앞으로 주의하겠습니다."

"죄송하다면 다예요? 이런 사소한 실수가 실무로 넘어가면 엄청난 재앙을 몰고 온다는 거 모릅니까? 내가 몇 번을 말해요! 우리 일이라는 게……."

명백한 내 잘못이니 입이 열 개라도 할 말이 없지만, 이분 오늘따라 유난히 까칠하시다. 간신히 빠져나오나 싶었는데, 뒤에서 김 대리가 또다시 소리를 지른다.

"야, 김필규! 너 이 자식, 일 이따위로 할 거야? 오늘 진짜 세트로 이럴래?"

아이고 놀래라. 다음 타자는 우리 동기 필규 씨다. 남자 후배라고 맘 놓고 욕부터 하시네. 으, 오늘 진짜 김 대리 왜 저래?

"아휴, 말도 마. 죽다 살았어. 잔소리로 사람을 죽일 수 있겠구나 싶을 때 놓아주더라. 너는 안 깨졌냐?"

"너랑 필규 씨랑 깨지는 거 보고 매의 눈으로 보고서 다듬었다는 거 아니냐! 김 대리님이 요즘 많이 힘드신가 봐."

"야, 결혼한 지 한 달이 됐냐, 두 달이 됐냐? 한창 행복할 새 신랑이 왜 저렇게 까칠해? 혹시 와이프가 야반도주라도 한 거 아냐?"

"아까 통화하는 거 살짝 들어보니까, 보험 결혼시키기 진통 중인 거 같더라."

보험 결혼시키기? 그게 뭔데?

"뭐? 보험 결혼시키기? 그게 뭔데? 무슨 보험이 결혼을 해?"

"넌 『서재 결혼시키기』라는 책도 못 봤어? 각자의 인생을 살던 두 남녀가 만나 한집에 살려니 합칠 건 합치고 버릴 건 버려야 하는데, 그 와중에 불협화음이 생기는 거지. 책꽂이에 꽂는 책 가지고도 시끄러운데, 돈 관련된 문제는 오죽하겠냐."

"들으면 들을수록 더 모르겠네. 보험은 그냥 넣으면 되지 시끄러울 게 뭐가 있어?"

"참 단순명쾌해서 좋네! 나중에 네 신랑도 김 대리처럼 힘들겠다."

"야, 감히 누구랑 비교해! 우리 신랑은 절대 안 그럴 거거든?"

"네가 똑똑하게 보험을 들지 않으면 100% 저렇게 될 거라는 말이야. 너 보험은 어떤 거 들었어?"

"응? 그때 엄마가 들어준 암보험이랑 건강보험인가 뭐 그런 거 있을 텐데……."

"저축보험이나 연금보험 뭐 이런 건 없어? 김 대리는 부부 둘이 합쳐서 보험료가 150만 원 넘게 나가서 고민인가 보더라고. 맞벌이해서 500만 원 버는데 보험료가 너무 많은 거지."

"헉, 150만 원? 저축보험이나 연금보험은 장기 상품이라 중도에 해지하면 손해잖아! 골치 아플 만하네!"

갑자기 소연이가 내 볼을 살짝 꼬집더니 얼굴 구석구석을 살핀다.

"뭐야? 갑자기 왜 남의 얼굴은 꼬집고 난리야?"

"네 입에서 장기 상품 해지 어쩌고 하는 말이 나오는 게 너무 놀라워서."

"왜? 그때 재형저축 배울 때 저축보험 이야기도 잠깐 나왔잖아!"

"그걸 다 기억하고! 이야, 너 진짜 마음 독하게 먹었구나. 훌륭하다, 훌륭해!"

이건 기본이지. 이번 주 수업은 더 열심히 들을 거라고!

보험 구조조정, 전문가의 손길이 필요해

"소연아, 근데 김 대리 어쩌지? 그 보험 문제 해결될 때까지 계속 히스테리 부릴 거 아냐."

"그러게 말이야. 나한테도 언제 불호령이 떨어질지 몰라서 심장이 쪼그라든다."

"허 셰프에게 부탁하면 안 될까? 도와줄 수 있을지도 모르잖아."

"셰프가 무슨 슈퍼맨이냐? 우리 둘도 모자라서 김 대리까지 구해 주게?"

소연이 말은 그렇게 하면서도 메모지에 레스토랑 전화번호와 메일 주소를 적는다. 도와줘요, 허 셰프!

"저는 김 대리님을 도와드릴 수 없습니다."

항상 다정하고 친절하던 허 셰프의 말투가 단호하다.

"대신 도와줄 분을 알려드릴 수는 있죠. 중급 코스 경제 신문 읽기 코치해주시는 재무 설계사와 프라이빗 뱅커(PB)가 계시거든요. 김 대리님께서 그분들께 연락하셨을 겁니다. 아, 벌써 만나셨을지도 모르겠네요."

소연이와 나는 안도의 눈빛을 교환했다. 오늘 브런치 수업 내용보다 김 대리의 '보험 결혼시키기'가 더 궁금하던 차였다.

"두 분 다 안심하는 눈치네요. 김 대리님은 좋으시겠어요. 이렇게 후배들이 진심으로 걱정해주고……."

우리는 말없이 웃었다. 이게 썩은 미소라는 걸 셰프는 알까.

"오늘은 보험 이야기를 할까요? 자, 밑줄 쫙 긋고 시작할게요. 재테크 왕초보에게 보험은 보장이지 저축이 아니다!"

"왕초보에게 보험은 보장일 뿐 저축이 아니다!"

"그렇습니다. 보험이 저축이 되는 건 돈이 어느 정도 모인 후부터입니다. 꼭 기억하세요."

"보험료를 내고 혹시 모를 위험에 대비하는 보장을 구입하는 거라고 생각하면 쉬워."

"네, 소연 씨 말이 맞습니다. 이제 남은 문제는 좋은 물건(보장)을 저렴하게 사는 거겠죠? 그런데 여기서 문제가 생깁니다. 보험은 우리가 접하는 금융 상품 중에 가장 어렵고 복잡한 녀석이거든요. 돈을 안 받고 내게 딱 맞는 보험 상품을 추천해주는 전문가를 만난다면 그보다 좋을 순 없겠지만, 많은 경우 그분들은 상품을 판매해 수익을 내야 합니다. 그래서 우리는 추천받은 보험 상품이 나한테 정말 잘 맞는 건지 알아볼 수 있어야 합니다. 그러려면 열심히 공부해야겠죠? 세상에 공짜 점심은 없으니까요."

보험 앞에 서면 언제나 '신중 모드'

또 나왔다. 공짜 점심은 없다는 말. 잘 이해되지 않아 눈만 끔벅거리고 있자 소연이가 보충 설명을 한다.

"직접 보험 설계서나 리모델링 안을 받아서 비교하는 게 가장 이해가 쉬워. 김 대리님도 이미 가입 중인 두 개 보험사에서 리모델링 안을 받아본 것 같더라고. 해지하면 얼마나 돌려받게 되는지, 추가로 가입할 상품이 있는지, 그 상품의 보장 내용은 어떤지 따져보는 거야. 그리고 셰프가 소개해준 두 전문가의 리모델링 방안과 비교한 후 최종 결정을 내리게 되겠지."

"네, 맞습니다. 특히 보험 해지는 신중, 또 신중해야 합니다. 원금까지 손해 보는 경우가 많은 데다, 오래 전에 가입한 상품일수록 보장 내역이 알짜인 경우가 많거든요."

"그럼 새로 보험에 가입할 때는 어떻게 하죠?"

"해지보다 더 신중해야 할 게 보험 가입입니다. 여러 보험사를 꼼꼼하게 비교해보는 건 당연하고요. 남들이 좋다는 거 무턱대고 들지 말고, 보험 공부를 열심히 한 후에 가입해도 늦지 않다는 걸 꼭 기억하세요. 딱 한 가지 보험만 빼고 말이죠!"

"셰프가 그 말씀하실 줄 알았어요. '딱 한 가지만 빼고 말이죠!' 이렇게요."

"벌써 제 패턴을 다 파악하셨군요? 그 딱 한 가지는 말이죠……."

그게 뭘까? 우리는 셰프의 입을 뚫어져라 바라봤다.

"식사 후에 공개해드리겠습니다!"

뭐냐, 저 오글거리는 멘트는. 보험은 한 살이라도 어릴 때 드는 게 유리하다고 들었는데, 이것저것 공부하고 천천히 들라니……. 그나저나 꼭 가입해야 할 한 가지 보험이 대체 뭘까?

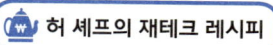

허 셰프의 재테크 레시피

가입 1순위, 실비보험과 암보험

1. 실비보험, 보험금 탈 확률이 가장 높다

재테크 초보가 가입할 보험 1순위는 바로 의료실비! 감기 같은 사소한 질병은 물론, 갑작스런 사고나 큰 수술 등으로 부담하게 되는 병원비까지 폭넓게 보장해주기 때문이다. 일단 한 달 보험료 5만 원 수준으로 여러 회사에서 설계안을 받아보자. 그 설계안을 보고, 필요 없는 보장을 빼고 진단금을 낮추면서 보험료 줄이는 연습을 해보는 것이다. 요즘은 인터넷으로 손쉽게 보험료와 보장 내역을 비교해볼 수 있으니, 재테크 사이트에 들어가 며칠만 공부하면 어떤 보험을 들지 윤곽을 잡을 수 있다. 보험료는 회사마다 천차만별인데, ○○생명보다 ○○화재나 ○○해상 같은 손해보험사에서 가입하는 게 조금 더 저렴한 편이다.

혹시 부모님이 내 명의로 들어둔 실비보험이 없는지도 체크하라. 실비는 중복 보장이 안 되기 때문에 피 같은 보험료를 두 배로 내고도 혜택은 못 챙길 수 있다.

2. 새로 바뀐 실손보험 전격 해부

2013년 4월부터 실비보험의 갱신 주기와 보장 기간이 변경됐다. 현재 판매되는 상품은 100세까지 보장되지만 15년마다 재가입해야 하고 매년 보험료가 갱신된다는 게 특징이다. 내가 낸 병원비의 80%, 또는 90%를 보장받는 상품 중 고를 수 있고, 2013년 7월부터 2만 원 이하 소액 의료비는 영수증만 있으면 보험금을 받을 수 있도록 절차가 간소화된 것은 환영할 만한 변화다. 무엇보다 1만 원 미만의 저렴한 보험료로도 병원비를 보장받을 수 있게 됐다(사망과 장애 보장은 제외). 20대 기준으로 의료비 80%를 보장해주는 '단독 실손 의료 표준형 80%' 상품 보험료는 한 달에 5,000~6,000원에 불과하다. 본인이 원하는 보험료와 보장에 따라 단독 실비만 저렴하게 가입해도 되고, 3대 질병 진단금(암, 뇌졸중, 급성심근경색) 정도를 추가해도 된다.

3. 실비보험 다음은 바로 암보험

저렴한 실비보험을 들었다면 암보험을 고려해볼 차례다. 실비와 달리 암보험은 여러 개 있어도 중복 보장을 받을 수 있으니, 20대부터 과도한 보장으로 비싼 보험료를 내지 않아도 좋다. 상대적으로 암 발병 가능성이 낮은 청년기에는 저렴한 상품에 가입하고, 경제적 여유가 생긴 뒤 추가로 가입해도 늦지 않기 때문이다. 암보험도 실비와 마찬가지로 여러 보험사의 설계안을 받아보고 보장 내역을 따져라. 암보험 들기 전에 따져봐야 할 것들은 다음과 같다.

* 순수 보장, 비갱신형, 100세 만기 상품 중 내게 맞는 것을 선택한다.
* 매달 낼 암보험료를 결정하자! 가장 중요한 건 진단금(+수술비)을 얼마로 하느냐인데, 30세 남자 기준으로 진단금 1,000만 원 보장당 1만 원씩 올라간다고 생각하면 된다.
* 가족력이 있는 경우는 진단금 등 보장 내역을 조금 높게 설정해두자. 나중에는 가입하기 어려워질 수도 있기 때문이다.

일반적으로 실비와 암보험을 합친 보험료는 연봉의 10%를 넘지 않는 게 좋다고 한다. 2013년까지는 보장성 보험료 100만 원까지 소득공제가 됐지만, 세법 개정안이 확정되면 납입 보험료의 12%만큼 세액공제를 받을 수 있다는 점도 기억해두자.

부자의 보험,
빈자의 보험

:

결혼한 지 한 달도 안 된 김 대리는
'보험 결혼시키기' 때문에 히스테리가 극에 달했다.
시달리다 못한 다인과 소연은 허 셰프에게 도움을 요청하고,
보험 리모델링에 대해 공부한다.
그리고 허 셰프는 가입 1순위인
의료실비보험과 암보험에 대해 알려준다.

가성비 최고! 의료실비보험

"저는 의료실비를 '가난한 사람들을 위한 보험'이라고 표현합니다."

의료실비보험을 설명하면서 셰프가 만들어준 브런치는 오므라이스였다. 두꺼운 계란 옷이 보험 같은 거란다. 메뉴 선정에 갈수록 성의가 없어지는 것 같다. 그래도 오므라이스가 끝내주게 맛있어서 이해해주기로 했다.

"가난한 사람이라면, 저를 위한 보험이네요."

"아, 그런가요? 의료실비를 가난한 사람들을 위한 보험이라고 말씀드린 이유는 세 가지입니다. 첫째, 보험금을 타기가 쉽습니다. 감기에 걸리거나 가벼운 질병으로 입원해도 받을 수 있으니까요. 둘째, 보험금을 타기가 쉽습니다. 예기치 않은 수술을 받아 목돈이 필요할 때, 본인 부담금의 최고 90%까지 보험사가 내주거든요. 셋째, 보험금을 타기가 쉽습니다. 시중에 나와 있는 모든 보험 상품 중 가장 '가성비'가 좋은 상품이라고 할 수 있죠."

"가성비요? 그런 말도 아세요?"

"그럼요. 저도 '가격 대비 성능의 비율'을 꼼꼼히 따져서 소비하는걸요."

"근데 그게 뭐예요? 세 가지 이유라더니, 전부 다 '보험금을 타기가 쉽다'잖아요! 오늘 수업은 완전 사기다, 사기!"

"뭐, 사기라고 하셔도 할 말 없습니다……. 살다보면 생길 수 있는 위험에 대비한다는 보험 상품의 본래 목적에 가장 적합한 보험인 것만은 분명합니다. 그래서 묻지도 따지지도 않고 의료실비보험이 가입 1순위라는 겁니다. 살면서 한 번도 아프지 않을 거라면 몰라도 가입해서 크게 손해 볼 일이 없는 상품이기 때문이죠."

20대라면 보험은 최대한 가볍게

"아하! 그래서 중복 보장이 안 되는군요? 원래 쇼핑할 때도 인기 상품이나 파격 할인 같은 건 1인당 구매 수량에 제한이 있잖아요."

"오! 좋은 비유예요. 손해보험사 같은 경우 전산망이 통합되어 있어서 한 보험사에서 의료실비보험을 들면 다른 보험사에서는 가입할 수가 없죠. 여러 개 보험에 가입해도 나오는 돈은 똑같으니까 그럴 필요도 없고요."

"그럼 저는 우선 엄마가 들어놓은 보험이 어떤 건지 확인해보고 실비가 아니면 새로 가입하면 되겠네요. 소연이 너는 당연히 의료실비보험 들었지?"

"응, 나도 작년에 경성이브 처음 들어오면서 가입했어. 그때도 보험사 세 곳의 상품 비교하면서 얼마나 머리를 쥐어짰는지 몰라. 이번에 단독 실비는 더 머리 아프겠더라."

허 셰프가 고개를 끄덕이며 말했다.

"저도 단독 실비 공부를 따로 좀 더 해봐야겠더라고요. 키포인트는 바로 이거예요. 20대라면 보험은 최대한 가볍게! 보험은 아주 먼 길을 함께 가야 할 상품이니까요. 처음부터 너무 무거우면 지쳐서 오래가지 못해요."

"네, 잘 알겠습니다. 셰프는 항상 장기 상품 가입은 신중하게 하라고 강조하시잖아요."

"제가 참을성이 없고 성격이 급해서 더 그런 것 같아요. 신문에서 읽었는데, 10년차 보험 유지율이 20%도 안 된다고 해요. 열 명 중 여덟아홉은 원금을 손해 보고 해지한다는 뜻이죠."

부자들의 보험? 그런 것도 있어?

"의료실비보험이 빈자들의 보험이라면, 부자들의 보험도 있나요?"

"오, 좋은 질문이에요. 이번엔 다인 씨가 대답해보세요. 부자들의 보험은 뭐가 있을까요?"

"그때 첫 브런치 수업에서 들었던 즉시연금보험이요?"

"잘 기억하고 계시네요. 저축보험이나 연금보험 같은 비과세 장기 저축성 상품을 저는 부자들의 보험이라고 표현합니다. 부자들에게 보험은 아주 좋은 상품이거든요. 종신보험 같은 경우는 수백억 자산가들이 상속세 납부용으로 활용하기도 하고요."

아, 또 어려운 부분에 직면했다. 이럴 땐 소연이의 얼굴을 뚫어져라 바라보면 쉬운 말로 설명되게 마련이지. 바보 같은 표정을 짓고 있자 아니나 다를까 소연이가 설명을 시작한다.

"나도 그때 브런치 수업 중급 코스에서 들은 건데, 부자들의 재테크 관심사는 우리하고는 차원이 다르더라고. 수십 억 자산가가 되면 세금 아끼기와 상속, 증여가 최고 관심사가 된다나 봐. 그래서 비과세인 저축보험이나 연금보험을 활용해서 세금도 아끼고 자식에게 물려주기도 하고 그런다더라."

"와, 좋겠다! 단 하루만이라도 수십억 자산가가 되어보고 싶다!"

"어려울 거 없어요. 이번 주 숙제는 100억 자산이 있다고 가정하고 가입할 상품을 찾아오는 걸로 하면 되니까요."

"그건 안 되겠어요. 생각만 해도 가슴이 울렁거리고 어지러워요!"

"그래도 틈틈이 고민해보세요. 100억이 있다면 어디에 투자할지요. 돈도 안 들고 기분도 좋아지고, 손해 보는 건 없잖아요?"

"진짜 지금 100억이 있어도 고민이긴 하겠네요. 저라면 그냥 은행에 넣어두고 이자 받으며 놀면서 살 것 같긴 하지만요! 너는 뭔가 복부인 비슷하게 될 거 같아."

"선글라스 끼고 땅 보러 다니는?"

"응, 엄청 잘 어울려."

현실은 200만 원짜리 월급쟁이일 뿐이고

"자, 이제 월급 200만 원 받는 우리의 현실로 돌아와볼까요?"

허 셰프가 갑자기 정색을 한다. 우리 월급은 200만 원에서 10만 원이나 모자라는데…….

"보험 상품은 일찍 가입하면 할수록 유리한 게 맞습니다. 단 '만기까지 유지한다면'이라는 조건이 붙죠. 소득공제(세액공제로 변경 예정)가 되는 연금저축에 가입하면 연말정산에도 유리합니다. 그러나 여기서 오늘의 핵심! 실비나 자동차보험처럼 보장성이 아닌 저축성 보험 가입은 첫 번째 종잣돈을 모은 후에 고민한다!"

"저축성 보험 가입은 첫 번째 종잣돈을 모은 후에 고민한다!"

"네, 지난번에 다인 씨가 이야기한 첫 번째 종잣돈은 3,000만 원이었던 걸로 기억하는데요. 그때까지 보험은 실비 하나면 충분합니다. 특히 종신이나 저축성 보험은 남녀 모두 결혼한 후에 설계하는 게 여러모로 좋습니다. 자칫하면 김 대리님처럼 낭패를 볼 수 있거든요."

"결혼하면 돈 들어갈 곳이 많아지니까 그런 거죠?"

"잘 알고 계시네요. 인생 지출 그래프를 그려보면, 첫 번째 종잣돈은 대부분 몇 년 안에 목돈으로 지출됩니다. 결혼을 한다거나 차를 산다거나 집을 산다거나 등등. 그래서 무조건 유동성을 우선해야 합니다. 여차하면 빼서 사용해야 하니까 말이죠."

"보험 중에도 중도 인출 기능이 있는 상품이 있어. 하지만 그것만 믿고 2, 3년 안에 쓸 돈을 장기 상품인 보험에 넣어서는 안 되는 거지. 만기 전에 해지하면 원금을 손해 보니까."

오늘 수업은 이해가 잘 안 되는 부분이 많다. 보험은 가장 어려운 재테크 상품이라는 말이 맞는 것 같다. 이번 주말에는 보험과 관련된 모든 것을 검색해봐야겠다. 아, 틈틈이 100억 투자할 곳도 좀 찾아보고!

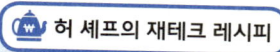

🫖 허 셰프의 재테크 레시피

연금저축 제대로 활용하기

1. 연금저축, 비과세냐 소득공제냐!

연금에 가입할 때는 먼저 비과세를 받을지 소득공제를 받을지 결정하라. 1년간 납입한 금액 중 400만 원까지 소득공제를 해주는 연금저축은 유리 지갑 직장인들에게 구미가 당기는 게 사실이다. 하지만 연금저축은 중도 해지하면 기타 소득세와 주민세 22%가 부과되어 그간 받았던 소득공제를 토해내야 한다. 여기에 5년 이내 중도 해지 시에는 매년 납입한 금액 누계의 2.2%가 해지 가산세로 부과된다. 처음에는 소액으로 가입하는 게 좋은 이유도 바로 이것 때문이다. 연금저축보험 같은 경우 추가 납입 기능이 있는 상품을 골라 소액으로 유지하다가, 여유 자금이 생겼을 때 돈을 더 넣으면 된다. 이때 추가로 내는 보험료는 사업비(수수료)도 저렴해지니 꼭 활용해보자(보통 주계약 총 보험료 대비 두 배까지 추가 납입 가능).

* 확정된 건 아니지만 2013년 논의된 세법 개정안에 따르면, 연금저축의 소득공제가 세액공제로 전환된다. 한마디로 소득공제 효과가 훨씬 줄어든다는 뜻이다. 뒤에서 자세히 설명하겠지만 연금저축에 400만 원을 꽉 채워 넣어도, 세법 개정안이 통과되면 불입액의 12%를 세액에서 공제해주는 것으로 바뀐다. 이렇게 되면 소득 수준과 상관없이 52만 8,000원을 환급받게 되는데, 소득공제가 적용될 때보다 대략 10만 원 이상 혜택이 줄어든다.

2. 내 스타일에 맞는 보험 따로 있다

연금저축 상품에는 세 가지가 있다. 판매사와 운용사에 따라 다른데, 연금저축신탁(은행)과 연금저축펀드(증권사)와 연금저축보험(보험사)이 그것이다. 어떤 상품에 가입할지는 내 재테크 스타일에 따라 '반대되는 유형'으로 골라보자. 안정적 투자자라서 예금만 하고 있다면 연금은 펀드나 변액보험 같은 '투자형'을 선택할 수 있다. 반대로 주식이나 펀드가 많은 공격적 투자자라면 연금은 은행에서 저축 상품으로 드는 게 현명하다. 다른 보험 상품도 마찬가지이다. 사망했을 때 거액을 보장해주는 종신보험은 결혼하고 가족 단위로 설계하는 게 여러모로 유리하다. 특히 미혼 여성이라면 보험료가 비싼 종신보험보다 정기보험에 가입하면 저렴하게 비슷한 보장을 받을 수 있으니 고려해볼 것. 혹은 따로 가입하지 않고 결혼 후 남편의 종신보험에 배우자 특약으로 저렴하게 추가하는 방법도 있다.

3. 이미 가입한 장기 보험 똑똑하게 리모델링하기

행복한 노후를 꿈꾸며 매달 30만 원씩 연금과 저축보험에 투자하고 있었는데 돈이 필요해 해지하게 된다면? 최악의 경우 원금의 절반 이상을 손해 보기도 한다. 가입한 지 2년이 지났다면 해지하기 전에 보험사에 문의해보자. 연금저축은 납입액을 5만 원 정도로 줄일 수도 있고, 저축성 보험 같은 경우는 부분 해지를 하고 일부만 유지할 수도 있다. 그 상품을 만기까지 유지하는 게 나은지 따져본 후 여의치 않다면 과감하게 해지해도 된다.

가장 빨리 종잣돈 만드는 법

.
.
.

💲 돈이 돈을 번다!

재테크는 쉽게 말해 '돈이 돈을 버는 구조'를 만드는 거라고 할 수 있습니다. 그런데 돈이라는 게 덩치가 크면 클수록 더 쉽고 안정적으로 불어나는 특징을 가지고 있죠. 예를 들어 100만 원을 가진 사람이 석 달 안에 100만 원을 벌려면 어떻게 해야 할까요? 3개월 사이에 100% 수익을 올리려면 코스닥 테마주에 몰빵하거나 '개미들의 무덤'이라 불리는 '옵션'이나 'ELW' 투자에 나서야겠죠.

하지만 1억 원을 가지고 있다면 얘기는 달라집니다. 1억 원으로 100만 원을 벌기 위해서는 1% 수익만 올리면 되기 때문입니다. 증시에 가장 안정적인 대형 우량주에 분산해서 넣으면 되고, 그것도 불안하면 그냥 은행에 묻어두면 됩니다. 이렇게 투자금의 규모가 크면 클수록 선택의 여지가 많기 때문에 수익을 낼 가능성도 커지는 거죠. 재테크 출발점에서 종잣돈이 중요한 이유가 바로 이것입니다.

'0원'에서 재테크를 시작하는 왕초보에게 종잣돈이란 목숨만큼 소중합니다. 3년 혹은 5년 내에 열심히 모으겠다는 생각을 가지세요. 계획한 대로 종잣돈을 마련하면 그다음부터는 다시 적립식으로 투자하면서 동시에 모아놓은 종잣돈을 안정적으로 굴리는 '투트랙 재테크'를 하면 됩니다. 이렇게 하면 계획했던 재테크 목표를 앞당겨 달성할 수 있습니다.

$ 3년간 은행을 떠나지 말라

그렇다면 종잣돈은 어떻게 모아야 할까요? 종잣돈을 모을 때까지는 고정된 이자를 받으며 차곡차곡 쌓는 게 최고라는 점을 기억하세요. 한 달에 30만 원, 50만 원, 100만 원씩 모으는 단계에서는 수익률 차이가 크지 않습니다. 재테크를 잘하지도 못하는데 굳이 위험을 무릅쓸 이유가 없죠. 오히려 은행은 재테크 실력과는 상관없이 누구에게나 똑같은 이자를 주기 때문에 상대적으로 초보자에게 유리하다고 할 수 있습니다. 첫 번째 종잣돈을 마련할 때까지는 돈이 생기면 무조건 은행으로 뛰어가겠다고 결심하세요.

그렇게 꾸준히 은행 적금을 넣으면서 동시에 재테크 공부도 착실히 해야 합니다. 3년 후 종잣돈이 생기면 어디에 투자할 건지, 월급을 받으면 어떻게 모을 건지 경제 뉴스와 재테크 서적을 찾아 읽고 관련 카페에도 가입해서 다양한 재테크 정보를 가려내는 눈을 키우는 거죠. 첫 번째 종잣돈을 모으는 이 3년 동안이 재테크 내공을 키우는 아주 중요한 시기입니다.

💲 은행 이자, 복리의 위력

금리를 계산하는 방법에는 단리와 복리가 있습니다. 단리는 몇 년을 넣어두든 무조건 원금에 대해서만 정해진 이자를 계산하는 방법입니다. 우리가 가입하고 있는 대부분의 은행 예금이나 적금은 단리로 계산해서 이자를 주죠. 원금이 100만 원이고 3년간 5% 금리의 예금을 들었다면, 매년 5만 원씩 이자가 붙어 3년 후 원금 100만 원에 3년 이자 15만 원을 합친 115만 원을 찾게 되는 식입니다.

반면 복리는 원금은 물론 이자에 이자가 붙는 방식으로 예금이 불어납니다. 똑같이 원금 100만 원을 3년간 5% 연복리 예금에 가입했다면 첫째, 1년간 이자가 5만 원 붙어 원리금 합계가 105만 원이 됩니다. 여기까지는 단리 계산과 차이가 없습니다. 하지만 두 번째 해에는 전기 원리금 105만 원에 5% 이자가 더해져서 원리금이 110만 2,500원으로 불어납니다. 마지막 3년차에는 110만 2,500원에 5% 이자가 더해져 원리금은 115만 7,625원이 되고요. 복리로 계산하면 같은 5%라도 단리에 비해 7,625원을 더 받게 됩니다.

당연히 예금과 적금을 가입할 때 단리보다는 복리가 유리하다는 사실을 알 수 있습니다. 위의 예에서 3년 만기 연복리 5% 금리는 5.25% 단리와 같은 금액의 이자를 받게 되니까 0.25%의 금리 인상 효과가 있습니다.

탄탄한 저축은행 고르기

💲 '88클럽'을 기억하세요

5,000만 원까지 예금자 보호가 된다고는 하지만 막상 은행이 부실해져서 영업 정지가 되고, 매각 혹은 파산하게 된다면 내 돈을 찾는데 3~6개월 정도 기다려야 하는 불편을 겪어야 합니다. 애초에 좀 더 안전한 은행을 골라 돈을 맡기는 게 현명하겠죠. 따라서 저축은행을 고를 때는 '88클럽'인지 확인하는 게 중요합니다. 다시 말해 BIS 자기자본 비율이 8% 이상인지, 그리고 고정이하여신 비율이 8% 이하인지를 확인해야 합니다.

은행의 건전성은 기본적으로 은행이 보유하고 있는 자산이 어떻게 구성되어 있는지를 평가하는 겁니다. 은행이 보유하고 있는 자산 중에는 가계나 기업에 해준 대출도 있고, 유가증권 투자처럼 손실 가능성이 있는 '위험 가중 자산'이 있습니다. 이런 위험 가중 자산에 비해 은행의 자기자본이 얼마나 많은가를 측정하는 지표가 BIS 자기자본 비율입니다. 일단 BIS 비율이 8% 이상이면 건전하다고 할 수 있습니다.

둘째, 투자한 자산 중에 회수가 불가능한 '부실 채권'이 얼마나 있는지 체크해야 합니다. 은행이 대출해준 채권은 자산 건전성 정도에 따라 정상, 요주의, 고정, 회수의문, 추정손실 5단계로 나누는데, 대출을 해주고 3개월간 이자를 못 받는 경우 '고정여신'으로 분류됩니다. 3개월 이상 이자를 회수하지 못하는 고정, 회수의문, 추정손실 채권이 '부실 채권'으로 불리고 전체 여신 중 고정이하여신이 8%가 넘으면 건전성에 문제가 있다고 봅니다. 이 두 가지 지표는 '저축은행중앙회' 홈페이지에 접속해 '경영 공시'에서 확인할 수 있습니다.

⑤ '88클럽'보다 더 꼼꼼하게

이것만 믿고 투자할 수 있으면 참 좋겠지만, 따져봐야 할 것들은 더 있습니다. 2011년 저축은행 구조조정 과정에서 퇴출된 저축은행 중에 상당수가 '88클럽'에 속해 있었던 것으로 나타났기 때문이죠. 좀 더 깐깐한 기준을 소개하겠습니다.

① 단순 자기자본 비율 : BIS 자기자본 비율이 국제적으로 통용되는 건전성 기준이기는 하지만 여기에는 한 가지 함정이 있습니다. BIS 비율의 자기자본 항목에 은행이 발행한 후순위 채권이 포함되어 있다는 거죠. 후순위 채권은 자기자본 성격이 있기는 하지만 기본적으로 높은 이자를 지급해야 하는 부채이기 때문에 오히려 은행 재무구조에 부담을 줄 수 있습니다. 따라서 후순위 채권, 대손충당금 등을 뺀 순수 자본금만으로 측정하는 단순 자기자기 비율을 참고할 필요가 있습

니다. 적정 단순 자기자본 비율은 5%를 넘어야 안심할 수 있습니다.

② 고정이하여신 비율 : 전체 여신 중에서 '고정이하' 부실 채권 비율의 경우 시중 은행은 1~2%에 불과합니다. 저축은행의 경우 8%보다 조금 더 깐깐하게 7% 정도면 적절한 수준으로 볼 수 있습니다.

③ PF 대출 규모 : 저축은행 부실의 근원지인 부동산 프로젝트파이낸싱(PF) 대출, 그 위협은 끝나지 않았습니다. 2010년 이래 PF 대출이 총 대출금의 10%를 넘겼던 솔로몬, 제일, 한국, 부산저축은행 등은 PF 대출의 고정이하여신 비율이 급격하게 늘어나면서 퇴출의 길로 접어들었죠. 지금도 전체 대출 중 PF 대출 비중이 10%를 넘기는 은행은 고정이하여신 비율이 갑작스럽게 증가할 위험이 있기 때문에 조심해야 합니다.

④ 당기순이익 추이 : 최소 3년간 당기순이익이 안정적인 추이를 보이는 저축은행이라면 믿을 만합니다.

💲 후순위 채권에 발등 찍히지 말자

사업가 나몰라 씨가 있었습니다. 나몰라 씨는 사업 자금을 모으기 위해 주변의 여러 사람들에게 돈을 빌리는 대가로 차용증을 써주었습니다. 그 차용증에는 사업이 잘못되어 빚잔치를 하게 될 때 돈을 변제해야 할 순서를 정해놓았습니다. 당연히 뒤의 번호를 받을수록, 다시 말해 돈을 완전히 떼일 가능성이 높을수록 이자를 더 많이 주기로 약속 했죠. 나몰라 씨 입장에서는 뒤쪽 순위 채권을 발행해 돈을 빌린 사람에게는 나중에 더 많은 이자를 지급해야 하는 부담이 있지만, 혹시 망했을 경우 꼭 갚아야 한다는 걱정도 없고 심지어 빚이 아니고 그냥 '내 돈'인 셈치고 장부에 적을 수도 있습니다. 덕분에 꽤 튼튼한 사업체로 알려지면서 나몰라 씨에게 투자하겠다고 나서는 사람까지 생겨났습니다.

이와 같은 일이 저축은행에서 그대로 일어났습니다. 저축은행들은 글로벌 금융위기로 부실 규모가 커지자 BIS 자기자본 비율을 정부 기준으로 맞추기 위해 (위험 자산을 줄이거나 증자를 통해 자기자본을 늘리는 대신에) 집중적으로 후순위 채권 발행에 나섰습니다. 은행 예금자 입장에서는 목돈을 은행에 넣고 일정 기간 후에 이자와 원금을 찾는 예금을 드는 것과 은행 채권을 사서 일정 기간 후에 원금과 이자를 받는 게 똑같기 때문에 상대적으로 높은 이자를 지급하는 후순위 채권에 투자하게 됩니다. 후순위 채권 덕에 은행 건전성에는 문제가 없어 보였기 때문에 사람들은 '고금리 예금' 정도로 생각하고 투자에 나섰습니다. 그러나 막상 저축은행 영업 정지 사태가 발생하자 예금의 경우는 5,000만 원까지 원리금을 보장받았지만 후순위 채권에 돈을 넣은 사람들은 고스란히 투자금을 날리는 피해를 입었습니다.

저축은행을 이용할 때는 반드시 예금보험공사가 원리금을 보장하는 상품을 고르고, 예금자 보호가 되는 5,000만 원 한도 내에서 내 돈을 맡겨야 한다는 점을 명심하세요.

복잡한 보험 심플하게 이해하기

.
.
.
.

💲 건강보험 어디서 들까? 생명보험? 화재보험?

적금을 들려면 'OO은행'에 가면 되고, 주식 투자를 하려면 'OO증권'에 가면 됩니다. 그런데 보험 하나 들려고 보험사를 검색해보면 어떤 회사는 'OO생명'이고, 또 어떤 회사는 'OO화재'라고 되어 있어서 어디로 가야 할지 혼란스럽죠.

보험은 무엇을 지켜주는가에 따라서 크게 생명보험과 화재보험으로 나눌 수 있습니다. 생명보험은 주로 생명에 관련된 위험에 대비해서 사람의 건강 자체를 보장합니다. 암보험, CI보험, 그리고 종신보험 등을 판매하죠. 생명보험은 대체로 처음 보험에 가입할 때 보상액이 정해집니다. 예를 들어 '암 진단 2,000만 원'으로 보험 계약을 했다면 암에 걸렸을 때 병원비와 상관없이 2,000만 원을 받는 거죠. 2,000만 원짜리 암보험을 다른 생명보험사 두 곳에서 따로 들었다면 각각 2,000만 원씩 총 4,000만 원을 보장받을 수 있습니다.

손해보험은 재산에 대한 경제적인 손실을 보장해줍니다. 자동차 사고가 났을 때 차 수리비를 보장해주는 자동차보험이 대표적인 상품입니다. 손해보험사에서 다루는 건강 관련 보험은 실손보험이 있습니다. 자동차보험이 사고가 났을 때 실제 차 수리비만 대신 내주듯이, 실손보험도 실제로 낸 병원비만큼만 보장해줍니다. 손해보험을 여러 개 가입하면 보험료만 낭비하는 거죠. 처음 보험에 가입하는 재테크 왕초보라면 손해보험사에서 의료실비보험을 가입하고, 그다음에 큰 비용이 들어가는 암이나 중대 질병은 생명보험사에서 대비하는 게 효과적입니다. 보험은 어디까지나 '비용'이므로 이 시기에는 연봉의 10% 이내로 부담되지 않게 가입합니다.

💲 노후는 3층으로 꼼꼼하게 대비하라

왕초보인 여러분에게 노후는 아직 먼 훗날의 일이겠지만 그에 대한 준비는 회사에 입사한 순간부터 시작됩니다. 월급 명세서를 자세히 살펴보면 세금 떼고, 건강보험료 떼고, 그리고 국민연금까지 뗀 뒤 통장으로 들어오기 때문입니다.

국민연금은 월급여의 9%를 국민연금공단에 납부하는데, 납부액의 절반은 회사에서 대신 내주고 본인은 4.5%만 부담합니다. 본인 부담금 대비 이율로 보면 이렇게 좋은 투자 대상도 없죠. 이런 혜택을 고소득 월급쟁이에게도 무조건 주는 건 아닙니다. 월 소득 389만 원까지 상한선을 정해놓아 월급여가 그 이상이라 해도 월 33만 7,500원의 국민연금을 냅니다(본인 부담금은 절반인 17만 550원). 그렇게 쌓아둔 국민연금은 65세부터 수령할 수 있는데, 생활하기에는 턱없이 부족하지만 최소한의 대비는 되는 셈입니다.

그런데 55세에서 60세 정도면 정년퇴직을 맞이하게 됩니다. 그렇다 보니 짧게는 5년에서 길게는 10년 정도 국민연금으로도 커버할 수 없는 '소득 보릿고개'가 생기게 마련입니다. 이런 소득 공백기를 대비하기 위해 우리에게는 두 번째 보장 카드가 준비되어 있습니다. 바로 퇴직금입니다. 최근에는 퇴직금도 퇴직연금이라고 해서 '확정기여형'과 '확정급여형' 등 다소 복잡한 구조를 띠고 있습니다. 여기서는 단지 퇴직금은 퇴직 이후 국민연금을 받기 직전까지의 '소득 절벽'을 대비해 절대로 중간에 찾아 쓰면 안 된다는 사실만 마음에 새겨놓겠습니다.

두 연금을 잘 준비했다고 해도 퇴직연금과 국민연금으로는 최저 생활비 정도만 마련될 뿐이고, 현재의 소비 수준에는 턱없이 부족할 수밖에 없겠죠. 따라서 부족한 부분은 개인연금으로 보충해야 좀 더 풍족한 노후를 맞이할 수 있습니다.

💲 미래를 위해 저축할까, 투자할까?

1층 국민연금, 2층 퇴직연금에 이어 3층 개인연금에 대해 알아보죠. 가장 먼저 '주식형'을 택할 것인지, 원금 손해날 일 없는 '확정금리형'을 택할 것인지 선택해야 합니다. 둘째로 소득공제(2014년부터 세액공제로 전환)가 되는 상품을 고를지, 나중에 연금을 받을 때 세금을 적게 내는 비과세 상품을 고를지 결정하세요.

세액공제형 연금 상품은 세 가지가 있습니다. 보험사에서 파는 연금저축과 은행에서 파는 연금신탁은 0%의 정해진 이자를 주고, 증권사에서 파는 연금펀드는 원금 손실 가능성이 있지만 더 높은 수익률을 추구합니다. 금감원이 발표한 자료를 참고하면 2002년 7월부터 2012년 6월까지 연금저축 상품들의 10년간 누적 수익률은 연금저축보험은 32~39%, 신탁은 39~41%, 그리고 펀드는 98~122%에 달하는 것으로 알려져 있습니다. 보험이나 은행 신탁에 비해 펀드 수익률이 월등히 높다는 게 눈에 들어오네요.

비과세 연금에는 역시 확정 이율을 주는 일반적인 연금 상품과 적립식 펀드와 비슷한 변액연금이 있습니다. 비과세 상품의 장점은 납입액의 상한이 정해져 있지 않고, 보통 주계약 총 보험료 대비 두 배 정도까지 추가 납입도 가능하다는 점입니다. 또 보험사 공시 이율이 시중 은행 금리보다 1~2% 포인트 정도 높기 때문에 저금리 상황에서는 재테크 수단으로 각광을 받기도 합니다. 한때 사업비를 포함한 수수료가 너무 많아서 수익률이 물가 상승률을 따라가지 못한다는 비판을 받았던 변액연금도 최근에는 사업비를 낮추고 최저 이율을 보장하는 상품들이 출시되면서 다시 주목받고 있습니다.

따라서 투자냐, 저축이냐의 문제는 본인의 전체 자산 포트폴리오를 고려해서 결정해야 합니다. 안정형이든 공격형이든 '올인'하지 말고 분산 투자하자는 게 핵심입니다. 목돈을 만드는 데 주로 은행 적금과 예금을 이용한다면 연금은 주식형 상품을 선택하는 게 좋습니다. 반대로 주로 적립식 펀드에 투자 자금을 모아두는 경우라면 연금은 안정적으로 확정 이율 연금에 가입하는 게 자연스럽게 분산 투자를 할 수 있는 방법입니다.

왕초보에게 떠먹여주는
투자의 기초

주식, 펀드, ETF
3만 원으로 하는 틈새 재테크……
"이제 투자는 선택이 아닌 필수다!"

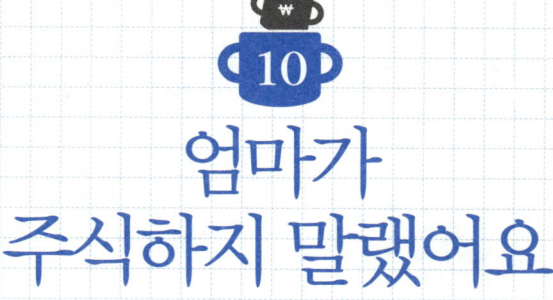

엄마가
주식하지 말랬어요

:

지난 시간에는
빈자의 보험과 부자의 보험에 대해 배웠다.
아플 때 치료비를 보장받을 수 있는 의료실비는
빈자의 보험, 자산을 늘리고 세금을 아껴주는 저축성 보험은
부자의 보험으로 외우면 쉽다.
적금과 보험을 배운 다인은
이제 본격적인 투자의 세계로 입문한다.

'엄마 은행'에서 보낸 만기 문자

'딸, 토요일인데 뭐해?'

엄마다. 지난달 스마트폰을 장만하시더니 심심하면 문자 메시지를 보낸다.

'울 엄마 문자 잘하네. 재테크 수업 가는 길! 지하철이야.'

'오, 열심히 하네. 그때 말한 실비보험은 들었어?'

'응, 단독 실비 추가했어. 보험료가 8,000원밖에 안 돼.'

'잘했네, 암보험은?'

'암보험은 엄마가 그때 들어준 걸로 오케이. 참, 보험료 이번 달부터 내가 낼게.'

'그래.^^ 통장으로 돈 부쳤어. 확인해 봐.'

'응? 무슨 돈?'

'네가 1년 동안 보내준 돈. 적금 넣었는데 만기됐어.'

'엄마아빠 생활비 준 거잖아. 왜 날 줘?'

'네가 다 써버릴까 봐 받은 거야. 요즘 재테크 공부 열심히 하는 거 같아서 주려고.'

눈물이 핑 돈다. 수습 3개월 끝나고 정식으로 월급을 받게 되었을 때, 1년 동안 엄마아빠 생활비랑 용돈을 주겠다고 약속했었다. 그런데 이번 달부터 못 드릴 것 같아서 어떻게 말해야 하나 걱정하고 있었는데, 엄마는 그 돈을 다 모으고 계셨던 거였다.

'그런데 딸!'

'어! 왜?'

'재테크 공부는 좋은데……'

'응, 뭐?'

'절대로 주식 같은 거 하면 안 된다!'

하늘에서 뚝 떨어진 720만 원

"역시 어머님이셔! 돈 있으면 다 써버리는 네 성격을 파악하신 거지!"

소연이가 이죽거린다. 이건 뭐 반박하고 싶지만, 할 말이 없다!

"그래, 마음껏 놀려라. 갑자기 720만 원이라는 큰돈이 생기니까 마음까지 넓어지는 거 같다! 역시 사람은 돈이 있어야 해!"

"야, 720만 원이면 진짜 큰돈이지! 좋겠다."

"게다가 1년 치 적금 이자가 더 있다네! 이자는 엄마 쓰라고 하려고. 근데 갑자기 목돈이 생기니까 혼란스러워. 이거 어떻게 굴려야 하지? 그냥 정기예금에 넣을까?"

"오늘 배울 재테크 방법이 적립식 펀드니까, 수업 듣고 생각해 봐."

"펀드? 야, 우리 엄마가 마지막에 뭐란 줄 알아? 주식은 절대 하지 말란다!"

"어머님이 주식은 절대 하지 말라고 하셨어요?"

주방에 있는 줄 알았던 허 셰프가 어느새 테이블에 와 있었다. 좀 창피하네!

"네, 재테크 수업 듣는다니까 대견해하면서도 좀 걱정하셨어요."

"어머님은 걱정하실 만하죠. 세상의 재테크 정보에는 두 가지가 있거든요."

"네? 두 가지요?"

"첫째, 남들이 몰라야 내가 돈을 벌 수 있는 정보. 둘째, 남들이 많이 알아야 내가 돈을 벌 수 있는 정보. 첫째는 모르고 못 벌면 그만이지만, 둘째는 피 같은 내 돈을 잃을 수도 있죠."

소연이의 보충 설명을 기대하며 바라봤지만, 이건 소연이도 모르는 눈치다. 셰프가 웃으며 말을 잇는다.

요리가 아닌 요리하는 방법을 주세요

"예를 들면 많이 오를 주식 종목을 찍어준다거나, 좋은 땅 있으니 사라는 정보들은 어디에 속할까요? 제가 만약 그렇게 많이 오를 주식이나 땅을 알고 있다면 저는 남들 몰래 혼자만 살 것 같거든요."

"와 너무해요, 셰프. 제자인 저희한테는 찍어주셔도 되는 거 아닌가요?"

"아니요. 절대 너무하지 않습니다. 투자의 책임은 전적으로 본인에게 있으니까요. 갑자기 720만 원이 생긴 다인 씨에게 주식 종목을 찍어주고 사라고 부추길까 봐 어머님이 걱정하신 거예요. 앞으로 누군가 재테크 정보를 알려주면 꼭 따져보세요. 이건 남들이 알아야 하는 정보인지 몰라야 하는 정보인지를요. 전문가들이 알려주는 시장 전망도 마찬가지입니다. 그대로 믿고 따라하는 건 금물이에요. 그런 정보들을 비판적으로 읽을 줄 알아야 소중한 내 돈 날리는 걸 막을 수 있습니다."

뭔가 심오한 말 같은데. 갑자기 돈이 생기니까 생각할 것들이 많아진다.

"오늘 수업은 주방에서 하는 게 좋을 것 같네요. 두 분이 같이 가실까요?"

소연이와 같이 주방으로 들어가자 셰프가 앞치마를 건넨다. 새하얀 앞치마를 두르고 우리는 칼과 도마 앞에 섰다.

"오늘은 저희한테 직접 요리 만드는 거 시키시려고요?"

"네, 그렇습니다! 제가 만들어드릴 수도 있지만, 요리하는 법을 배워야 평생 만들어 드실 수 있을 테니까요. 자, 칼을 잡아보시겠어요?"

아, 요리엔 진짜 소질 없는데. 주섬주섬 칼을 집어 든다.

"아까 어머님이 주식하지 말라고 하셨죠? 그건 칼을 쓰지 말라는 말과 같습니다. 위험하니까 조심하라는 거죠. 하지만 칼은 잘 쓰면 아주 유용한 도구예요. 주식이나 펀드로 대변되는 '투자'도 마찬가지입니다. 사용하는 방법만 잘 익히고 조심조심 접근하면 유용하게 활용할 수 있죠. 자, 무랑 고추랑 당근을 잘게 썰어보세요."

깍둑, 깍둑, 깍둑, 소연이의 칼질이 경쾌하다. 나는 깍, 했다가 뚝, 하기가 쉽지 않다. 이러다 날 새겠네. 셰프가 뒤뜰에서 무와 고추를 한 바구니나 더 가지고 왔다.

"셰프, 혹시 오늘 저희 부려먹으려고 작정한 거예요?"

"앗, 눈치 채셨군요? 오늘 피클 담는 날이라서요, 하하! 피클 레시피 가르쳐드릴게요, 좀 도와주세요!"

투자의 첫걸음, 적립식 펀드

"아이고 팔이야! 재테크 수업 들으러 와서 이런 중노동을 하다니!"

"그러게 말이야! 그래도 피클 담는 법 배웠으니 수확은 있었네!"

"그럼요. 이제 평생 피클은 담아 드실 수 있겠죠?"

셰프가 자몽주스 두 잔을 들고 왔다. 한 모금 삼키자 방금 먹은 크림파스타의 느끼한 맛이 싹 가신다.

"이제 다인 씨의 목돈 이야기를 좀 해볼까요?"

"제 돈 노리지 마세요, 어떤 돈 되는 정보도 듣지 않을 테니까요!"

"좋은 자세예요! 그렇게 의심해봐야 합니다. 720만 원 모두 정기예금에 넣으셔도 좋고요. 저라면 600만 원은 정기예금으로 묶어놓고, 120만 원은 투자 통장으로 예치시켜서 펀드를 해볼 것 같아요. 어차피 다인 씨 월급은 적금으로 들어갈 거니까요."

"펀드요? 흠, 좀 무서운데……."

"역시 좋은 자세예요! 무서우니까 120만 원을 한꺼번에 넣지 말고, 12개월로 나눠서 한 달에 10만 원씩 펀드를 해보는 겁니다. 학원비라고 생각하세요. '적립식 투자의 기초편'을 배워보는 수업이에요."

"한 달에 10만 원씩이요? 그 정도는 해볼 만할 것도 같은데. 어떤 펀드를 하죠? 펀드 종류가 엄청 많다고 하던데……. 주가가 떨어지면 내 돈 날리는 거라 겁나기도 하고……. 그런데 적립식 투자의 기초라는 건 또 뭔가요?"

"셰프가 아까 말한 칼 사용법 같은 거야. 나도 이번에 너랑 같이 적립식 펀드로 '투자'를 시작해보려고!"

갈등된다. 펀드 투자, 시작할 것인가 말 것인가.

"계속 갈등하고 계세요. 최종 결정은 본인이 하는 거니까요. 저는 가서 재테크 레시피 준비하겠습니다."

 허 셰프의 재테크 레시피

저금만큼 쉬운 적립식 펀드 가입하기

1. 투자 첫걸음은 적립식 펀드로

이자는 적지만 원금 손해 볼 일 없는 은행 예금과 적금만 해온 왕초보에게 첫 번째로 권하는 투자법은 적립식 펀드다. 이미 귀에 못이 박히게 들어온 상품이지만 막상 시작하려면 겁이 나는 것도 사실. 첫 번째 상품으로 적립식 펀드를 권하는 이유는 무엇보다 투자하는 방법이 쉽기 때문이다. 적립식 펀드 상품을 골라서 가입하고 적금처럼 자동 이체만 하면 된다. 지난번에 만들어둔 증권사 CMA 통장에서 돈이 빠져나가도록 가입할 수도 있고, 은행 홈페이지에서도 클릭 몇 번이면 가입이 가능하다. 물론 창구에 가서 가입해도 되지만, 수수료가 저렴한 인터넷 가입을 추천!

2. 왕초보의 첫 번째 펀드 투자

질문 하나! 펀드는 원금을 까먹을 수도 있는 상품이라는 사실을 알고 있는지? 2008년 글로벌 금융위기 때는 원금의 절반 이상을 손해 본 '반토막 펀드'가 속출하기도 했다. 초보가 적금을 들 듯 가벼운 마음으로 접근했다가는 원금이 손해난 최악의 시점에서 환매하고 다시는 펀드 따위 하지 않겠다고 다짐할 수도 있다. 그러므로 처음에는 어느 정도 마이너스가 되어도 버틸 수 있을 만큼 적은 액수로 시작할 것.

적립식 펀드에 들어간 내 돈이 불어나는지 손해나는지는 코스피 지수에 따라 결정된다. 코스피 지수는 시장 상황에 따라 하루에도 수십 포인트씩 오르락내리락하기도 하는데, 내 돈 손해나는 걸 참을 수 없는 사람이라면 투자보다는 안정적인 예금이나 적금만 하는 게 나을 수도 있다. 그러나 저금리에 만족할 수 없다면 투자 공부 삼아 적립식 펀드에 도전해보기를 권한다.

3. 첫 펀드 투자 3법칙 – 소액, 3년, 그리고 적립식

펀드는 매달 돈을 넣는 정기적립식, 한꺼번에 목돈을 투자하는 거치식, 자유롭게 돈을 넣을 수 있는 임의적립식 세 가지가 있다. 왕초보는 정기적립식을 선택할 것. 코스피 지수가 오를지 내릴지는 아무도 모른다. 싸게 사서 비싸게 팔아야 돈이 남는 법 아니던가? 매달 똑같은 돈을 꼬박꼬박 넣으면 증시가 올랐을 때는 적게 사고, 내렸을 때는 더 많이 살 수 있다. 이걸 경제 용어로 달러 코스트 애버리지(Dollar Cost Average)라고 한다. 그렇게 꼬박꼬박 모아놓았다가 증시가 올랐을 때(수익이 났을 때) 파는 게 핵심. 매달 소액으로 정기적립식 펀드에 가입하고 3년간 유지하면서 공부해보자. 소중한 내 돈이 들어 있으니 저절로 코스피 지수와 증시에 관심을 갖게 될 것이다. 마이너스 수익률에 잠 못 이루며 후회할 때도 있겠지만, 꾸준히 넣어야 한다. 그래서 소액으로 시작하라고 강조하는 것. 첫 번째 펀드에서 은행 이자 이상의 수익을 내고 환매할 수 있게 되면 펀드 투자에 자신감이 붙을 것이다.

11

시장을 믿을까,
사람을 믿을까

:

투자 수업 입문 첫 시간,
다인은 적립식 펀드에 대해 배운다.
허 셰프는 소액으로 3년간 정기적립식 펀드를
개설해보라고 권한다.
주가가 떨어질 때 많이 사고,
오르면 덜 사게 되는 달러 코스트 애버리지 효과를
배우기 위해서란다.
문제는 어떤 펀드에 가입할지 모르겠다는 것!

펀드, 모르고도 잘만 살았는데

"아, 몰라. 나는 그냥 포기할까 봐!"

"나도 골치 아파 죽겠어. 중급 코스에서 다른 회원들 이야기 들을 땐 다 알 것 같더니, 막상 내가 하려니까 하나도 모르겠네."

"너 펀드 찾아봤어? 수백 개는 되는 것 같아. 대체 그중에서 어떤 펀드를 골라야 하는 거야?"

"수백 개도 넘을 거야, 아마. 나는 최근 3년간 수익률이 높았던 상품들 위주로 봤는데, 가입이 망설여지기는 마찬가지야. 그 펀드가 앞으로도 잘될 거라는 보장은 없다고 경제 신문에서 읽었거든."

"그래도 넌 나보다 훨씬 낫다! 3년간 수익률 높은 펀드 중에서 그냥 하나 고르면 안 돼?"

"그래도 더 찾아봐야지. 셰프가 숙제로 낸 거잖아."

"그렇기는 한데, 이건 또 뭐야? 똑같은 상품인 것 같은데 뒤에 Class-a니 Class-c니 하는 게 붙으니까 더 복잡하잖아!"

"그건 수수료를 의미하는 거니까 나중으로 미루고 상품을 먼저 선택해. 일단 인덱스에서 하나, 액티브에서 하나 고르는 게 좋을 거야."

"인덱스? 액티브? 그건 또 뭐야! 그동안 펀드 모르고도 잘만 살았는데, 이게 웬 난리니? 우리 그냥 평생 예금하고 적금만 들고 살면 안 될까?"

알고 있니? 투자를 해야 하는 이유

"평생 예금과 적금만 하고 살아도 물론 되지!"

입사 동기 필규 씨가 거들고 나선다. 동기이긴 해도 나이가 네 살이나 많은 필규 씨는 별명이 '예스맨'이다. 무슨 일을 시키든 '노' 하는 법이 없어서다. 휴게실 지나가는 길에 우리 이야기를 들었나 보다.

"진짜? 진짜 그래도 돼요?"

"그럼, 당연하지. 그렇지만 나중에 꼬부랑 할머니 되어서 후회할 거야. 예금하고 적금을 주력으로 하는 안정적 성향의 투자자라도 자산의 일부는 꼭 투자를 해야 한다고 생각해. 인생에는 예금 금리 외에 '플러스알파'가 필요하니까."

허 셰프도 비슷한 말을 한 적이 있다. 투자를 안 하는 건 자유지만, 알고 안하는 것과 몰라서 못하는 건 분명 다르다고. 필규 씨가 말을 잇는다.

"우리가 앞으로 30년간 경제 활동을 해서 돈을 번다고 가정해보자. 아껴 쓰면서 은행에 열심히 적금을 넣어. 그럼 안전한 노후가 보장될 것 같아? 아니지. 물가가 30년간 '복리'로 꾸준히 오르기 때문이야. 따라서 시중 금리에서 물가를 뺀 실질 금리가 매년 플러스 값을 갖는다 해도, 은행 예금만으로 복리로 치솟는 물가를 따라잡는 건 불가능하다는 계산이 나와. 그러니까 투자는 선택이 아닌 필수지!"

"무슨 소리인지 잘 이해는 안 가지만 어쨌든 투자를 해야 한다는 뜻이죠? 그럼 다시 적립식 펀드를 찾아볼게요."

"응, 초보자는 적립식 펀드로 시작하는 게 가장 좋을 거야. 이렇게 생각하면 쉬워. 인덱스는 시장에 맡기는 거고, 액티브는 사람에게 맡기는 거다."

"시장은 대충 알겠고, 사람이라면 누구를 말하는 거예요?"

"코스피 지수가 뭔지는 알고 있지? 그 등락에 따라 그대로 수익이 나 손실이 나는 펀드가 인덱스고, 펀드 매니저가 알아서 주식을 사고 팔아서 운용하는 펀드가 액티브라는 거야."

"오, 감이 잡혀요. 액티브 종류가 더 다양하겠네요? 펀드 매니저가 엄청 많으니까."

"응, 그렇지. 잘 고른 액티브 펀드는 쏠쏠한 수익을 안겨주지만…….
대체적으로 액티브보다는 인덱스 펀드가 수익률이 훨씬 좋다는 결과가 많이 나와 있으니 참고해."

수익률보다 수수료를 먼저 따져라

"선행 학습이 참 문제예요! 주중에 이렇게 다 배워 오시면 브런치 수업 때 제가 가르쳐드릴 게 없잖아요."

셰프가 엄살을 부린다. 이러저러해서 인덱스 펀드로 가입하겠다고 말하고 난 참이었다.

"안 그래도 제가 수업 때 보여드리려고 경제 신문을 줄줄이 스크랩해놨는데, 다 알고 오셨네요. 액티브 펀드는 선택지가 너무 많고 수익률도 인덱스에 비해 예측하기가 훨씬 더 어렵습니다. 주식 시장이 올랐다는데 내 펀드는 마이너스인 경우가 흔하거든요. 인덱스에 가입하면 코스피 지수와 연동되니까 올랐는지 내렸는지를 쉽게 알 수 있겠죠."

"인덱스로 가입하겠다고 정했는데도 어떤 상품을 고를지 갈등되더라고요. 일단 수익률 좋은 펀드로 몇 개 골라왔는데, 셰프가 좀 봐주세요."

"왕초보가 펀드를 고를 땐 수익률보다 수수료를 먼저 보세요."

"네? 수수료는 생각도 안 해봤는데……."

"액티브보다 인덱스를 추천한 두 번째 이유가 수수료 때문입니다. 액티브 펀드 수수료가 훨씬 비싸거든요. 여기 보시면 '액티브 지고 인덱스 뜬다'라는 뉴스가 줄줄이 나와 있죠?"

셰프가 인터넷 검색창에 '인덱스 액티브 수수료'라고 친 뒤 그 결과를 보여주었다.

"진짜네요! 내 돈을 엄청 불려주면 모를까, 비싼 수수료 내기는 좀 그래요."

"그럼요! 인덱스 펀드는 수수료가 대체적으로 비슷하니까, 원하는 상품을 골라 인터넷으로 가입하세요. 그게 수수료가 가장 저렴한 방법입니다."

"네! 이제 CMA에 넣어놓은 120만 원 중 10만 원씩을 인덱스 펀드에 가입하면 되는 거죠?"

"그렇게 하셔도 되는데, 일단 5만 원 만 가입하시는 건 어떨까요?"

"네? 5만 원 만요? 왜요?"

"나머지 5만 원은 다른 펀드에 넣어보시면 어떨까 하고요. 이제 다음 주부터 중급 수업 들으시면 될 거 같아서 오늘 보충 수업을 할까 합니다."

"잘됐다, 다인아. 중급 코스에 가면 배울 게 더 많아질 거야. 좀 어려울지도 모르지만."

처음 '경성이브'에 온 날 들었던 어려운 이야기들이 떠올랐다. 하지만 언제까지 재테크 초보로 남아 있을 수는 없지. 좋았어! 이제 중급 코스로 넘어가는 거야.

똑똑한 액티브 펀드 고르는 법

"수백 개의 펀드가 있다는 건 이미 알고 오셨죠? 다양한 종류의 펀드들을 활용하기만 해도 평생 재테크에 문제가 없을 정도랍니다. 수많은 액티브 펀드 중에서 제가 몇 가지 상품을 골라봤어요. 꼭 수익률이 난다고 보장해서 추천하는 게 아니라, 인덱스 펀드와 잘 어울리면서 상호 보완되는 짝꿍들로 구성한 거죠. 두 분이 검색해보시고 하나씩 골라 가입하는 게 이번 주 숙제입니다. 모르는 건 언제든 메일이나 문자로 물어보시고요."

셰프가 나눠준 종이에는 다섯 가지 펀드 상품과 수수료, 투자 자산과 추천 이유 같은 것들이 적혀 있었다.

"여기서 제가 아는 거라고는 대한그룹주 펀드뿐이네요. 소연아 너는 아는 거 뭐 있어?"

"나는 이거 반짝반짝가치주 펀드 알아. 하락장에서 주목받는 펀드라고 기사 나온 거 봤거든."

"초보가 찾기에는 너무 방대할 것 같아서 추려드린 거예요. 대한그룹은 우리나라 대표 기업이니 망할 일은 없겠죠? 그 펀드를 추천한 가장 큰 이유는 펀드 매니저가 몇 년간 바뀌지 않고 운용하고 있고,

분기별로 보내주는 자산 보고서 내용이 꼼꼼해서 초보가 공부하기 좋기 때문이에요. 물론 수익률도 나쁘지 않고요. 그 상품에 가입하면 배달될 테니 꼭 챙겨 읽으세요. 상품 보고 계세요. 오늘 날도 덥고 하니 시원한 냉면 만들어 드릴게요!"

그래도 선택지가 다섯 개로 줄어서 다행이다. 인덱스 펀드 하나 들고, 셰프가 추천해준 액티브 펀드 공부해서 하나 고른 다음 5만 원씩 넣어야겠다.

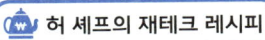

허 셰프의 재테크 레시피

초보를 위한 펀드 수업 1

1. 꼭 하나만 할 거라면 인덱스 펀드

적립식 투자를 시작할 때는 목표로 하는 수익률을 정해야 한다. 과거에는 연 20% 정도를 기대할 수 있었지만 이제는 시중 은행 금리의 세 배 정도 수준인 연 10% 정도로 잡는 게 적당하다. 예를 들어 2년 정도가 지난 시점에서 누적 수익률이 20% 정도 된다면 환매를 해서 목돈은 예금으로 갈아타고 다시 소액으로 적립식 투자를 시작하는 방법이다. 이것이 적립식 펀드 투자의 기본인데, 왕초보가 배우기에는 인덱스 펀드만 한 게 없다. 액티브 펀드보다 수수료가 저렴한 건 물론이고, 코스피 지수만 체크해도 투자 수익률을 예상할 수 있기 때문이다. 꼭 하나의 펀드를 할 거라면 국내 주식형 인덱스 펀드를 권한다. 초보에게는 해외 펀드를 추천하지 않지만, 자신이 붙었다면 미국과 중국, 일본의 인덱스 펀드를 함께 활용해보자. 인덱스 펀드만으로도 얼마든지 훌륭한 투자 포트폴리오를 구성할 수 있다는 말씀.

2. 액티브 펀드를 더해 양다리 전략을 쓰자

액티브 펀드 중에서도 분명 효자 상품이 있다. 몇 년간 수익을 내며 시장에서 검증받은 펀드 상품도 있고, 고수익을 안겨주지는 않지만 안정적인 배당주 펀드도 고려해볼 만하다. 왕초보라면 인덱스 펀드를 베이스로 하고, 추가로 액티브 펀드에 도전해보자. 20만 원을 펀드에 투자한다면 15만 원은 인덱스에 적립하고, 5만 원은 액티브 펀드에 가입하는 식이다. 재테크 카페 등에 자주 오르내리는 펀드 몇 개를 추린 다음, 펀드 사이트에서 과거 수익률과 수수료를 비교해서 고른다. 정기적립식에 익숙해지면, 임의적립식 상품도 하나 만들어 활용하면 좋다. 인덱스 펀드에 매달 15만 원씩 넣고, 추가로 생긴 돈은 시장 상황을 보고 임의적립식 상품에 넣는 것이다. 여행용, 부모님 환갑용 등 2, 3년 후에 쓸 돈을 펀드별로 나눠 적립하는 방법도 있다.

3. 펀드 클래스 따져서 수수료 아끼는 법

어렵게 투자할 펀드를 골라놓았으나 똑같은 상품 뒤에

Class-a, Class-b, Class-c와 같은 영어가 붙어 있는 것을 보고 머리가 아플 수 있다. 이 Class 종류는 수수료를 떼어가는 방식을 말한다. 초보는 a형과 c형 중에서 고르면 된다고 생각하라. a형은 투자할 때 먼저 수수료를 떼는 선취형, c형은 가입한 후 매년 보수를 내는 상품이다. 따져봐야 할 것들이 많지만, 초보라면 적어도 1년 이상, 3년까지 투자한다는 가정 하에 '선취형'이 유리하다는 걸 기억해두자. 반면 1년 이하 단기 투자를 계획한다면 매년 내는 보수가 비싸지만 판매 수수료가 없는 c형이 유리하다. 한 가지 더 기억해야 할 것은 '환매 수수료'이다! 펀드 가입 후 90일 이전에 해지하면 이익금의 70%를 내놓아야 한다.

※ 펀드 수수료, 이것만은 알아두세요

펀드 수수료는 판매 수수료와 펀드 보수로 이뤄져 있다. 판매 수수료는 펀드에 가입하거나 해지할 때 판매사에 한 번만 내는 비용, 펀드 보수는 펀드 평가 잔액에서 매년 일정 비율을 내야 하는 비용을 말한다. 국내 펀드는 주로 a형과 c형이 많다.

1. Class-a형 : 먼저 수수료를 내는 대신 매년 내는 보수는 낮은 유형

내가 10만 원을 넣으면 1%의 판매 수수료를 뗀 9만 9,000원을 투자한다. 투자 후 평가 잔액에서 매년 빼가는 펀드 보수는 다른 유형에 비해 저렴하다.

2. Class-b형 : 일정 기간 내에 펀드를 환매할 때 후취 수수료를 내지만, 매년 내는 보수는 낮은 유형

국내에는 많은 상품이 나와 있지 않지만, 2년 이상 투자 시엔 수수료가 면제되어 장기 투자에 유리하니 기억해두자.

3. Class-c형 : 판매 수수료가 없는 대신 a, b형에 비해 매년 내는 보수가 비싼 유형

내가 10만 원을 넣으면 10만 원 모두 투자하는 대신 평가 잔액에서 매년 빼가는 보수가 비싼 편이다.

4. Class-d형 : 선취, 후취 판매 수수료와 보수까지 다 내야 하는 유형

5. Class-e형 : 인터넷 전용 상품으로 총 보수들이 다른 상품에 비해 낮은 유형

판매 수수료가 저렴하지만 선택의 폭이 넓지 않다.

포털 사이트 금융 홈페이지나 제로인(www.funddoctor.co.kr) 사이트에서 수익률 상위 펀드를 한눈에 볼 수 있고, 펀드 투자의 기초를 배울 수 있으니 참고하자.

미스터 김의
펀드 수난기

:

수백 개 펀드의 늪에서 헤매던 다인은
인덱스와 액티브 펀드를 하나씩 골라
매달 5만 원씩 불입하기로 하고 인터넷으로 가입한다.
셰프는 이제 펀드 응용편 수업만 들으면
중급 코스로 넘어갈 수 있다고 말한다.
그런데 펀드로 배울 게 더 남아 있다고?
그게 뭘까?

짠순이는 그냥 커피를 사지 않는다

"다인아, 밥도 먹었는데 우리 커피 마시러 가자!"

"휴게실? 먼저 가서 기다려. 나 이것 좀 마무리하고."

"아니, 휴게실 말고 커피 전문점. 필규 씨랑 먼저 가 있을 테니까 얼른 나와!"

쌩하니 사라지는 소연. 지금 커피 전문점 가자고 한 거 맞지? 최고의 짠순이가 커피 전문점을 가자니, 내가 잘못 들은 건가?

"어, 여기!"

소연이와 필규 씨가 이미 커피를 마시고 있다.

"뭐 마실래? 오늘은 내가 살게."

"소연아! 너 어디 아픈 거 아냐? 살다 보니 별일이 다 있다. 네가 먼저 이런 델 다 오자고 하고……."

"걱정 마. 이벤트 응모해서 받은 무료 음료권이 있어서 오자고 한 거니까."

"그럼 그렇지. 덕분에 공짜 커피 마실 수 있어서 좋네!"

"그러게 말이야! 나도 소연 씨한테 이런 데서 커피 얻어 마실 줄은 몰랐네."

"필규 씨, 점심시간에 보는 거 오랜만이에요. 약속 없는 날은 인터넷 강의 듣는다고 하지 않았어요?

"내가 특별 초빙했어, 펀드 스승님으로. 수요일의 브런치 재테크 셰프랄까."

"아니, 그 정도는 아니고. 소연 씨가 이것저것 묻기에 펀드 조금 해본 선배로서 그 이야기 좀 해주려고."

오오, 예스맨 필규 씨에게 이런 면이? 재테크를 시작하니 도처에 스승이 계시는구나!

미스터 김의 펀드, 그 성공과 실패기

"나는 대학 때 펀드를 시작했어. 아르바이트도 꾸준히 했고, 군대 월급도 꼬박꼬박 모아서 종잣돈이 몇 백만 원 있었거든. 어린 마음에 큰돈을 벌려면 펀드에 몽땅 다 넣어야 한다고 생각했어. 그래서 내 돈을 몇 배로 뻥튀기시켜줄 펀드를 찾아 헤맸고, 주워들은 정보로 코스닥 잡주에 투자하기도 했지."

"우와, 주식까지요? 그래서 돈 좀 벌었어요?"

"돈을 벌었다면 내가 두 사람 앞에서 이런 이야기를 하고 있겠어?"

"근데 펀드는 어떤 걸 해봤어요? 지난번 우리한테 인덱스 추천해줬었잖아요."

"엄청 많았어. 국내 주식형은 물론이고 차이나, 남아공, 동유럽 해외 펀드에 물이랑 유가랑 럭셔리 펀드도 해봤지. 적립식도 해보고 거치식도 해보고. 차이나 펀드로 두 배를 벌었을 때는 금방 부자가 될 것 같았는데……"

"두 배요? 장난 아니네요. 그런데 왜 해피엔딩이 아니에요?"

"이제 펀드를 시작하는 두 사람에게 해주고 싶은 말이 바로 이거야. 절대 욕심 부리지 말라!"

"욕심 부리지 말라고요?"

"그렇지. 차이나 펀드가 정확히 두 배가 되었을 때, 다른 모든 펀드를 정리하고 조금 있던 예금까지 찾아서 그 펀드에 몰아넣었어. 결과는 참담했지. 손절매를 하지 않았다면 5년이 넘게 지난 지금도 여전히 마이너스였을 거야."

"아, 듣기만 해도 심장이 떨려요. 나는 펀드 체질이 아닌 거 같아."

"그렇다고 그렇게 겁먹을 필요까지는 없고. 목표 수익률을 정해놓고 적당한 시기에 환매하는 게 가장 중요해. 당분간은 그렇게 폭등할 펀드도 없겠지만. 첫째가 욕심 부리지 않는 거라면, 둘째는 너무 겁먹지도 말라는 거야."

욕심 부리지 말라는 건 지킬 수 있을 것 같고, 겁먹지 않는 게 중요하겠네.

꾸준히 모아라, 언젠가 플러스가 되리니

"2008년 금융위기 때 코스피 바닥이 얼마였는지 알아? 그때 반토막 펀드가 속출했어. 나는 그때 잠시 펀드를 쉬고 있었는데, 이 정도면 베팅할 만하다고 생각해서 몇 개 펀드에 돈을 넣었지. 그런데 계속 떨어지기만 할 것 같던 공포가 순식간에 사라지는가 싶더니, 시장이 무섭게 반등하기 시작하는 거야. 차이나 펀드로 반토막 난 걸 만회하고 원금 수준을 만들 수 있었던 건 그때의 베팅 덕분이야."

"와, 무슨 드라마 같네요."

"투자를 하다보면 경험하게 되겠지만 시장이 무섭게 떨어지고 반토막 펀드가 속출할 때면 머리로는 알아도 돈을 넣기가 망설여져. 나도 2008년 당시에 돈을 넣을까 말까 얼마나 고민하며 잠 못 이뤘는지 몰라. 그럴 때 결단을 내려야 돈을 버는 건데, 다들 떨어질 거라고만 하니 겁이 나는 거지. 요즘은 투자자들도 학습 효과가 생겨서 시장이 좀 떨어졌다 싶으면 돈을 넣는 분위기더라고."

"아, 저는 진짜 돈 못 넣을 거 같아요. 많이 벌지 못해도 좋으니까 그냥 적립식으로 꾸준히 할래요. 필규 씨는 요즘 어떻게 투자해요?"

"다인 씨나 소연 씨랑 별 차이 없어. 소액 적립식으로 꾸준히 넣었다가 어느 정도 수익이 나면 환매하고 다시 적립하는 식이지."

"아, 그래서 그때 우리에게 적립식 펀드를 하라고 추천한 거군요?"

"맞아. 이 펀드 저 펀드 다 해본 결과 수수료 싸고 안정적으로 시장을 따라가는 게 최고더라고. 왕초보가 적립식 펀드를 하다 보면 생전 처음 겪는 마이너스에 심장이 오그라들지도 몰라. 당장이라도 돈을 빼고 싶겠지만 진정하고 조금씩 계속 적립해보도록 해. 그러다 보면 달러 코스트 애버리지 효과라는 걸 몸으로 알게 되고, 그게 익숙해지면 적립식 펀드를 가지고 놀 줄도 알게 될 테니까."

"아, 무슨 말인지 알 것 같아요. 그냥 꾹 참고 계속 넣으면 된다는 뜻이죠?"

"그건 아니고, 적당한 타이밍에 환매할 줄도 알아야 해. 장기 투자가 능사는 아니며 오히려 독이 될 수도 있다는 기사들이 꽤 있어."

아, 그렇구나. 펀드에 대해 조금 더 알게 된 것 같다. 필규 씨 강의 덕분에 뿌듯한 점심시간이었네. 너무 겁먹지 말고, 욕심내지도 말자.

허 셰프의 메일이 도착했습니다

집으로 돌아와 노닥거리고 있는데 메일 알림이 왔다.

'허 셰프 님의 메일이 도착했습니다' 뭐지?

다인 씨, 소연 씨!

이번 토요일에는 제가 사정이 생겨 수업을 못할 것 같습니다. 죄송합니다. 대신 다음 주부터 들으실 중급 코스 오리엔테이션 겸 다른 셰프를 초빙하기로 했으니 시간 맞춰 오시길 바랍니다. 브런치는 제가 만들어놓고 갈 테니 드시면 되고요. 초빙 셰프가 '3만 원으로 투자하는 틈새 재테크'에 대해서 알려드릴 겁니다.

펀드 레시피 중에서 조금 더 알려드려야 할 것들이 있어서 메일 보냅니다. 저는 펀드 초보자들에게는 국내 주식형 펀드를 주로 추천하는데요. 해외 펀드는 여러 가지로 신경 쓸 것들이 많아서 실패할 확률이 높기 때문입니다. 그리고 펀드 투자에서 가장 중요한 문제! 언제 환매하는 게 좋을까 하는 것에 대해서도 적어놓았습니다. 첨부한 레시피 꼼꼼하게 읽어보시고 모르는 건 언제든 질문해주세요.

숙제로 내드렸던 인덱스랑 액티브 펀드는 가입하셨겠죠? 이제 적금이랑 펀드 잘 유지하시면서, 다음 주부터 중급 코스 수업 들으시면 됩니다. 조금 생소하실 수도 있는 상품들이 등장할 겁니다. 지금까지 그래온 것처럼 가능한 쉽게, 조금이라도 재미있게 가르쳐드릴 테니까 걱정 마세요. 그럼 다음 주 수업에서 뵙겠습니다.

－허 셰프 드림

오늘 필규 씨에 이어 토요일에도 새로운 셰프겠군. '3만 원으로 투자하는 틈새 재테크'라! 왠지 끌리는걸.

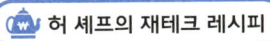 허 셰프의 재테크 레시피

초보를 위한 펀드 수업 2

1. 초보라면 해외 펀드는 잠시 잊어라

처음 펀드를 시작하는 왕초보라면 해외 펀드는 잠시 잊는 게 좋다. 초보가 해외 펀드 투자를 미뤄야 할 가장 큰 이유는 따져봐야 할 게 많고 복잡하기 때문이다. 첫째, 먼 나라의 정치 경제 상황을 알기 어렵다는 문제가 있다. 경제 상황 판단에는 공식적인 경기 지표뿐만 아니라 실생활에서 느낄 수 있는 부분이 중요한 역할을 하는데, 그저 뉴스를 통해서만 간간히 전해 듣는 수준으로 투자를 판단하기에는 정보가 너무 부족하다. 둘째, 환율 문제를 해결해야 한다. 환율을 전망하고 환헤지 여부를 결정해야 하는데 환율은 투자 초보자에겐 너무 버거운 장벽이다. 게다가 수수료가 비싼 편이며 차익에 대해 15.4%의 소득세를 내야 한다(국내 주식형 펀드는 비과세). 환매 결정을 한 후에도 길게는 열흘 후에나 돈을 돌려받을 수 있다는 것도 치명적인 단점!

2. 펀드는 타이밍이다? 펀드는 환매다!

돈을 넣을 때는 매달 차곡차곡 잘 모으기만 하면 되니 적립식 펀드라고 해도 적금과 크게 다른 점은 없다. 그러나 언제나 운명의 순간은 오는 법. 적립식 펀드를 금으로 만드느냐, 돌로 만드느냐는 '환매'가 좌우한다. 당연히 주식 시장이 많이 올랐을 때 파는 게 핵심이다! 문제는 많이 오른 건지 더 오를 건지 모른다는 데 있다. 지난 시간에 설명했듯이 3년 정도 투자 기간을 잡고 연 수익률 10%(3년 30%)를 달성했다면 환매하는 게 무난하다. 3년을 부었는데도 원하는 수익이 나지 않았다면? 두 가지 중 선택하라. 계속 붓든가, 불입을 멈추고 오를 때까지 기다리든가. 적립식 펀드는 만기가 없는 거나 마찬가지이다. 가입할 때 설정한 날짜 전에 증권사에 '만기를 연장하겠다'고 의사를 밝히면 계속 투자할 수 있다.

3. 제대로 된 펀드 분산 투자법

초보 펀드 투자자도 다 아는 분산 투자. 여유 돈이 생길 때마다 네다섯 개 펀드에 나눠 담는다. 그런데 대부분 편입 내용이 비슷비슷한 국내 주식형 펀드인 경우가 많다. 스타일이 비슷한 펀드에는 아무리 나눠 투자를 해도 결국엔 오를 때 같이 오르고 떨어질 때 같이 떨어져 관리만 복잡하다. 분산 투자의 핵심은 투자 종목을 다양하게 하는 데 있다. 인덱스 펀드를 중심으로 하고, 추가로 분산 투자를 하고 싶다면 액티브 펀드 중에서 그룹주나 가치주, 중소형주, 배당주 등 스타일이 다른 펀드 중에서 본인의 투자 성향에 맞는 상품을 고르면 된다. 주식형 펀드에만 투자하기 불안하다면, 채권형 펀드나 원자재 펀드에 가입해 '분산' 투자하는 것도 좋은 방법이다.

3만 원으로 배우는
틈새 재테크

:

재테크 왕초보인 다인이 적립식 펀드를 시작했다!
펀드 환매와 분산 투자의 기술까지 배우자
뭔가 으쓱한 느낌이 드는데…….
다음 주부터 중급 코스 수업이 기다리고 있는 가운데,
허 셰프가 '경성이브'를 비운 사이
새로운 일일 재테크 셰프가 등장한다.

일일 셰프의 등장, 아니 당신은?

"실례합니다!"

오늘은 허 셰프가 '경성이브'를 비운 날이다. 정말 다른 셰프가 문을 열었을까? 소연이와 함께 조심스럽게 레스토랑 안으로 들어선다.

"어서 오십시오! 오늘의 일일 셰프 곽정훈입니다. 허 셰프님께 이야기 들으셨죠?"

"아, 정훈 씨! 안녕하세요! 왠지 곽 셰프일 것 같았어요."

소연이가 아는 척을 한다. 얼떨결에 나도 따라 고개를 숙인다.

"네, 소연 씨도 잘 지내셨어요? 중급 코스에서 못 뵌 지 한 달쯤 된 것 같네요. 다인 씨, 반갑습니다. 그때 경성이브 처음 오신 날 한 번 뵈었는데, 기억나세요?"

처음 여기 온 날? 아, 그때 즉시연금이랑 보험사 주식 이야기하던 안경남!!

"네, 기억나요. 안녕하세요! 오늘 잘 부탁드립니다, 곽 셰프님!"

"아, 이거 민망하네요. 허 셰프가 지방에 장 담그러 가서요. 제가 오늘 하루만 재테크 이야기들을 해드리려고요. 저도 아직 초짜라 소소한 이야기들뿐이에요."

"에이, 숨은 고수인 거 다 알거든요? 정훈 씨는 거의 모든 재테크 수단에 대해 알고 있는 거 같아. 뭐든 물어보면 술술 나온다니까! 나중에 재무 설계 회사를 창업하는 게 꿈이래."

소연이가 설명을 덧붙인다. 정훈 씨, 아니 곽 셰프가 손사래를 친다.

"앞으로 10년을 더 공부해도 모자랄 것 같아요. 그래도 오늘은 제가 아는 선에서 이것저것 알려드리겠습니다. 제가 재테크 카페를 10년 이상 들락거렸거든요. 요즘도 꾸준히 들어가 보고 있고요. 일단 투자 관련된 이야기는 두루두루 알아두자는 주의라서요."

나도 얼마 전부터 재테크 사이트를 체크하기 시작했기에 무슨 말인지 알 것 같았다.

왕년의 로또 홀릭, 재테크로 유턴하다

"소연 씨는 아시겠지만, 저는 다섯 살 난 아들이 있고 이제 곧 둘째가 태어나는 외벌이 가장입니다. 아내와 허리띠를 졸라매고 알뜰하게 살아도 항상 부족한 게 돈이죠. 나이도 서른 중반을 넘어가다 보니 앞으로 몇 년이나 더 월급을 받을 수 있을까 고민이 많아요. 20대에는 너무 답답해서 매주 로또 번호를 찍는 데 열중하기도 했답니다."

"와, 진짜요? 복권 같은 거 절대 안 하실 것 같은데……"

"그래요? 요즘도 아주 가끔 조상님이 꿈에 나타나면 사곤 합니다. 20대에는 매주 샀지만요. 어느 날 로또에 쓴 돈을 계산해보고 충격을 받았어요. 매달 주머니 탈탈 털어도 모자란 박봉이어서 답답한 마음에 로또를 사곤 했는데, 그렇게 나간 돈이 1년에 수십만 원인 거예요. 정신이 번쩍 들더군요."

회사에서 스트레스 받으면 사곤 했던 매니큐어 같은 것들이 생각났다. 1,000원, 2,000원 생각 없이 쓴 돈들을 계산해보면 몇 만 원이 훌쩍 넘곤 했다.

"그때부터 로또 번호 맞출 때만 들춰봤던 경제 신문을 읽기 시작했어요. 사무실에 배달되면 사장님만 읽고 버리던 신문이었죠. '10억 만들기' 열풍이 불던 때라서 재테크 카페에도 가입하고, 서점에 가서 부자 만들어준다는 책도 열심히 찾아 읽었죠. 그랬더니 매주 로또를 사는 데 지출하던 2, 3만 원을 자연스럽게 투자용으로 활용하게 되더라고요."

"커피 값을 아껴서 카페라테 통장을 만들고, 로또나 매니큐어 값을 아껴서 투자용으로 활용한다, 이거죠?"

"아, 그렇게 되나요? 제가 오늘 가르쳐드릴 것들은 그렇게 아낀 돈으로 투자할 수 있는 상품들입니다. 이름을 붙이자면 '3만 원 틈새 재테크'라고나 할까요?"

3만 원으로 살 수 있는 것들

"3만 원 틈새 재테크, 좋네요! 그런데 3만 원으로 뭘 살 수 있죠?"

"주식하는 개인들을 개미 투자자라고 하는데요. 개미 투자자들이 가장 좋아하는 주식의 가격대가 2, 3만 원이라고 합니다. 가격 부담은 적으면서도 왠지 두 배 정도 오를 수 있을 것 같은 기대감 때문이래요. 5만 원짜리가 10만 원 되기는 어려워 보여도 2, 3만 원짜리가 5만원 되는 건 가능할 것 같은 심리랄까요."

"아, 이해가 되네요. 저도 옷이나 화장품 같은 거 살 때 5만 원 넘어가면 금방 포기하는데, 2, 3만 원이면 살까말까 고민하거든요."

"사람 마음이란 게 다 그런가 봐요. 그래서 저희 중급 코스 사람들끼리 '3만 원 재테크 동호회'를 만들었답니다. 3만 원에서 최대 6만 원까지 투자하는데, 각자 투자하는 분야가 다 달라요. 메인이 아니라 소액으로 공부하는 셈 치고 투자하는 거죠."

"3만 원 재테크 동호회요? 좋네요. '경성이브'에서는 소액 투자를 강조하시는 것 같아요."

"공부해보자는 뜻이니까요. 조금씩 경험해봐야 진짜 목돈을 굴릴 때 어디에 투자할지 알 수 있거든요. 저는 개인적으로 유망하다고 생각이 드는 중소형 주식을 모으고 있어요. 1만 원짜리 주식 중에도 업황이 유망하고 튼실한 기업들이 꽤 있거든요. 주식 투자니까 물론 손해 볼 때도 있지만, 그냥 로또 샀다고 생각하면 마음 편하고요. 잘될 때는 기분이 두 배로 좋습니다. 버는 돈은 얼마 되지 않지만, 내가 잘 골랐구나 싶어 뿌듯하더라고요."

"주식이요? 저희한테는 너무 어려울 것 같은데요."

"꼭 주식을 하지 않아도 됩니다. 다른 데 투자하시는 분들도 많으니까요. 금도 사고, 달러나 엔화도 사고, 채권 같은 데 투자하기도 하지요."

"와! 3만 원으로 살 수 있는 게 그렇게 많아요?"

"네, 다음 주에 중급 코스 수업 들으시면 살 수 있는 게 훨씬 더 많다는 걸 알게 될 겁니다. 일단 적립 통장을 개설해서 금이나 달러, 엔화를 사는 법을 알아두세요."

"금이나 달러, 엔화를 추천하시는 이유가 있나요?"

소연이가 물었다. 그래, 나도 그게 궁금했어.

재테크 왕초보의 리스크 헷지 연습

"우리는 주로 예금이나 적금, 펀드에 투자하잖아요? 고액 자산가들은 자산의 10% 이내로 금이나 달러 같은 자산에 투자합니다. 시장 변동성이 심해질 때를 대비해 위험을 분산시키는 건데요. 어려운 용어로 '리스크 헷지'라고 하죠. 저는 개인적으로 2008년에 금을 적립식으로 사두었다가 30% 수익을 내고 팔았답니다."

"와, 30%면 정말 높은 거 아닌가요? 해볼 만하네요!"

"그렇지만 지금 금값은 무섭게 하락해서 계속 가지고 있었다면 마이너스 40%가 되었을 거예요. 변동성이 아주 심하거든요. 그래서 단기로는 손해 볼 각오하고 아주 장기적으로 3만 원 틈새 재테크로 접근하자는 겁니다."

"그렇군요! 좀 겁나기도 하네요. 그렇지만 왠지 금은 사두면 좋을 것 같아서 확 끌리네요."

"일단 앞으로 금 가격이 오를지 내릴지에 대해 공부해보는 게 먼저겠죠? 사는 방법은 아주 쉽습니다. 시중 은행에서 간단하게 금 적립통장을 만들 수 있으니까요. 처음 가입 제한은 1g 이상이지만, 그 후로는 0.01g부터 살 수 있답니다. 금 통장에서 금값은 달러와 연동되어 있기 때문에 달러 추이도 공부하면서 접근해야 합니다. 원래 비과세였다가 2010년 말부터 매매 차익의 15.4%를 배당 소득세로 내도록 바뀌었으니 기억해두시고요. 금 투자를 하기로 결정했다면, 개인적으로는 매주 혹은 매달 같은 날에 똑같은 액수로 사서 모으는 방법을 추천합니다."

"펀드를 정기적립식으로 가입하는 것과 같은 이유인가요? 달러 코스트 애버리지 효과를 누리기 위해서?"

"오, 소연 씨! 잘 알고 계시네요. 쉽게 말해 금값이 오를지 떨어질지 모르기 때문입니다. 차근차근 모아두었다가 원하는 수익이 났을 때 판다고 생각하는 거죠. 그러니까 재테크 왕초보는 절대 소액으로 투자해야 합니다."

"가격 변동성이 아주 심하기 때문이죠! 맞죠?"

"네, 이번에는 다인 씨가 맞췄네요. 이건 뭐 제가 가르쳐드릴 게 없군요. 달러 적립 통장도 방법은 똑같습니다. 그때그때 소액으로 사두었다가 활용하면 좋을 것 같고요. 향후 엔화 추이를 잘 지켜보셨다가 많이 떨어졌다 싶을 때 사두는 것도 방법입니다."

노트에 금, 달러, 엔화 적립통장을 메모했다. 3만 원으로 살 수 있는 게 이렇게 많다니……. 매니큐어 값 아껴놨다가 꼭 활용해야겠다.

곽 셰프의 재테크 레시피

3만 원 틈새 재테크 특별 과외

1. 금 통장, 달러 통장 하나쯤 만들어두자

한때 1,900달러를 호가하며 기세등등했던 금값이 속절없이 추락했다. 헤지 펀드계의 대부 존 폴슨의 금 펀드도 2013년 상반기 65%의 손실을 기록했다고 하니, 전문가도 예측하지 못한 폭락이다. 우리가 물어야 할 질문은 바로 이것이다. 금값이 많이 떨어진 지금은 사야할 때일까, 절대 사지 말아야 할 때일까? 사야할 때라는 판단이 들어도 혹시 더 떨어질까 싶어 목돈을 넣기 망설여지는 게 사실이다. 이럴 때 3만 원 재테크를 활용하면 부담 없이 투자할 수 있다. 지금은 살 때가 아니라는 생각이 든다면 꾸준히 금값을 관찰해보자. 미국 출구 전략과 금값의 상관관계를 공부해두면 평생 유용한 경제 공부가 될 것이다. 달러나 엔화 통장도 마찬가지이다. 은행에서 적금 들듯 쉽게 개설할 수 있으니 일단 통장을 만들어두고 추이를 관찰하자.

2. 따끈따끈 신상품을 집중 해부하라

첫째! 금융 신상품을 집중 해부하라. 가장 좋은 금융 상품은 오늘 나온 상품이라는 말이 있다. 카드 혜택이 가장 좋을 때도 신상품일 때고, 보험이나 예금 금리가 가장 높을 때도 출시된 직후다. 당장 가입하지 않더라도 일단 신상품이 나오면 설명서와 약관을 꼼꼼하게 읽는 습관을 들이자. 남들에게는 그렇고 그런 상품일지라도 나에게는 딱 맞는 짝인 경우도 있으니까. 금융사에서 상품 출시 기념 이벤트도 많이 하는데, 이때를 노려 가입해두는 것도 가정 경제에 쏠쏠한 보탬이 되니 참고하시라. 금융 신상품 정보는 경제 신문이나 재테크 카페에서 쉽게 찾을 수 있다.

3. 남들 안 가는 금융사에 놀러가라

둘째! 우체국이나 지방 은행에 보석이 숨어 있다. 남들 다 가는 은행이나 카드사 말고, 남들 안 가는 금융사에 놀러가보라. 곽 셰프는 한두 달에 한 번 우체국에 가서 놀다오는데, 카드나 보험, 예금과 적금의 신상품을 뒤적이다 '올레!'를 외친 적이 한두 번이 아니다. 지방 은행이나 동네 신협도 마찬가지이다. 지방 은행의 경우 계좌 개설하기가 조금 까다로운 경우도 있지만, 알아두면 유용한 상품들이 보석처럼 숨어 있으니 시간 날 때마다 놀러가서 이것저것 물어보고 상품 설명서도 챙겨 와 꼼꼼히 공부하라.

4. 포인트, 잘 모았다가 제대로 써라

셋째! 포인트는 모으는 것보다 쓰는 게 중요하다. 피치 못할 지출을 하게 되더라도 포인트는 꼭 쌓고, 있는 이벤트 없는 이벤트 다 찾아서 응모한다. 여기서 진짜 포인트! 빵집 포인트건 영화관 포인트건 현금처럼 쓰는 포인트건 고이 모아두었다가 제대로 쓰자. 포인트를 취급하는 회사들은 1년에 한 번씩 대대적인 포인트 행사에 들어간다. 고객이 모아놓은 포인트를 털기 위해서다. 최소 두 배 이상의 효과를 볼 수 있으니 포인트는 유효 기간이 끝나지 않는 한 모아두는 게 똑똑한 소비생활자의 자세다. 평소에 현금 대신 결제해버리면 아까워서 땅을 치고 후회하게 될지 모른다.

고수의 펀드는
따로 있다고?

:

적립식 펀드 수업에 이어 일일 교사 곽 셰프의
3만 원 틈새 재테크와 야매 과외까지 받은 다인.
이번 주부터 중급 코스 수업을 받는다.
그런데 어찌된 일인지
지난 주 가입한 적립식 펀드는 넣자마자 마이너스다.
빨리 브런치 수업에 가서 이것저것 물어봐야겠다.

재테크 전문가들은 어디에 투자할까

"아, 그건 저도 오랫동안 궁금했어요. 여자들은 피부 좋은 여자 연예인을 보면 어떤 화장품을 쓸까 궁금하거든요. 재테크도 마찬가지이죠. 전문가들은 어떻게 투자할까 궁금하지 않나요?"

"그래서 저도 펀드 매니저나 자산가들 만나면 꼬박꼬박 물어보고 적어놓는데요, 의외로 특별한 투자 비법이 없더라고요."

"에이, 진짜 비법을 안 가르쳐주는 건 아니고요?"

"물론 그럴지도 모르죠. 하지만 진짜 친한 사람들에게 물어도 마찬가지였어요. 아마 투자 전문가들도 딱히 다른 비법은 없을 거라고 생각합니다. 요즘은 다들 'ET'를 주로 하더군요."

확실히 중급 코스는 분위기가 다르구나. 인사를 하자마자 경제 신문 스터디가 시작되는가 싶더니, 어느새 다양한 주제를 넘나들며 토론이 시작됐다. 아, 이거 적응 안 되네.

"제 후배도 주식 좀 하던 놈인데, 한 10년 해보더니 본전 찾고 이제 주식은 손 놨다고 하더라고요. 저한테도 절대 주식은 하지 말라고 하면서 'ET'를 추천하더군요. 우리가 연초에 공부했던 방향이 맞는 거구나, 다시 한 번 느꼈습니다."

또 나왔다, ET! 스필버그 영화에 나왔던 그 외계인 ET? 중급 코스의 난해한 이야기는 계속됐다.

"그 후배의 경우, 레버리지와 인버스 ET만 가지고도 연간 10~20% 수익을 내고 있더군요. 앞으로 몇 년 동안 투자해서 자기만의 분석 프로그램을 만들 생각이래요."

레버리지? 인버스? 이건 또 뭐야? 여기는 알아듣는 말보다 못 알아듣는 말이 더 많네. 일단 노트에 메모해두고 이따 찾아보자.

처음 만나는 ET, 아니 ETF

"다인 씨한테는 어려운 이야기들이죠?"

지난주 일일 수업을 해주었던 곽 셰프, 아니 정훈 씨가 말을 걸었다. 다른 중급 코스 회원들도 웃으며 나를 바라본다.

"아, 네. 그래서 열심히 적고 있어요. 나중에 찾아보려고요. 그런데 'ET'가 그렇게 좋은 건가요? 저는 아직 그게 뭔지 몰라서……."

"ET가 아니라 'ETF'야. 중급 코스에서 그냥 ET로 줄여서 불러. ETF는 'Exchang Traded Funds'의 약자로 상장 지수 펀드라는 거야. 펀드를 주식처럼 사고판다고 생각하면 돼."

소연이가 내 노트에 적어주며 개념을 설명했다. 주식처럼 사고파는 펀드라고?

"아마 이따가 허 셰프가 레시피로 상세하게 설명해주실 거예요. 일단은 저희가 하는 이야기를 귀담아 들으시다가 모르는 건 물어보세요. 제가 쉽게 다시 가르쳐드릴 테니까요."

"네, 고맙습니다. 신경 쓰지 마시고 계속 이야기하세요."

"네, 그럼 이야기를 계속해볼게요. 아까 말한 것처럼 펀드 고수들이나 주식 좀 할 만큼 해본 사람들이 많이 투자하는 상품이 ET, 아니 ETF입니다. 왕초보라면 은행 예금과 적금, 적립식 펀드만 활용해도 평생 재테크에 문제가 없지만, 중급 코스에서는 ETF를 중점적으로 공부하고 있습니다. 펀드 투자를 대체할 수 있는 아주 유용한 상품이기 때문이죠."

정훈 씨가 우리 둘을 보며 말했다. 중급 코스의 토론은 어느새 나와 소연이를 위한 수업처럼 진행되고 있었다. 아까 김지연이라고 자신을 소개한 여성이 말을 이었다.

"네, 저도 펀드를 10년간 해왔는데요. 작년에 ETF를 알게 된 뒤로 서서히 ETF로 갈아타고 있어요. 이제 1년 반 정도 지났는데, 저한테는 확실히 ETF가 맞는 것 같아요."

나의 투자 스타일, 각양각색 ETF 투자

"저랑 다인이는 지지난주에 펀드에 가입했거든요. 그런데 벌써 마이너스예요. 원금 손해 없는 예금과 적금만 하다가 처음 시도한 펀드 투자에서 손해를 보니까 심장이 막 벌렁벌렁해요. 고작 10만 원 넣었는데도 이러네요."

아, 소연이도 나랑 똑같은 생각을 하고 있었네. 덩달아 내 맘도 울상이 된다.

"펀드 초보라면 누구나 겪는 일이죠. 소액으로 정기적립식으로 하고 있죠? 그냥 한동안은 잊어버리고 꼬박꼬박 투자해보세요. 그렇게 펀드에 익숙해지고 나면 ETF에도 도전해보시고요."

"지연 씨 말씀이 맞습니다. 저는 매달 KODEX200을 사서 모으고 있어요. '왕초보 펀드 투자 권장 기간'인 3년을 목표로 했고요. 재테크 카페 같은 데서 보면 5년이나 10년을 계획하는 분들도 있더군요."

"저는 레버리지 ETF를 적립식으로 모으고 있어요."

"저는 행복차와 대한그룹주 ETF에 투자하고 있고요."

"저는 금 ETF와 해외 주식형 ETF에 주로 투자하고 있답니다."

사람들이 앞 다퉈 자신이 투자하고 있는 ETF에 대해 이야기해주었다. 굉장히 다양하구나. 다들 똑같은 ETF에 투자하는 게 아니었네.

"오늘은 중급 코스 여러분들이 모두 ETF 강사로 변신하셨군요?"

주방에서 분주하게 음식을 준비하던 허 셰프가 나타났다. 브런치 수업에 처음 왔던 날도 이렇게 셰프가 등장했었지. '경성이브'를 알게 된 지 두 달. 어느새 예금과 적금, 펀드까지 배우고 오늘은 ETF라는 이름 모를 상품도 알게 됐다. 이쯤 되면 기초적인 질문 들어가도 되겠지?

"네, 모두들 왕초보인 저희에게 'ETF'에 대해 설명해주고 계세요. 그런데요, 셰프! 바보 같지만 질문 하나 해도 될까요?"

"다인 씨의 질문 시간이 돌아왔군요. 뭐가 궁금하신가요?"

"펀드 고르는 것도 엄청 힘들었는데, ETF까지 배우니 정신이 하나도 없어서요. 아까 지연 씨께서 펀드에서 ETF로 갈아타고 있다고 하셨는데, 특별한 이유가 있나요?"

"그냥 펀드만 하면 안 되냐고 물어보고 싶으신 거죠?"

앗, 들켜버렸네. 난 펀드만으로도 벅차다고! 그래도 셰프가 쉽게 설명해줄 거야.

펀드 고수가 ETF를 권하는 이유

"물론 그냥 펀드만 해도 됩니다. 그래도 ETF가 뭔지는 알아두시는 게 좋아요. 잘 공부해두면 활용할 데가 많은 상품이거든요. 제가 일전에 주식이나 펀드 투자를 '칼 쓰는 일'에 비유했었죠? ETF는 비유하자면 스위스 나이프 같은 상품입니다."

"스위스 나이프요?"

"네. 흔히 맥가이버 칼이라고 하죠. 단순히 칼만 있는 게 아니라 다양한 도구들이 함께 있어요. ETF는 그렇게 다양한 투자를 할 수 있게 도와준다고 생각하시면 됩니다. 아까 중급 코스 회원들이 말씀하셨듯이 특정 그룹에 투자할 수도 있고, 금이나 미국 증시에 투자할 수도 있고, 반도체나 바이오 같은 산업군 전체에 투자할 수도 있거든요."

"아, 다양하게 투자할 수 있다! 그래서 ETF로 갈아타시는 건가요?"

"네, 그게 첫 번째 이유고요. 그보다 더 중요한 두 번째 이유가 있습니다. 수수료가 펀드보다 저렴하기 때문이죠. 펀드 고를 때 우리가 가장 중요하게 따져봤던 게 수수료였잖아요. 왕초보는 별 차이가 없지만 투자 금액이 커지면 커질수록 수수료가 저렴한 상품을 찾게 됩니다. 사실 다양한 투자는 펀드로도 가능하지만 이왕이면 싸게 투자하자는 거죠."

"첫째, 다양한 상품에 투자할 수 있다. 둘째, 수수료가 펀드보다 저렴하다. 이렇게 정리하면 되는 거죠?"

"맞습니다. 그리고 ETF를 알아둬야 하는 세 번째 이유! 맥가이버 칼이 휴대하기가 쉽듯이, ETF는 펀드보다 환매하기가 쉽습니다. 펀드는 90일 이내에 환매하면 이익금의 70%를 내놓아야 한다고 배웠죠? ETF는 그런 환매 제한이 없습니다. 자, 이쯤하고 일단 식사들 하시죠! 레시피에서 더 자세히 알려드릴게요."

오늘은 맥가이버 칼처럼 다양하게 투자에 활용할 수 있는 ETF를 알게 됐다. 열심히 공부해놨다가 나중에 나도 펀드에서 ETF로 갈아타야지!

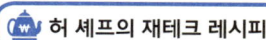 허 셰프의 재테크 레시피

맥가이버 칼처럼 다양한 활용, ETF 훑어보기

1. 세계가 열광한다는 ETF의 매력

ETF는 Exchange Traded Funds의 약자로 상장 지수 펀드라고 한다. 인덱스 펀드와 주식의 장점만 골라 만든 상품이라고 생각하면 된다. 단돈 3만 원으로 한국 주식 시장 전체에 투자 할 수 있다. 전 세계 증시에 상장된 ETF 시장 규모는 4조 7,000억 달러. 미국의 경우 펀드로 들어오는 자금 중 70% 이상이 ETF에 몰린다고 한다. 우리나라도 2013년 7월 기준으로 18조 원이 넘는 자금이 ETF 시장에 몰려 있고, 빠른 속도로 그 규모를 키우고 있다. 뿐만 아니라 국내 증시로 유입되는 외국인 자금 중 75% 이상이 ETF를 기반으로 투자된다. 예전에는 '국내 증시=삼성전자'라는 공식이 통용되었지만 지금은 외국인도 개별 주식인 삼성전자 대신에 ETF를 매수한다는 것. 전 세계 투자자가 열광하는 데는 그만한 이유가 있다. 이런 인기 때문에 중급 코스에서는 첫날 ETF를 공부해보라고 권하는 것이다.

2. 스파르타는 '300!' 초보의 ETF는 '200!'

한국거래소에 상장되어 있는 ETF의 종류는 138개. 종합주가지수뿐만 아니라 IT나 자동차, 증권, 은행 등 업종 지수에 채권, 국제 금 선물, 원유 선물 등 다양한 지수를 따르는 상품 등 그 종류도 다양하다. 초보 투자자라면 완벽한 분산 투자 효과를 볼 수 있는 ETF인 코스피200을 추종 종목으로 시작하자. 현재 증시에는 KODEX200, KOSEF200, TIGER200, KINDEX200, 그리고 TREX200이 있다. 펀드를 운용하는 회사들이 각각의 고유 브랜드를 만들어서 상품으로 내놓았기 때문에 이름은 제각각이지만 모두 뒤에 '200'을 달고 있다. 똑같이 코스피 대표 종목 200개를 따라 움직이므로 원하는 회사의 상품을 고르면 된다. (현재 ㅇㅇㅇ200 상품 중 거래량과 시가총액이 가장 많은 상품은 삼성자산운용이 내놓은 KODEX200이다)

3. 펀드보다 ETF가 좋은 3가지 이유

무엇보다 수수료가 저렴하다. 일반 펀드 수수료가 2~3%, 그보다 싼 인덱스 펀드가 0.7~1.5%인데 반해 ETF는 0.15~0.5%에 불과하다. 둘째, 환매가 자유롭다. 일반 펀드는 가입 후 90일

이내에 환매를 하는 경우 수익금의 70%를 뱉어내야 하는데, ETF는 주식과 같이 사고팔 수 있다. 오늘 매수하고 언제 매도를 해도 수익을 그대로 가져올 수 있다는 말이다. 또한 펀드는 오후 3시 이전에 해약하면 내일 아침 기준 가격으로 해약이 되고, 3시 이후에 해약 신청을 하면 모레 아침 기준 가격으로 매도 계약이 체결되는 불확실성이 있는데, ETF는 매순간 정해지는 가격으로 사고팔 수 있어서 모든 과정을 투명하게 알 수 있다. 셋째, 펀드는 내가 가입한 펀드에 어떤 종목이 어느 정도 비중으로 담겨 있는지 실시간으로 확인할 수 없고, 심지어 주식형 펀드에 주식 비중이 얼마나 되는지조차 바로 알 수가 없다. 반면 ETF는 매순간 투자 종목 정보를 바로바로 확인할 수 있어서 좀 더 세밀한 투자 전략을 구사할 수 있다.

ETF의 무시무시한
장애물

:

중급 코스의 첫 번째 집중 해부 상품은 ETF!
다인은 처음 들어보는 이 상장 지수 펀드 상품을
중급 코스 회원들은 이미 다양하게 활용하고 있었다.
펀드보다 수수료도 저렴하고 좋아 보이지만
ETF에 투자하려면 반드시 치러야 할 대가가 있다.

ETF, 진작 가르쳐주면 좋았잖아요!

"소연아, 나 그동안 재테크 수업 들으면서 불평한 적 한 번도 없었지?"

중급 코스는 브런치도 달랐다. 샐러드에 파스타에 후식까지 배가 터지게 먹고 사람들과 작별 인사를 하고 난 참이었다. 짐을 챙기는 소연에게 물었다.

"불평한 적 없었지. 엄청 열심히 공부했고! 그런데 왜?"

"이쯤에서 허 셰프에게 불평 한번 해볼게. 왜 진작 ETF를 가르쳐주지 않은 거냐? 펀드보다 좋은 점이 세 가지나 되는데! 그렇게 강조하던 수수료도 훨씬 싸잖아!"

"아! 그건 말이야."

소연이가 말하려는 순간 뒤에서 누군가가 끼어들었다.

"다인 씨에게 보충 수업이 필요한 시점이군요? 집에 가서 ETF에 대해 조금만 검색해보면 바로 알게 되겠지만요."

아, 다들 돌아간 줄 알았는데 아니었나보다. 지연 씨가 웃으며 우리를 바라보고 있었다.

"아, 지연 씨! 가신 줄 알았는데……. 레시피 들은 뒤 갑자기 그런 생각이 들었어요. 펀드 하지 않고 바로 ETF 하면 되는 거 아닌가 하고요."

"일리 있는 지적이에요. 펀드 안 하고 바로 ETF 투자해도 물론 됩니다. ETF의 무시무시한 장애물을 넘을 수만 있다면 말이죠!"

"ETF의 무시무시한 장애물이요? 그게 뭐죠?"

ETF 투자의 두 가지 장애물

"지연 씨가 오늘의 보충 수업 선생님이 되신 건가요?"

허 셰프가 커피 세 잔을 들고 왔다.

"다인 씨와 소연 씨가 시간만 되신다면 얼마든지요! 커피 드시면서 ETF의 장애물 이야기를 조금 더 해볼까요?"

"저희야 감사하죠! 원망해서 죄송해요, 셰프! 커피 잘 마실게요!"

셰프가 웃으며 주방으로 간 뒤 우리는, 지연 씨와 다시 테이블에 앉았다.

"ETF의 장애물이라는 게 뭔가요?"

"펀드는 자동 이체만 하면 되지만, ETF는 본인이 직접 사고팔아야 한답니다."

"직접이요? 펀드 매니저가 해주는 게 아니고요? 그럼 ETF의 장애물은 바로……."

"네, 바로 귀찮음이죠! 이 귀찮음을 극복해야 ETF 투자를 성공적으로 할 수 있답니다. 보통 사람들이 펀드에 익숙해진 후에야 ETF로 갈아타는 건 바로 이것 때문이에요. 사실 주식 시장 돌아가는 걸 알아야 언제 사고팔지를 판단할 수 있으니까 펀드로 시작하는 게 맞는 방법이기도 하죠."

"정액적립식 펀드로 달러 코스트 애버리지 효과를 배우고, 익숙해지면 수수료가 싼 ETF로 갈아타서 직접 사고판다는 거죠?"

"소연 씨 말이 맞습니다! 수수료도 수수료지만 제가 ETF 투자를 권하는 가장 큰 이유는 따로 있어요. 바로 주식 투자의 기초를 배울 수 있다는 거죠. ETF만 사고팔 줄 알면, 그 방법 그대로 주식을 사고팔 면 되거든요."

"주식이요? 주식하기는 좀 무서운데……."

ETF 고르기, 직접 펀드 매니저가 되자

"네, 주식은 저도 무섭습니다. 그래서 ETF를 열심히 공부하고 있죠. 지금으로선 평생 주식 투자 안 해도 될 것 같지만요. ETF가 워낙 다양해서 투자법도 무궁무진하거든요."

아까 중급 코스 회원들이 말하던 다양한 상품들이 떠올랐다.

"그 뭐냐, 레버리지랑 인버스, 뭐 그런 거요?"

"네, 아까 허 셰프가 레시피에서 가르쳐드렸던 게 영어 상품명 뒤에 '200'이 붙는 상품들이었죠? 코스피 지수를 따라가는 인덱스 펀드와 비슷한 구조라고 배웠고요. 그럼 이제는 액티브 펀드와 비슷한 효과를 내도록 내가 펀드 매니저가 되어서 투자할 ETF를 직접 고르는 거예요. 사고팔 수 있는 ETF 종류도 130개가 넘는다고 배웠잖아요."

"펀드 고를 때도 엄청 힘들었는데……. 그중에서 투자할 ETF를 어떻게 고르죠?"

"설명하기 쉽게 세 가지 단계로 나눠볼게요. 초급 1단계, '○○○200'을 매달 정기적으로 직접 사 모은다. 이렇게 하면 환매까지 적립식 펀드랑 다를 게 없어요. 귀찮게 매달 직접 사는 대신 그만큼 수수료가 저렴해지죠. 이것까지는 할 수 있겠죠?"

"음, 어떤 건지 대충 감이 와요."

"그럼 중급 2단계, 시장이 오를 것 같을 때 레버리지 ETF를 사고, 떨어질 것 같을 때 인버스 ETF에 돈을 넣는다. 이건 시장을 보는 눈이 생겼을 때 하는 방법이에요. 인버스를 샀는데 증시가 오르거나, 레버리지를 샀는데 떨어지면 손해가 두 배니까요."

"저, 그런데요. 레버리지가 뭐예요? 인버스는 또 뭐고요?"

"아차, 그걸 설명하지 않았군요. 죄송합니다. 레버리지는 시장이 오르면 두 배의 수익을 추구하는 거고, 인버스는 시장이 떨어진 만큼 돈을 벌게 만들어진 거예요. 중급 코스의 성호 씨처럼 공격적 투자자들의 경우, 레버리지만 열심히 모으는 사람도 있죠."

"에휴, 어렵네요. 'ㅇㅇㅇ200'이랑 레버리지랑 인버스까지는 대충 이해한 거 같아요."

"그리고 중급 3단계는 다양한 ETF를 활용해서 분산 투자 시스템을 만드는 거예요. 당장 ETF에 투자하지 않더라도 어떻게 사고파는 건지는 꼭 연습해보세요."

주식이랑 사고파는 방법이 똑같다고?

"그런데 어떻게 사는 거예요? 아까 주식 사고파는 거랑 똑같다고 하셨잖아요."

"네, 그게 바로 ETF의 두 번째 장애물입니다. 사는 방법이 펀드보다 훨씬 어렵거든요. 제가 가는 재테크 카페에 올렸던 '왕초보 ETF 사는 법' 포스팅이 있어요. 그거 보면서 설명해드릴게요."

지연 씨가 재테크 카페에 접속했다.

"여기 있네요. 왕초보 ETF 사는 법! 제가 얼마 전에 'KODEX200'을 사면서 화면을 캡처해놓은 거랍니다. 이거 보고 잘 따라하시면 돼요. 일단 CMA 만들었던 증권사에 가서 HTS(홈트레이딩 서비스)를 신청하세요. 그런 다음 증권사 홈페이지에 가입해서 아이디와 비밀번호를 만들어요. 은행에 가서 인터넷뱅킹 신청하는 거랑 똑같아요. 여기까지는 쉽죠?"

"네, 인터넷뱅킹 신청하듯이 HTS를 신청하고 증권사 홈페이지에 로그인한다."

"로그인을 하고 나면 메뉴 중에 '주식 매매' 창을 찾으세요. 지금 우리는 ETF를 살 거니까 여기 '주식 매수'를 클릭해요. 그리고 검색창에 자기가 살 상품명을 입력하는 거예요. 저는 'KODEX200'이라고 검색했어요."

"여기 화면 캡처해놓은 대로 하면 되죠?"

"그럼요. 한 번만 해보면 별로 어렵지 않아요. 'KODEX200'이라고 검색했더니 뭔가 빨갛고 파랗고 복잡한 숫자들이 화면 가득 뜨죠? 여기 왼쪽의 파란 숫자들은 팔려는 사람들이 원하는 가격이고, 오른쪽의 빨간 숫자들은 사려는 사람들이 원하는 가격이에요. 그 옆의 숫자는 그 가격에 사고팔려는 'KODEX200'의 좌수고요. 초보는 여기 시장가를 체크하고 사려는 좌수를 입력한 후 확인을 누르면 돼요. 그러면 이렇게 현재 시장가에 10주를 사게 되고 돈이 빠져나가죠. 이 확인 버튼을 누르기 직전까지 한 번씩 연습해보세요. 이게 오늘의 숙제예요. 여기까지만 할 줄 알면 어떤 주식이든 이 방법과 똑같이 사면된답니다."

아, 그렇구나. 지연 씨의 설명이 끝나자 셰프가 두툼한 레시피를 건네준다. 에휴, 숙제를 잔뜩 주셨네. 일단 이번 주는 ETF에 대해서 열심히 알아봐야겠다.

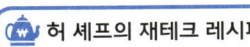 **허 셰프의 재테크 레시피**

실전 ETF 매수 따라잡기

1. 펀드 매니저 안 부럽다, 'ETF 3총사'

증시를 그대로 복사해놓은 ETF의 가장 큰 장점은 복잡한 개별 주식을 분석하고 고를 필요 없이 주가 지수 전망만 하면 된다는 것이다. 이렇게 주가 지수 '한 녀석만' 집중 공략하는 '3총사'가 있다. 바로 ○○○200, 레버리지, 그리고 인버스. 레버리지는 지수가 1% 오르면 2% 오르는 ETF이고, 인버스는 주가가 떨어지면 거꾸로 그만큼 이익을 내는 파생 상품형 ETF이다. ○○○200 ETF와 레버리지, 인버스 ETF, 이 세 종목만 자유롭게 다룰 수 있다면 헤지 펀드만큼 다양하고 화려한 전략을 구사할 수 있다.

2. 레버리지 - 인버스 ETF 정석 접근법

'○○○200'은 3년 이상 장기로 차곡차곡 주식을 모으는 적립식 투자를 원하는 사람에게 최적의 상품이다. 반면 레버리지나 인버스 ETF를 장기간 투자하려면 반드시 알아둬야 할 게 있다. 주가 지수 변동 폭의 두 배로 움직이는 레버리지 ETF의 경우, 그 효과가 복리식으로 쌓이기 때문에 주가 지수와 레버리지 ETF 가격 간에 일대일관계가 성립하지 않는다는 점이다. 특히 주가가 깊숙이 빠졌다가 제자리로 돌아와도 레버리지 ETF의 가격은 여전히 마이너스라 낭패를 볼 수 있다. 일정 기간 동안 시장이 상승하는 경우 복리 효과로 수익이 극대화되지만, 떨어지면 손해가 더 커진다. 따라서 레버리지나 인버스 ETF는 시장이 크게 출렁일 때 적극적으로 대응하는 단기 투자에 적합하다.

3. '8대 2 법칙'으로 공략하라

ETF를 활용하면 우리도 전문 펀드 매니저처럼 '시장 수익률+알파'를 노리는 전략을 손쉽게 사용할 수 있다. 이른바 '핵심-주변(Core-Satellite) 전략'이다. 핵심과 주변의 비율을 보통 8대 2로 가져가기 때문에 '8대 2 법칙'이라고 한다. 여기서 80%를 맡는 '핵심 주인공'은 시장을 따라가는 KODEX200이나 KOSEF200 같은 '○○○200'이다. 나머지 20%를 맡는 '주변 조연'은 여러 ETF 중 내 성향에 맞게 고르면 된다. 섹터(자동차, IT, 조선 등)나 스타일(가치주, 중소형, 성장주 등) ETF 중에서 선택한다. 혹은 채권이나 해외 지수(금이나 원유 선물 등) ETF 같은주변 종목을 편입해서 분산 투자 효과를 극대화할 수도 있다.

금요 재테크
뷔페로의 초대장

:

ETF를 배운 중급 코스 첫날!
지연 씨가 보충 수업 선생님이 되어
ETF 사는 법까지 알려주었다.
ETF만 사고팔 수 있다면
주식도 똑같이 하면 된다는데…….
다인은 일주일 내내 열심히 ETF를 공부한다.
궁금한 점이 쌓여갈 때쯤 허 셰프로부터
반가운 소식이 들려온다.

'경성이브'의 금요일은 특별하다

"소연아, 너 금요일 저녁 시간 되니?"

"응, 너도 허 셰프한테 초대장 받았지? 이번엔 만사 제쳐놓고 꼭 가야 해."

"그래? 그런데 왜 금요일 저녁이야? 토요일 오전 브런치 수업만 있는 게 아니었어?"

"나도 이야기만 듣고 초대받은 건 처음이야. 매달 마지막 주 금요일 저녁에는 '경성이브'에서 '재테크 뷔페'가 열린다고 하더라고. 중급 코스 회원들이 하는 이야기 들었는데, 배울 게 아주 많대. 맛있는 것도 많고. 게다가 공짜야!"

"오! 그렇다면 꼭 가야겠네. 그럼 이번 주는 금요일하고 토요일 이틀이나 수업을 받는 거네?"

"그렇지. 절대 후회하지 않을 거야. 재테크 선생님들이 아주 많이 오신다고 들었거든. 게다가 이번 세미나 주제가 ETF래. 그래서 셰프가 특별히 우리를 불러준 것 같아!"

"오, 잘됐다! 너 그때 지연 씨가 가르쳐준 ETF 사는 법은 연습해본 거야?"

"그럼! 생각보다 쉽던데? 너는 해봤어?"

"응, 시장가에 주문 넣는 건 금방 배웠어. 그런데 가격이 다양하니까 얼마를 써넣어야 할지 고민 되더라고. 꼭 무슨 경매하는 것 같은 느낌이더라."

"맞아, 나도 그 생각했어. 어차피 주문을 넣어도 ETF가 그 가격까지 오르거나 내리지 않으면 돈이 빠져나가지 않으니까 다양한 가격으로 해보면 돼.”

“그렇구나! 안 그래도 ETF에 대해 궁금한 게 많았는데 금요일에 가서 다 물어봐야겠다!”

뷔페 같은 ETF, 맘대로 골라 담자

기다리던 금요일 저녁. 퇴근하자마자 삼청동으로 갔다. 여기가 매주 오던 그 '경성이브' 맞나? 뷔페처럼 다양한 음식이 차려져 있고, 사람들이 자유롭게 음식을 먹으며 이런저런 이야기를 나누고 있다. 소연이와 나는 회원들 사이를 돌아다니며 귀동냥으로 ETF 투자법을 배운다.

“저는 시장이 크게 출렁일 때 그때 한 번씩 목돈을 넣었다 빼는 전략을 씁니다. 시장이 많이 올랐다 싶으면 인버스에 넣고, 앞으로 오르겠다 싶으면 레버리지에 넣는 식이죠. 업황을 분석해보고 유망하다 싶으면 반도체나 자동차 같은 업종별 ETF에 넣기도 합니다.”

40대 중반쯤으로 보이는 남성 회원의 말이다. 직업은 모르겠지만 고정적으로 월세가 나온다고 했다. 평소에는 예금하고 적금만 하다가 많이 떨어지면 공격 투자자로 변신한다는 거였다.

“저는 대한그룹주 ETF를 꾸준히 모으고 있습니다. 대한그룹 주식을 사려면 한 주에 130만 원을 줘야 하지만, 대한그룹주 ETF는 6,000원대면 한 주를 살 수 있거든요. 특히 저 같은 월급쟁이의 소액 투자로는 안성맞춤인 것 같아요.”

정훈 씨 소개로 왔다는 30대 회사원. ETF 공부를 시작한 지는 얼마 되지 않았다고 하는데 아는 게 아주 많아 보인다. 그는 일단은 그룹주 ETF를 적립식으로 사보라고 조언한다.

"저는 해외 투자에만 ETF를 활용하고 있어요. 해외 펀드보다 수수료가 저렴하고 환율 변동에 대응하기도 더 용이하거든요. 달러나 금 같은 원자재, 콩 같은 농산물 투자하기에도 ETF 매매가 유용할 것 같습니다."

고액 자산가라는 나이 지긋한 중년 여성의 조언이다. 누군가 프라이빗 뱅커들도 한 수 배우고자 청하는 고수라고 귀띔해주었다.

"바이오 관련 주식들은 어떤 기업이 망할지, 어떤 기업이 성공할지 일반인들은 알기 어려운 경우가 많습니다. 그럴 때는 바이오 ETF에 투자해볼 만합니다. 리스크가 큰 업종이기 때문에 꼭 분산 투자의 개념으로 소액으로 투자하는 거 잊지 마시고요."

이건 은행에 다닌다는 한 여성 회원이 조언이다. ETF로 투자할 수 있는 게 참 많구나.

ETF를 고르는 특별한 기준

"다인 씨, 소연 씨! ETF 투자법은 많이 배우고 있나요? 음식은 좀 어떠세요?"

허 셰프가 웃으며 물었다.

"정말 도움이 많이 되네요. 초대해주셔서 고맙습니다, 셰프. 음식도 정말 맛있어요!"

"네, 뷔페처럼 다양하게 투자할 수 있다는 게 ETF의 장점이거든요. 그래서 한두 달에 한 번쯤 이렇게 'ETF 뷔페 데이'를 열고 있답니다. 많이들 오셔서 정보도 교환하고 투자법도 배우시라고요. 마침 두 분께 도움이 될 것 같아서 초대했어요."

"진짜 다양하네요. 뷔페처럼 원하는 ETF를 원하는 만큼 투자 접시에 담으면 되는 거죠?"

"네, 그렇습니다. 저의 의도를 잘 파악하셨네요. 자, 잠시 밖에서 '다인 씨의 질문 시간'을 가져볼까요? 여름밤이라서 레스토랑 앞에 야외 테이블을 내놓았거든요. 먼저 나가 계세요."

우리는 자리를 옮겨 야외 테이블에 앉았다. 낮에는 그렇게 덥더니 밤이라 그런지 기분 좋은 바람이 분다.

"팥빙수하고 과일을 좀 준비했습니다."

셰프가 디저트를 들고 와 테이블에 앉는다. 나는 얼른 일주일 동안 ETF 공부하며 적어둔 것과 아까 메모한 상품들을 찾았다. 궁금했던 거 다 물어봐야지!

"다인 씨, 천천히 하시죠. 무슨 질문을 할까 매의 눈으로 살피시는 모습이 누가 보면 기자인 줄 알겠어요."

"궁금한 게 엄청 많았거든요. 첫째, 100개가 넘는 ETF 중에 어디에 투자해야 하죠? 수많은 상품 중에서 투자할 ETF를 고르는 기준 같은 게 있나요?"

"기본적인 ETF 3총사를 제외하고는 본인이 투자하고 싶은 분야를 선택하면 됩니다. 인터넷에서 ETF만 검색해도 가격 정보가 뜨죠? 가장 주의 깊게 보셔야 할 건 거래량입니다. 초보라면 거래량이 많은 상품 위주로 투자하세요."

ETF 투자, 이것만은 조심하자

"거래량이요? 왜죠?"

"ETF가 좋은 점 중 하나가 사고팔기가 펀드보다 자유롭다는 거였죠? 그런데 내가 ETF를 팔고 싶어도 사겠다는 사람이 없으면 팔 수가 없습니다. 찾아보면 아시겠지만 ETF 상품 중에는 거래량이 '0'인 상품들도 꽤 보입니다. 그런 ETF에 투자하면 낭패를 보겠죠? 그래서 거래량이 많은 상품을 골라야 한다고 추천하는 거예요."

"아, 인기 있는 상품을 사라는 거군요?"

"맞습니다. 똑같은 이야기로 시가총액이 많은 상품을 추천합니다. 아마 지금 시가총액이 가장 높은 상품은 'KODEX200'일 겁니다. 그래서 제가 ETF 첫 시간에 KODEX200을 정기적립식으로 투자하라고 권해드린 거였죠."

"거래량과 시가총액, 두 가지만 기억하면 되죠?"

"네, 두 가지 기준으로 상위 열 개, 더 원하시면 스무 개까지 추려서 공부하기를 권합니다. 너무 많으면 머리 아프니까요."

"아, 이런 게 필요했어요. 공부할 상품이 열 개로 줄어드니까 마음이 한결 가벼워지네요."

"역시 다인 씨네요. 더 좋은 소식을 알려드릴까요? 그중 세 개는 이미 알고 계신 상품일 거예요. KODEX200, KODEX레버리지, KODEX

인버스 이렇게 세 개요."

"오, 진짜 반가운 뉴스에요! 일곱 개만 차근차근 공부하면 되겠네요. 감사합니다, 셰프! 그나저나 내일 또 뵙겠네요."

"그러네요. ETF 투자할 때 주의할 세 가지, 레시피로 드릴게요. 내일 만나요!"

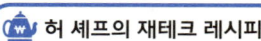
허 셰프의 재테크 레시피

ETF 투자, 주의해야 할 3가지

1. 해외 지수 ETF의 2가지 장애물

해외 지수 ETF에 투자할 때 가장 주의해야 할 점은 환율과 세금이다. 해외 펀드에는 환헤지 상품과 환헤지가 안 되는 펀드 중에서 선택할 수 있지만, 해외 ETF 중에는 'TIGER S&P500선물(H)'을 제외하고는 환헤지형 상품이 없다. 환헤지가 되는 종목 이름에는 'H'가 붙어 있다. 또한 해외 ETF는 펀드 차익에 대해 15.4% 세금을 내야 하고, 배당 소득세 역시 2,000만 원 이상의 금융 소득 종합과세 대상에 포함된다는 점도 기억해두자. 대부분의 원자재 ETF는 환헤지가 되어 있기 때문에 환율 변동에는 크게 신경 쓰지 않아도 된다. 대신 기초 자산이 되는 원유나금, 구리, 농산물의 가격에 영향을 주는 변수에 대해 공부하고 투자해야 한다.

2. ETF 투자 전에 꼭 확인해야 할 것들

ETF 종류가 130가지가 넘을 정도로 다양하지만 모든 종목이 활발하게 거래되는 건 아니다. 거래가 활발하지 못하면 해당 ETF 가격이 지수와 따로 놀 수도 있고, 원하는 가격으로 팔 수 없는 경우도 생긴다. 이런 경우 해당 종목이 상장 폐지될 수도 있기 때문에 다소 생소한 ETF 종목에 투자할 때는 반드시 거래량을 확인하라. 또한 섹터, 해외, 혹은 원자재 ETF에 투자할 때 이름만 보지 말고 운용 보고서를 찾아서 직접 확인해야 한다. 예를 들어 중국 투자 ETF로 추정되는 'KODEX China H'와 'TIGER차이나'를 비교해보면, KODEX China H는 HSCEI(항셍중국기업지수)를 기초 지수로 사용하는 데 반해 TIGER차이나는 HSML25를 기초 지수로 삼는다. 아예 추종 지수 자체가 다른 것이다. 또한 두 종목 모두 이름만 '차이나'지 홍콩에서 거래되고 투자 대상도 다르다는 걸 먼저 확인하고 투자해야 한다.

3. ETF계의 뉴 페이스 '합성 ETF'

2013년 8월 1일 자로 한국거래소에 두 개의 전혀 다른 개념의 합성 ETF가 상장됐다. 그 주인공은 'KINDEX 합성-선진국하이일드(H)'와 'KINDEX 합성-미국리츠부동산(H)'이다. 원래 기존의 ETF를 발행하기 위해서는 해당 지수를 구성하는 종목을 정확하게 비율대로 매입해야 했다. 이 경우 거래 비용이 많이 들기 때문에 특히 해외의 부동산이나 채권 관련 지수에 맞는 상품을 내놓는 데 한계가 있었다. 이에 반해 합성 ETF는 'S&P500'을 거래하는 해외 운용사 혹은 증권사와 계약을 맺는 방식을 쓴다. 이들이 지수와 연동한 수익률을 올리면 국내 ETF 발행사가 현금과 맞바꾸게 되는 것이다. 합성 ETF 방식을 활용하면 전 세계에 존재하는 모든 지수를 대상으로 ETF 상품을 만들 수 있고, 투자자들은 그동안 접근하기 어려웠던 해외 부동산과 원자재까지 투자 범위를 넓힐 수 있다. 앞으로 합성 ETF를 눈여겨봐야 할 이유다.

왕초보 주식 투자
1계명

:

매월 마지막 주 금요일 저녁마다 열린다는
'경성이브'의 재테크 뷔페에 초대받은 다인.
ETF를 활용하는 다양한 방법에 대해 배우고,
ETF를 고를 때는 거래량과 시가총액을
따져보라는 팁도 얻었다. 그리고 다음 날,
두 번째 중급 코스 브런치 모임이 시작됐다.

ETF 다음 코스는 바로 이것

"와, 부러워요! 나도 꼭 가보고 싶었는데……. 거기 전문가들도 많이 온다면서요?"

"쓸 만한 팁들 꽤 있었죠? 좀 풀어놔봐요! 같이 부자됩시다, 예?"

오늘 중급 수업의 이슈는 단연 어제 있었던 'ETF 뷔페 데이'였다. 다들 한 번씩은 가본 줄 알았는데, 정훈 씨를 빼고는 아무도 가본 적이 없다고 했다. 중급 코스에서 왠지 소외되는 것 같은 느낌이 있었는데, 괜스레 우쭐해졌다. 그래서 셰프가 우리를 불러준 걸까?

"좋은 방법이네요! 주식 투자도 비슷하게 접근하면 됩니다. ETF 사는 법 배우셨죠? 거래량과 시가총액을 따져보라는 것도요? 그렇게 ETF 투자에 익숙해지면 다음 코스로 주식 투자를 공부해볼 만합니다. 물론 종목과 고려해야 할 리스크도 많아지지만, ETF 투자와 크게 다르지 않답니다."

어제 들었던 이야기들을 풀어놓자 더 다양한 투자 방법들이 쏟아진다. 저가 매수 전략에 대해 말하자 정훈 씨가 주식 투자할 때도 활용해보라며 조언해준다.

"주식 투자요? 아직 ETF도 공부할 게 한참 남았는걸요? 그리고 주식 투자하면 패가망신한다고 엄마가 절대 하지 말랬어요."

"좋은 자세입니다. 혹시 주식 투자를 하게 되더라도 그 말 절대 잊지 마세요."

"네? 좋은 자세라고요? 주식에 투자하지 말라는 건데요?"

"그럼요. 주식 투자할 때 꼭 새겨둬야 할 말입니다. 기본적으로 주식 투자는 원금을 다 잃을 수도 있다는 점을 염두에 두고 시작해야 합니다."

"원금을 다 잃을 수도 있다니, 겁부터 나네요. 그냥 주식 투자 안 하면 안 되나요?"

작은 부자가 되기 전 선행 학습

"물론 안 해도 됩니다. 다인 씨에게 설명해드려야 할 것들이 좀 있네요. 제가 잠시 끼어들어도 될까요?"

그래, 지금이 허 셰프가 등장할 타이밍이지. 이번엔 뭘 설명해주시려나?

"우리는 초보 코스에서 은행권 예금과 적금으로 활용할 수 있는 다양한 방법들을 배웠죠. 초보에게 은행권 상품을 권하는 이유는 재테크 결정에 실패해도 원금의 손해가 없기 때문입니다. 그다음으로 예기치 못한 리스크에 대비하는 보험 상품을 준비했고, 적립식 펀드로 투자의 기초도 배우고 있는 중입니다. 여기까지만 해도 충분하다는 건 여러 번 말씀드렸고요. 다인 씨도 다 활용하고 계시죠?"

"네. 체크카드 쓰면서 월급은 적금으로 붓고 있고 단독 실비와 암보험도 들었고, 또 인덱스 펀드와 그룹주 펀드에 5만 원씩 적립하고 있습니다."

"좋아요. 바로 그게 사회 초년생이 첫 번째 종잣돈을 만들 때까지 유지하면 좋을 이상적인 재테크 모델입니다. 지난번에 배운 ETF부터는 일단 선행 학습이라고 생각하고 배우세요."

"선행 학습이오? 무슨······."

"자산이 어느 정도 불어나 '작은 부자'가 된 후에 써먹을 방법들이다, 이거죠!"

"작은 부자가 된 후요?"

"네, 중급 코스에서는 ETF와 주식, ELS와 채권, 그리고 부동산에 이르기까지 전반적인 투자 상품들을 공부할 거예요. 오늘 배울 과목이 주식이고요. 지레 거부감 갖지 마시고 주식 투자가 어떤 건지 배운다는 생각으로 들어주세요. 주식에 투자를 할지 말지는 공부한 뒤 생각해도 되니까요."

"일단 배워두고 투자 여부는 아닌 내가 결정하면 된다는 거죠? 맞죠?"

"네, 바로 그겁니다. 다인 씨가 아주 잘 알고 계시네요. 그럼 수업 계속하세요."

셰프가 다시 주방으로 들어가자 지연 씨가 웃으며 말을 받는다.

"일단 '왕초보 주식 투자 1계명'부터 알려드리고 시작해야 할 것 같네요."

"왕초보 주식 투자 1계명이요?"

"전에 말씀드렸다시피 저도 주식은 왠지 겁나서 ETF만 하고 있어요. 중급 코스 분들 대부분이 ETF만 하고 있죠. 직접 주식 투자를 하는 사람은 정훈 씨 정도예요."

"네, 저도 소액으로 맛만 보는 수준이죠. 그래서 주식을 공부하면서 저희끼리 만든 '왕초보 주식 투자 1계명'이 있답니다."

왕초보 주식 투자 1계명? 그게 뭔데?

"점점 궁금하게 만드시네요. 대체 그 1계명이라는 게 뭔데요?"

"다인 씨 어머니께서도 아시는 바로 그겁니다. 주식 투자하면 돈 다 잃는다!"

"엥? 그게 뭐예요!"

내가 너무 이상한 표정을 지었는지 정훈 씨가 소리 내어 웃는다.

"주식을 하려면 다 잃을 각오를 하고 투자에 나서라는 거죠. 전부는 좀 과장된 거고, 절반은 손해를 볼 수 있습니다. 그러니 뭉칫돈이나 전 재산을 주식에 걸 수는 없겠죠? 손해 볼 가능성이 아주 높으니까 공부도 다른 상품보다 훨씬 더 많이 해야 할 거고요."

"네, 절대 겁나서 많이는 못하겠어요. 소액으로 투자하라는 '경성이브의 법칙'이 주식에서도 통하는 거죠?"

"경성이브의 법칙이요? 재밌는 말이네요. 맞습니다. 경성이브의 법칙은 학원비 정도의 소액으로 투자 방법을 배우는 거니까요. 당연히 주식도 예외가 아니죠. 혹시 다인 씨 주변에 관심 가는 남자가 있으십니까?"

"네에? 가, 갑자기 그건 왜……."

"아, 실례가 되었다면 죄송합니다. 요즘 관심 가는 남자나 여자를 '썸남썸녀'라고 한다면서요? 주식 공부하는 첫 번째 방법이 '관심 종목'을 만드는 일이라서 여쭤봤습니다. 다인 씨가 어떤 남자에게 관심이 생기면 뭔가 '썸씽'을 만들기 위해 연구하겠죠. 그 사람이 뭘 잘 먹는지, 어디에 자주 가는지, 어떤 타입의 여자를 좋아하는지 등등이요."

"그, 그렇죠. 그럼 주식도 그렇게 하면 된다는 건가요?"

"맞습니다. 수백 개의 종목을 다 공부할 수는 없으니 내 관심 종목을 골라서 집중적으로 공략하자는 겁니다. 중급 코스에서는 각자 다섯 종목씩 골라서 공부하고 서로 의견을 나누고 있어요. 대학생들이 조별로 과제하는 거랑 비슷하다고 생각하시면 됩니다."

"아, 다섯 개만 고른다! 펀드랑 ETF 고를 때도 비슷하게 해봤어요. 그런데 다섯 개를 어떻게 고르죠?"

관심 종목을 고르는 특별한 기준

"일단 내가 잘 알고 좋아하는 분야를 고르는 게 좋겠죠. 천하의 버핏도 자기가 모르는 업종은 투자하지 않는다고 하잖아요. 그보다 더 중요한 건 앞으로 오를 종목을 고르는 겁니다. 주식은 돈 벌려고 하는 거니까요."

"내가 잘 아는 분야, 앞으로 오를 주식을 고른다!"

소연이와 내가 합창하며 열심히 메모를 하자 지연 씨가 웃으며 말한다.

"저는 홈쇼핑에서 매진되는 화장품을 보면 제조사가 어디인지부터 봅니다. 유명 메이크업 아티스트의 브랜드를 달고 있긴 하지만 제품을 만드는 제조사는 두세 곳으로 압축되더군요. 그 회사에 관심을 갖고 공부한 지 꽤 되었어요. 회사 신입들에게 요즘 뜨는 스마트폰 게임을 물어보고 만든 회사가 어딘지 물어서 공부하기도 하고요. 요즘은 자전거 회사와 아웃도어 관련 회사도 관심 종목에 넣어두고 지켜보고 있어요."

"오, 그렇게 고르는 거라면 왠지 어렵지 않아 보이는데요?"

"네, 별로 어렵지 않아요. 저도 경제 신문을 보거나 사람들 옷차림이나 히트 상품을 보다가 추가하곤 합니다. 날씨도 중요한 팁을 주는데요, 제가 1년 전부터 꾸준히 관심을 두던 회사가 있었어요. 제습기가 이렇게 많이 팔릴 줄 알았다면 그 회사 주식을 사두는 건데 말이에요."

"정훈 씨 덕분에 돈 번 사람은 접니다! 그 회사 이야기를 하시기에 연초에 상여금 나온 걸로 조금 사두었거든요! 정확히 두 배 먹고 팔았습니다. 금액은 얼마 안 되지만 기분 참 좋더군요."

"와, 작년에 제약 회사 주식도 그러더니. 용만 씨는 진짜 조용히 듣고 있다가 실속은 다 챙겨가는 것 같아요. 소연 씨, 다인 씨! 보셨죠? 뭐 이런 식으로 각자의 관심 종목을 공부한다고 생각하시면 됩니다."

"아, 네. 그렇군요. 저도 저만의 관심 종목을 하나씩 추가해봐야겠어요."

"네! 주식을 고를 때는 거래량과 시가총액 말고도 따져봐야 할 것들이 있어요. 일명 'P브라더스'인데요. 허 셰프가 다음 주나 다다음 주쯤 레시피로 잘 알려주실 거예요."

이번 주 과제는 관심 종목에 넣을 주식 찾기로군. 나도 집에 가면서 눈에 불을 켜고 찾아봐야지!

주식 투자 첫걸음 떼기 전에 생각해야 할 것들

1. 주식 시장의 두 얼굴을 보다

변동성이 커서 금쪽같은 내 돈을 넣어두기 겁나는 그곳. 열 명 중 잘하면 한두 명 살아남는다는 바로 그 주식 시장. 과연 주가지수가 오른 날이 많을까, 떨어진 날이 많을까? 놀라지 마시라. 일단위로 본다면 5.3대 4.7, 연단위로는 7대 3 비중으로 오른 날이 더 많다. 이렇게 보면 주식 투자 성공 확률이 훨씬 높다. 문제는 주식 투자 수익률에 비대칭성이 존재한다는 것이다. 실패가 너무나 뼈저리면 아무리 자주 성공해도 소용이 없다는 뜻이다. 야금야금 쌓아 올린 수익을 한방에 '훅' 날리는 곳이 주식 시장이다.

2. '탐욕과 공포' 투자자의 '생얼'을 보다

주식은 오르는 날이 더 많은데 개인 투자자는 손해를 본다. 증시가 오를 때는 주식을 들고 있지 않다가, 꼭지를 잡고 폭락할 때 꼭 쥐고 있다는 이야기이다. 그것도 매번 반복적으로. 왜 그럴까? 인간은 똑같은 금액이라면 이익에서 얻는 기쁨보다 손실에서 받는 고통이 두 배 크다고 한다. 유전적으로 위험을 싫어하기 때문에 불확실한 상황에서 공포를 느낀다. 상승장 초기 들쭉날쭉한 증시에 달려들지 못하는 이유다. 그렇게 슬금슬금 오르는 시장이 탐욕을 자극한다. 급한 마음에 주식을 덥석 물고 혹시나 하는 마음에 급락장에도 팔지 못한다. 그러다 못 버티고 바닥 근처에서 털고 만다. 공포와 탐욕 사이에서 갈팡질팡하는 투자자가 수익률의 비대칭성을 만든다.

3. 매매 시나리오 먼저 정하라

공포의 유전자, 탐욕의 유혹에서 벗어나려면 어찌해야 할까? 매수매도 시나리오를 정한 다음 하늘이 두 쪽 나도 이를 지켜야 한다. 시장에 알려져 있는 매매 시나리오는 크게 두 가지이다. 일단 주가가 크게 떨어질 때 사서 기다리다가 오르면 파는 '가치투자형' 매매가 있다. 반대로 크게 오르는 달리는 말을 찾아 올라타고 추세가 꺾이고 떨어질 때 파는 '추세추격형' 방법이 있다. 정반대의 방법 중 정답은 없다. 단지 자신에게 맞는 방법을 찾으면 된다. 아무리 시장 분석을 철저히 하고 종목을 잘 골라도 매매 시나리오를 실행하는 데 어려움이 있다면 절대 주식투자를 해서는 안 된다.

윈도우 쇼핑?
가상 투자 게임!

:

중급 코스 주식 수업 첫 시간.
'주식하면 돈을 다 잃을 수도 있다!
각오하고 시작하자!'라는
왕초보 주식 투자 1계명을 배우고 관심 종목을
고르는 방법과 따져봐야 할 것들도 배웠다.
재테크 수업 이후 줄곧 어떤 주식이 오를지를
생각하다 보니 골치가 아파 온다.

스트레스 쌓일 땐 클릭! 윈도우 쇼핑

"너 아직 그 버릇 못 고쳤구나!"

소연이가 소리를 빽 지른다. 아이고 놀래라!

"아, 그게 아니고……."

"아니긴 뭐가 아니야? 너 스트레스 받으면 쇼핑으로 푸는 버릇 있 잖아. 그 버릇 못 고치면 부자되기 힘들다고 했어, 안 했어?"

"쇼핑하는 거 아니거든! 카트에 넣어만 놓는 거야! 장바구니 클릭만 해도 스트레스가 좀 풀린다고! 알지도 못하면서!"

"진짜? 그러다 슬쩍 하나씩 사고 그러는 거 아니고?"

"아니라고! 그때 아이언맨 원피스 사건 이후 한 번도 충동구매 안 했거든? 너야말로 일단 소리 지르는 버릇부터 고쳐!"

"아, 시끄러워! 사무실에서 왜 싸우고 난리야?"

점심시간이라 아무도 없는 줄 알았는데, 필규 씨가 있었나 보다. 오 늘도 밥 대충 먹고 인터넷 강의 듣나?

"필규 씨, 미안해요. 아무도 없는 줄 알고……."

"아, 젊을 때 예쁜 옷도 사고 하는 거지. 뭐 그런 걸 가지고 싸워? 그 뭐냐 브런치 카페인가 재테크 수업인가 열심히 하나 보네. 요즘은 뭐 배워?"

"펀드랑 ETF 배우고 이제 막 주식 공부 시작했어요."

"오오, ETF도 배웠어? 그새 진도 많이 나갔네. 그런데 주식은 어떻 게 공부하나?"

돈 안 들이고 주식 투자 연습하기

"관심 종목을 몇 개 골라서 그 기업 분석해보고 가격 예측해보는 것부터 시작했어요."

"그래? 그럼 내가 도움이 될 팁을 좀 줄 수 있겠는걸? 두 사람 시간 괜찮으면 내 자리로 와볼래?"

"오, 감사하죠! 커피 타가지고 잽싸게 튀어갈게요!

아, 진작 물어볼걸. 소연이와 나는 휴게실에서 커피 세 잔을 타 필규 씨 자리로 갔다.

"고마워, 잘 마실게. 주식을 배우는 가장 빠른 방법은 직접 사고파는 걸 해보는 거야."

"네? 미쳤어요? 주식의 '주'자도 모르는데 직접 사고팔라고요?"

"두 사람 고스톱 쳐봤나? 고스톱도 직접 치면서 배우는 게 가장 빠르지."

"내 돈 내고는 안 쳐봤어요. 기껏해야 명절 때 친척들이랑 놀이 삼아 해본 게 다예요. 아, 인터넷 게임머니로는 쳐봤죠."

"빙고! 바로 그거야. 가상 투자 게임!"

가상 투자 게임? 인터넷 고스톱처럼?

"자, 여기를 잘 봐. 포털사이트의 금융이나 증권 페이지에 가면 '마이 금융'이라는 메뉴가 있어. 대부분의 포털 사이트에 다 있으니까 본인이 편한대로 자주 가는 곳을 선택하면 돼. 이렇게 '마이 금융'을 클릭하면 '마이 스톡'과 '마이 펀드', '최근 본 상품'을 한눈에 볼 수 있지!"

"와, 진짜네요. 이거 다 필규 씨가 투자하는 거예요? 엄청 많다!"

"이걸 다 진짜로 투자했다간 대출에 사채까지 써도 모자랄걸? 그냥 관심 종목으로 넣어둔 거야. 내가 사야겠다고 생각했을 때 진짜 산 것처럼 등록해두는 거지."

"아하! 사지는 않고 그냥 샀다고 기록해두는 거군요?"

"맞아. 그래서 가상 투자 게임이라고 한 거지. 진짜 매매를 한다고 생각하고 진지하게 임하다 보면 착각이 들기도 해. 와, 이 종목으로 두 배 벌었다. 이 종목은 반토막 났네! 이런 식으로 말이야."

그렇구나! 토요일에 브런치 수업 가서 사람들한테도 알려줘야겠다.

첫 주식 투자는 잘 아는 회사부터

"그거 좋은 방법인데요? 저도 당장 따라해봐야겠어요. 관심 종목들은 찾으셨습니까?"

이제 허 셰프도 가상 투자 게임을 하는 건가? 중급 코스 회원들의 반응이 꽤 좋았다. 너도나도 가상 투자 게임을 하겠다고 난리다. 필규 씨도 은근 고수의 느낌이 있다니까!

"네, 저는 모델홈쇼핑이랑 활력전자랑 몇 종목 등록해뒀어요. 모델홈쇼핑은 최근에 히트 상품을 많이 내놓았고 베트남에도 진출했다고 해서요. 활력전자 같은 경우 이번에 내놓은 신상 휴대전화가 반응이 좋더라고요."

"소연 씨! 잘 고르신 것 같은데요. 다인 씨는요?"

"저도 제가 자주 가는 오픈마켓 주식이랑 중국 관광객들이 좋아하는 레저 산업 주식이랑 몇 개 골랐어요. 수요일에 등록했는데, 벌써 두 종목이 좀 올랐더라고요!"

"맞아요. 주변에서 흔히 접할 수 있는 종목부터 시작하는 게 좋습니다. 어디까지나 연습해보는 거니까 그 종목들을 잘 주시하면서 공부하면 됩니다. 토요일에 중급 코스 회원들끼리 토론하고 스터디도 해보시고요."

"네, 그러면 이 종목들이 오르는지 내리는지만 보고 있으면 되는 건가요?"

"그것만 하면 참 쉽고 좋겠습니다만, 또 챙겨 보실 게 있어요. 오랜만에 제가 질문 한 가지 해볼게요. 우리나라 주식 시장은 혼자 움직일까요, 다른 나라 시장의 영향을 받을까요?"

"미국이나 유럽의 영향을 받는 거 아닌가요? 뉴스에서 주식 떨어졌다 그럴 때 꼭 미국이 어쩌고 유럽이 어쩌고 그러던데요!"

"잘 맞추셨습니다. 우리나라 주식 시장은 미국이나 유럽, 중국 증시의 영향을 받습니다. 다인 씨와 소연 씨는 인덱스 펀드에 직접 소중한 돈을 넣고 계시니까, 다른 시장의 움직임도 따라가면서 공부를 하셔야 합니다."

"휴, 공부할 게 진짜 많네요. 그냥 우리나라 주식 시장만 보면 안 되나요?"

"그러면 참 좋겠지만, 안 됩니다. 우리나라 주식을 우리 국민만 사는 게 아니거든요. 코스피의 경우 외국인 비중이 30%대나 됩니다. 외국인들이 미국과 유럽, 중국 증시의 변동에 따라 우리나라 주식을 사고팔기 때문에 즉각적인 영향을 미치죠. 2008년에 미국 서브프라임 모기지발 금융위기 때문에 애꿎은 우리나라 사람들이 손해를 봐야 했거든요. 금리와 환율도 직격탄을 맞았죠. 주식 투자를 하지 않더라도 다른 나라 시장에 관심을 둬야 하는 건 바로 이것 때문입니다."

환율과 주가, 대체 무슨 사이죠?

"네, 아직 자신은 없지만 열심히 해볼게요. 그래도 큰 수확이네요. 예전에는 미국과 유럽, 중국 증시를 공부해야 한다는 사실 자체도 몰랐으니까요!"

"좋은 자세예요. 그렇게 차근차근 해나가시면 됩니다. 이쯤에서 공부해야 할 한 가지를 더 말씀드려도 될까요?"

"헉! 또 있어요? 뭔데요?"

"주가와 아주 미묘하고 밀접한 관계에 있는 아이가 하나 있어요. 둘을 같이 공부하다 보면, 재테크가 뭔지 감이 잡히는 순간이 온답니다. 어렵지만 꼭 공부해야 할 아이죠."

"그 아이는 뭔가요? 주가와 대체 무슨 사이죠?"

"바로 환율입니다. 환율 변동과 주가의 움직임을 함께 체크해보세요. 그리고 둘이 어떤 사이인지 캐보는 겁니다. 제대로 분석하기가 어려워서 그렇지, 사실 이것만 잘해도 재테크는 저절로 됩니다."

환율까지 알아야 한다고? 울상을 짓자 정훈 씨가 내 어깨를 토닥인다.

"일단은 경제 신문 챙겨 읽는 정도로 공부하면 되니까 너무 겁먹지 마세요. 중급 코스에서는 주로 경제 신문으로 공부하고 고급 코스에 가서 분석하고 판단해도 늦지 않으니까요. 저희도 환율은 거의 몰라요!"

"네, 알겠어요. 하나씩 천천해 해보면 되겠죠. 소연아, 같이 열심히 해보자!"

"응, 그래! 일단 쉬운 것부터 차근차근 하자!"

"네, 이따 레시피에서 그래프로 더 쉽게 설명해드리겠습니다! 일단 오늘의 경제 신문 공부 먼저 하시죠? 식사하고 또 가르쳐드릴게요."

셰프가 주방으로 돌아가고. 이번 주 경제 뉴스를 토대로 토론이 시작된다. 미국 집값이 오르고 있다고? 그게 주식 시장과 무슨 상관이지? 사람들이 열심히 의견을 주고받는다. 그동안 슬렁슬렁 읽었던 경제 신문을 더 꼼꼼히 챙겨봐야겠다.

🫖 허 셰프의 재테크 레시피

주식 시황 파악하기

1. 외국인의 움직임을 주시하라
주식 투자 주체로는 크게 개인, 기관, 그리고 외국인이 있다. 이 중 최고는 바로 외국인. 국내 증시에서 외국인이 차지하는 비중은 33~35% 정도다. 그 비중이 큰 만큼 외국인 순매수-순매도 현황을 살펴보면 주식 시장의 현 상황을 파악하기 쉽다. 또한 이와 함께 체크해야 하는 사항은 외국인 선물 매매 동향이다.

외국인이 계속해서 주식을 매집하고 있는 상황이라도, 갑자기 눈에 띄게 선물을 매도하기 시작한다면 곧 큰 폭의 조정장에 대비해야 한다. 한편 그날의 증시 출발 상황을 미리 예측하고 싶다면 새벽에 마감한 미국 증시 상황을 살펴보면 도움이 된다. 미국 뉴욕 증시는 한국 시간으로 저녁 10시 30분에 개장해서 다음 날 새벽 5시에 폐장한다.

2. 기관의 움직임도 무시하면 안 된다

주식 시장의 큰 흐름은 외국인 매매 동향에 의해 좌우되지만 기관도 운용하는 자금의 규모가 꽤 크기 때문에 증시의 중단기 흐름을 지배할 수 있다. 기관에는 개인들이 펀드에 투자한 자금을 운용하는 투신과 국민연금을 비롯한 연기금이 큰 축을 이루고 있다. 외국인 투매로 증시가 폭락하는 상황에서는 기관의 움직임, 특히 연기금 중 국민연금의 대응을 잘 살펴야 한다. 주가가 단기간에 급락하는 상황에서 국민연금이 증시 구원 투수 역할을 자처하며 주가 방어에 나서는데, 국민연금이 강하게 매수하는 시점이 주가 바닥인 경우가 많았다. 폭락장에서 바닥을 알 수 있는 하나의 힌트로 삼을 만하다.

3. 환율 움직임에서 증시 전망 힌트를 얻어라

국내 증시는 외국인 매매 동향에 영향을 많이 받기 때문에 국내 주가 지수는 환율과 밀접한 관계를 가질 수밖에 없다. 보통 외국인 자금이 증시로 몰려들면 달러를 원화로 환전하는 과정을 거쳐야 하기 때문에 주가가 오르는 동시에 원화 가치가 상승하면서 환율이 떨어진다. 또한 주식 시장 시가총액 상위 종목은 대부분 수출 기업들이 자리 잡고 있다. 이들 기업들 실적이 좋다는 건 수출을 잘해서 달러를 많이 벌어들였다는 말이다. 결국 기업 실적이 좋아 주가가 오르면 이와 동시에 달러 공급이 많아져 환율을 낮추는 요인이 된다. 다시 말해 환율과 주가는 반대로 움직이는 관계임을 알 수 있다. 그래서 환율 그래프를 거꾸로 돌려놓으면 종합 주가 지수 그래프와 모양이 비슷하다. 환율 움직임을 예측하기 힘들지만 전문가들의 환율 전망을 참고하면 주가 움직임에 대한 시야를 넓힐 수 있다.

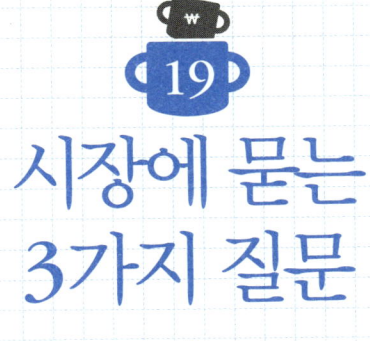

시장에 묻는
3가지 질문

:

필규 씨가 가르쳐준 대로
가상 주식 투자를 시작한 다인.
다섯 개의 관심 종목과 다섯 개의 코스피 대표 주식을
등록해놓고 열심히 공부하는 중이다.
미국 등 다른 시장은 물론 환율과 주가와의
상관관계까지 알아야 한다는데…….
어렵기만 한 주식 투자, 그 세 번째 수업이
기다리고 있다.

너, 앞으로 오를 거냐? 떨어질 거냐?

"불과 석 달 만이죠? 50% 넘게 떨어졌던 주식이 이전 가격을 회복하고 더 오른 게……."

"네, 반토막 났을 때 산 사람들은 돈 좀 벌었겠어요. 전 그때 도저히 못 사겠던데요."

"다른 바이오 주식은 계속 반토막이잖아요. 무서워서 어떻게 들어가요."

오늘 중급 수업은 정훈 씨가 집중적으로 공부하고 있는 바이오 주식 이야기로 시작됐다. 무섭게 올랐나 싶다가 반토막이 나고 다시 또 오르기를 반복하며 주가 그래프가 위아래로 사정없이 움직이고 있었다.

"어휴, 내 돈 들어가 있으면 진짜 현기증 나겠어요. 전 바이오는 쳐다보지도 않을래요."

"다인 씨다운 반응이네요. 우리가 지금 하고 있듯이 관심 종목 몇 개를 찍어서 주식 투자에 나서는 건 사실 구식 방법입니다. 코스피가 1,000에서 2,000으로 쭉쭉 올랐던 몇 년 전까지만 해도 시장 상황을 분석할 필요 없이 종목만 고르면 됐죠. 하지만 이제 그 방법은 통하지 않아요. 시장이 이럴 때 주식 투자를 시작하는 정석은 따로 있습니다."

"기껏 관심 종목 찾아서 열심히 공부하고 있었는데, 정석이 따로 있다고요?"

"네, 그렇습니다. 지금이야 재미로 가상 투자를 하고 있으니 괜찮지만 진짜 소중한 내 돈을 넣을 때는 정석대로 하는 게 좋겠죠?"

"당연히 그렇죠. 그 주식 투자의 정석이라는 게 뭔가요?"

"투자에 나서기 전에 시장에 세 가지 질문을 던지는 겁니다. 그중 첫 번째는 이거예요. 너, 오를 거냐? 떨어질 거냐?"

"네? 주식 시장한테 앞으로 오를 건지 떨어질 건지를 물어보란 말인가요?"

P브라더스, 지금이 싼 거냐? 비싼 거냐?

"네, 시장에게 질문하고 우리가 대답하면 됩니다. 다인 씨 대답은 뭔가요?"

"글쎄요. 오를지 내릴지 정말 모르겠는데요."

너무 바보 같은 대답인가? 그렇지만 왕초보를 갓 벗어난 내가 그걸 어떻게 알아?

"정답입니다. 그럴 때는 어떻게 하면 될까요?"

"정말 정답이에요? 오를지 내릴지 모르니까 전 일단 투자하지 않을래요!"

"그것도 정답입니다. '쉬는 것도 투자'라는 유명한 재테크 격언이 있죠. 잘했어요."

"그런데 저런 바이오 주식처럼 주가가 미친 듯이 널뛰기를 하면 지금 주가가 싼 건지 비싼 건지 어떻게 판단하죠? 싸게 사서 비싸게 팔아야 남는 장사잖아요."

소연이의 질문에 용만 씨가 대답했다.

"그럴 땐 P브라더스에게 물어보세요. 지금이 싼 거니, 비싼 거니?

코스피200의 PER과 PBR을 계산해서 지금이 투자하기 좋은 땐지 물어보는 거죠."

"아, 그 복잡하다는 P브라더스요? 셰프님한테 물어보는 게 빠르겠네요."

"다인 씨가 저를 찾았나요? 이쯤이 제가 끼어들 타이밍인 거죠?"

허 셰프다! 조금 어렵다 싶으면 나타나는 재테크 스승님!

"네, 셰프! P브라더스가 궁금해서요. 얼마 이상이면 투자하기 적합한 건가요?

"코스피200의 경우 PER이 열 배에서 열두 배 사이라면 안정적인 흐름을 보입니다. 주식 시장이 올라서 열두 배를 넘어 열네 배에 가까워지면 시장이 과열되었다고 볼 수 있죠. 열세 배를 넘어섰다면 가지고 있는 주식을 정리하는 겁니다. PBR은 1을 기준으로 합니다. 코스피200 PBR이 1보다 낮아지면 저평가 구간에 들어갔다고 보면 되고, 경제가 크게 흔들려서 주식 시장이 공포에 휩싸인 경우라도 PBR이 0.7에서 0.8까지 떨어지면 조심스럽게 반등을 노리며 주식 투자를 준비해도 될 겁니다."

역시 어렵네. 집에 가서 다시 알아보기 위해 나는 노트에 'PER 13~14배, PBR 0.7~0.8'이라고 적었다.

요즘 뜨는 '주식계의 아이돌'은 누구?

"방금 설명한 PER과 PBR 기준은 코스피200에 국한된 거고요. PER의 경우 업종에 따라 열 배, 서른 배씩 천차만별이랍니다. 업종별로 분석

하는 기사들이 나오면 챙겨 읽으면서 감을 잡으세요. 경제 신문 증권
면을 챙겨 읽는 게 제일 좋고요, 가끔씩 PER, PBR로 뉴스 검색을 해
보면 됩니다."

"거기에 세 번째 질문을 해보면 더 쉬워요. 요즘 뜨는 주식계의 아
이돌이 누구지?"

아이돌이라는 말에 눈이 번쩍 뜨인다. 주식 시장에도 아이돌이 있
다고?

"주식계의 아이돌은 시장을 이끄는 주도주를 말합니다. '차·화·정
(자동차, 화학, 정유)'이니 '전차부대(전자, 자동차)'니, 내수주니 하는 제목
들이 뉴스를 장식했던 게 좋은 예죠."

"다인 씨랑 소연 씨, 혹시 이런 말 들어보셨어요? 달리는 말에 올라
타라!"

지연 씨가 물었다. 들어본 것 같기도 하고 아닌 것 같기도 하고.

"그것도 주도 업종을 찾으라는 격언이에요. 수많은 아이돌 그룹 중
에서 누가 제일 잘 나가는지를 찾는다고 생각하시면 됩니다."

"오호, 알 것 같아요. 저는 요즘 아이돌 그룹 'EXO'가 그렇게 좋더
라고요."

"역시 아이돌 이야기하니까 눈빛이 반짝반짝하시네요. 요즘 아이돌
그룹 멤버가 열 명, 열두 명 막 이러죠? 멤버 모두가 매력적이지만, 그
중에서도 단연 돋보이고 인기 많은 친구들이 한 명씩 있지 않나요?"

"네, 취향에 따라 다르긴 한데 그래도 그룹마다 제일 인기 있는 멤
버가 있긴 하죠."

"바로 그 멤버가 주식 시장에서는 '업종 1등주'입니다. 주도 업종을 찾고 그 업종의 1등주에 투자하는 거죠."

"이런 식으로 찾아가면 단순히 대형 우량주에 투자하겠다고 생각하는 것보다 훨씬 범위가 줄어들어요. 이걸 어려운 말로 'Top-down analysis'라고 하죠."

"중급 코스라 그런지 용어들이 너무 어려워요."

"그렇게 어렵지 않아요. ETF 때와 똑같이 범위를 좁혀나가면서 종목을 찾는 겁니다."

워런 버핏이 시장에 묻는 질문

"이렇게 세 가지 질문을 던져서 투자를 할지말지, 어떤 종목을 고를지를 결정하면 됩니다. 그리고 하나 더 묻는다면 워런 버핏의 질문을 따라하는 거예요."

"그 유명한 투자가 워런 버핏 말인가요?"

"네. 버핏은 두 가지 투자 원칙으로 유명하죠. 첫째, 돈을 잃지 않는다. 둘째, 첫 번째 원칙을 잊지 않는다. 하지만 그가 투자 결정을 할 때 시장에 묻는 질문은 따로 있답니다."

"오, 완전 궁금하네요. 그게 뭐예요?"

"시장에서 독점적 기술과 지위를 확보하고 있는가입니다. 버핏이 투자한 걸로 유명한 우리나라 중소기업들을 보세요. 규모가 크지는 않아도 독점적인 기술을 가지고 있는 기업들이죠. 이 기준을 가지고 종목을 고르면 요즘 유행하는 '가치 투자'를 대충이나마 따라하게 되는 겁니다."

"아, 뭔가 좋아 보이기는 한데 그런 종목을 어떻게 찾죠?"

"그러게 말입니다. 저도 눈에 불을 켜고 찾고 있는데요. 일단 가치 투자로 유명한 자문사의 펀드 투자 포트폴리오를 공부하는 걸로 시작했어요. 그 자문사가 어디에 투자하는지를 보고, 그 기업에 대해 공부하는 거죠. 그렇게 따라가다 보면 언젠가 나만의 새 종목을 찾을 수도 있지 않을까요?"

휴, 복잡해! 주식 공부는 해도해도 어렵다는 말이 맞는 것 같다. 일단 오늘 배운 세 가지 질문만 기억해야지.

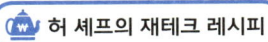
🫖 허 셰프의 재테크 레시피

주식 투자, 알짜 종목 고르기

1. 삼성전자나 현대차를 사라는 진짜 의미

"삼성전자나 현대차에 투자해!" 주식 좀 한다는 사람들에게 투자할 종목을 추천해달라고 하면 다들 이렇게 대답한다. 다 아는 이야기라고 웃어넘겼던 이 말을 다시 곱씹어보자. 유가증권시장에만 854개, 코스닥까지 합하면 총 1,825개 종목이 주식시장에 상장되어 있다. 이 많은 회사들 중 앞으로 주가가 올라서 내 돈을 불려줄 종목은 무엇일까? 일단은 향후 잘 나갈 업종, 조금 더 생각하면 그 업종의 '1등주'라는 대답이 나온다. 업종 1등주라고 해서 삼성전자나 현대차처럼 꼭 주가가 비싼 주식만 있는 건 아니다. 숨어 있는 중소형주 중에도 독점적 지위를 가진 '알짜'가 꽤 있으니, 눈에 불을 켜고 찾아보도록 하자!

2. 싼지 비싼지 'P브라더스'에게 물어봐

세상에 한 종목의 적정 주가를 한방에 알려주는 지표는 없다. 다양한 수치들을 복합적으로 이해하고 결정을 내려야 한다. 대표적인 재무 지표로 실적에 비해 얼마나 고평가되었는지를 알아볼 수 있는 PER(=시가총액/이익·주가수익비율)이 있다. PER이 얼마가 적정한지 절대적인 기준은 없고, 비슷한 사업 구조를 지닌 경쟁사들과 비교해 현재 상황이 고평가 구간에 놓여 있는지 살펴야 한다. 한편 실적 대신 기업의 장부상 자산 가치에 비해 주가를 평가하는 지표인 PBR(=시가총액/순자산·주가순자산비율)도 참고할 만하다. PBR은 1을 기준으로 이보다 작으면 회사를 청산하고 보유 자산을 모두 팔아서 현금화하는 게 주식으로 평가하는 회사의 가치보다 높다는 의미다. 보통 주가가 급락할 경우 PBR=1을 기준으로 저평가 여부를 판단하는 경우가 많다.

3. 출구 전략(양적 완화 축소) 시기에 유용한 지표

요즘처럼 세계적으로 저금리를 유지하다가 경기 회복 국면으로 접어들면서 금리가 오르는 시기에는 ROE가 높은 종목을 공략하라. ROE는 'Return On Equity'의 약자로 자기자본 이익률이라고 해석한다. ROE는 순이익을 자기자본으로 나눠서 구하는데 결국 주식 1주당 얼마만큼의 순이익을 올리고 있는가를 나타내며, 내가 투자한 자금이 얼마나 효율적으로 사용되고 있는지를 알 수 있다. 순이익이 똑같아도 ROE가 높으면 이는 적은 자본을 이용해서 효율적으로 이익을 올렸다고 해석할 수 있다. 특히 불황기에도 높은 ROE를 유지하는 기업은 경기 회복기에 이익이 급성장하는 패턴을 보인다. 보통 ROE가 20% 이상이면 자본 효율이 좋다고 판단할 수 있는데, 금리 상승기에 이런 종목 위주로 포트폴리오를 가져가면 좋은 성과를 올릴 수 있다.

초보가 꼭 알아야 할 투자의 상식

💲 은행에서 증권사 객장으로의 첫발

재테크 초보자라면 목돈을 만들 때까지 3~5년간 은행을 떠나지 말라고 조언해드렸죠. 첫 번째 종잣돈은 독하게 마음먹고 계획대로 허리띠 졸라매며 열심히 모으기만 하면 됩니다. 하지만 목돈이 마련된 이후 본격적인 투자를 시작하는 순간, 우리는 계획의 영역을 지나 기대의 영역으로 발을 들여놓게 됩니다. 그때부터는 생각대로 움직이지 않습니다.

만약 주식 시장에서 성공한 억만장자를 만나 그만의 투자 비법을 몰래 전수받는 행운을 얻었다면 어떨까요? 당장 전 재산을 탈탈 털어 증권사 객장으로 달려가 몰빵하면 나도 곧 억만장자 대열에 합류할 수 있을 것 같죠? 그런데 문득 이런 의심이 스쳐갑니다. "이 방법이 몇 년 전에는 맞았는데, 이번에도 통할까?"

투자의 세계에는 정답이 없습니다. 가능한 한 검증된 투자 상품을 검증된 투자 기법을 통해 성공 확률을 높이는 수밖에요. 투자 종잣돈을 모으는 3년간 경제 흐름을 읽을 수 있도록 다양한 방법으로 공부하면서, 소액으로라도 직접 투자 경험을 쌓아야 합니다. 그래야 목돈이 생긴 후 진짜 투자를 할 때 최대한 실수를 줄일 수 있습니다. 재테크의 시작과 끝이 다 돈과 관련되어 있기 때문에 더 신중해야 하고, 그만큼 철저하게 준비해야 합니다.

💲 인플레이션을 이기려면

1997년 외환위기 이후에 IT 버블 붕괴, 카드 사태, 글로벌 금융위기, 그리고 유럽과 미국 정부 재정위기로 촉발된 소버린 리스크까지 10여 년 사이에 굵직한 위기가 네 차례나 있었습니다. 2, 3년에 한 번 꼴로 위기가 몰아닥친 셈입니다. 특히 2007년 말 미국 서브프라임 모기지 채권 부도에서 촉발된 글로벌 금융위기 때 코스피는 1년 새 지수 2000에서 900까지 절반 이상 반토막이 날 정도로 우리나라 주식 시장을 공포로 몰아넣었습니다. 이렇게 무서운 환경 속에서 뾰족한 정답도 없다면서 안전하게 그냥 은행 예금이나 적금을 들지, 도대체 왜 투자를 하라고 장황하게 설명하는 걸까요?

지금 재테크 환경은 그렇게 녹록하지 않습니다. 저금리 상황이 지속되고 있고 예전과 같은 고금리 상품은 만나지 못할 가능성이 높습니다. 대신 물가가 상당 기간 동안 안정되고 있어서 그래도 은행 예금 금리가 물가 상승률보다는 높지 않느냐고 반문할 수 있습니다. 하지만 물가와 시중 금리를 비교할 때 기본적으로 고려해야 할 중요한 포인트가 하나 있습니다. 여러분이 취직해서 약 30년간 노후 준비를 한다고 할 때 예금은 기본적으로 단리로 쌓이고, 또 중간에 멈추는 경우도 생깁니다.

하지만 물가는 30년간 복리로 꾸준히 오릅니다. 앞에서 살펴봤듯이 기간이 길어질수록 단리와 복리의 차이는 엄청나게 벌어지게 되겠죠. 따라서 시중 금리에서 물가를 뺀 실질 금리가 매년 플러스 값을 갖는다 하더라도 은행 예금만으로 복리로 쌓이는 물가를 따라잡는 것은 불가능합니다. 모자라기 마련인 노후 자금 마련을 위해서 자산의 일부분은 투자를 통해 플러스알파의 수익을 노려야 합니다.

💲 괜찮은 상품 찾기, Know myself!

많은 사람들이 저금리 시대에 투자할 만한 괜찮은 상품이 없느냐고 질문합니다. 그러면서 요즘 시장에서 투자 성과가 좋고 돈이 몰리는 금융 상품을 찾아 나섭니다. 그런데 돌이켜보면 유행을 쫓는 투자는 결과가 그리 좋지 못했습니다. 개미 투자자에는 항상 '상투'라는 말이 따라다니죠. 왜 그럴까요?

기본적으로 재테크에 대한 최초의 질문이 틀렸기 때문입니다. 재테크란 좋은 투자 상품을 찾는 게 아니라 내게 맞는 상품을 고르는 거라는 사실을 혼돈했기 때문이죠. 따라서 투자를 결정하기 전에 해야 할 첫 번째 질문은 "나의 투자 성향과 내 상황에 맞는 투자처는 어디일까?"이고, 그 대답을 찾아야만 좋은 결과를 얻을 수 있습니다.

은행이나 증권사 지점에 가면 일반 창구가 있고 VIP를 위한 룸이 따로 있습니다. 돈 많은 부자들은 복잡하게 번호표를 뽑지 않고도 푹신한 소파에 앉아 극진한 대접을 받습니다. 그렇다면 VIP를 위한 룸에는 일반 창구보다 더 좋은 상품을 팔까요? 당연히 아니겠죠. 같은 지점 내에서 모두 동일한 상품을 판매합니다. 다만 VIP 고객에게는 나이, 재산, 직업, 자녀 등 기본적인 데이터뿐만 아니라 수많은 질문과 대화를 통해 투자 성향을 파악하고 다양한 포트폴리오를 제시합니다.

그렇다면 우리 같은 일반 창구 고객들은 어떻게 해야 할까요? 방금 말한 내용들을 혼자서 정리하면 됩니다. 내 상황이 어떻고, 앞으로 3년 후, 5년 후, 10년 후에 어떻게 될 거며, 돈이 얼마 필요하니까 그때까지 원금 얼마에 어느 정도 수익을 올려야겠다는 식으로요.

따라서 재테크 초보자들이 목돈을 모으는 3년 동안 반드시 해야 할 일은 나는 어떤 투자 스타일인가를 파악하는 겁니다. 아울러 다양한 상품의 투자 구조와 적절한 투자 기간, 그리고 기대 수익률 등을 공부해야 하고, 내 성향과의 궁합을 따져보세요. 그냥 생각만 해서는 알 수 없고, 소액으로 직접 경험해보는 게 가장 확실합니다.

적립식 펀드 파헤치기

.
.
.

💲 적립식 펀드, 투자 방정식을 풀어라

많은 사람들이 적립식 펀드라는 단어를 그냥 하나의 고유명사 정도로 알고 있습니다. 적립식 펀드는 '적립식'과 '펀드'가 합쳐진 말입니다. 우리는 투자를 결정할 때 두 가지를 생각해야 합니다. 투자 종목을 골라야 하고, 매수 방법을 결정해야 하죠. 적립식 펀드는 이에 대한 답으로 '펀드를 적립식으로' 투자한다는 말입니다. 예를 들어 한 회사의 주식을 사고 싶은데 정확하게 언제 사야 하는지 자신이 없다면, 매달 15일에 한 주씩 적립식 방법으로 매수할 수도 있습니다. 혹은 펀드를 매수하는데 적립식 방법이 아닌 주가가 1% 이상 떨어지는 날에만 투자한다고 나름대로 규칙을 정할 수도 있습니다.

우리는 이제 막 증시를 향해 첫발을 뗀 왕초보니까 위험도가 낮은 상품을, 비교적 안전하다고 인정되는 방법으로 투자 조합을 만들어야 겠죠. 답이 이미 80% 이상 나왔네요. 힌트는 바로 '적립식 펀드' 안에 있습니다.

💲 적립식을 파헤쳐봅시다

투자는 '동물적 감각' 영역에 속한다고 합니다. 동물적인 직감으로 주가가 오르기 직전에 매수하고, 또 꼭지를 찍었다고 생각될 때 정확하게 빠져나오면 백전백승이겠죠. 하지만 그런 능력을 갖고 태어난 사람이 얼마나 될까요? 얼마 전에는 구글에서 빚, 주식, 식당 같은 단어가 검색 순위에 오르면 주식을 팔고 환경, 재미 같은 단어가 많이 검색되면 주식을 사라는 연구 결과도 나왔습니다. 증시에 영향을 주는 사람들의 심리를 구글 검색어로 미리 엿보겠다는 아이디어인데, 7년간 최고 326%라는 수익률을 올렸다니 놀랍습니다. 이렇게 수많은 전문가들이 개인적인 판단을 쏙 뺀 알짜 투자 시스템을 개발하려고 연구 중입니다.

비슷한 방식으로 평범한 개인 입장에서 시도해볼 만한 시스템이 적립식 투자법입니다. 매달 일정한 날을 정해놓고 일정한 금액을 투자하도록 자동 이체 시스템을 만들면 끝! 그렇게 하면 주가가 떨어지면 더 많은 주식을 모을 수 있고 주가가 오르면 상대적으로 적은 양의 주식을 살 수 있습니다. 그러면 매수 단가가 저절로 낮아지는 효과를 얻을 수 있는데, 이를 '달러 코스트 에버리지' 효과라고 합니다.

여기서 명심할 점! 적립식 펀드에 장기간에 걸쳐 투자하면 비교적 안전하게 수익을 낸다고는 하지만, 시장이 어떻게 움직이느냐에 따라 손해가 날 가능성은 항상 있습니다. 오늘부터 적립식 투자를 시작했다면 다음 달에는 오늘보다 더 싸게 살 수 있기를 기도하세요. 한동안은 마이너스 수익률을 기록하더라도 속상해하지 말라는 말입니다. 꾸준히 넣는 게 가장 중요합니다. 떨어질 때 떨어져도 언젠가 오르기 마련이고, 그때는 지금 넣는 돈이 더 큰 수익을 위한 기반이 될 테니까요.

$ 세상에서 가장 안전한 펀드는?

이제 어떤 펀드에 가입할지가 문제네요. 주식형 펀드는 크게 두 가지로 나눌 수 있습니다. 하나는 액티브 펀드로 우리들이 많이 알고 있는 주식형 펀드가 여기에 속합니다. 또 다른 하나는 종합주가지수와 똑같이 움직이도록 운용되는 인덱스 펀드입니다.

주식형 펀드를 운용하는 펀드 매니저는 주식 시장의 모든 종목을 살 수 없으니, 보통 50개 정도의 종목을 선택해 집중 투자합니다. 대부분 대형 우량주 중심으로 편입하기 때문에 대체적으로 종합주가지수와 비슷한 흐름을 보이지만, 펀드마다 편입한 종목이 다르고 비중이 다르기 때문에 수익률은 그야말로 천차만별이죠. 펀드 매니저는 자신이 운용하는 펀드 수익률이 기본적으로 종합주가지수보다 높도록 종목을 고르고 골라 적당한 타이밍에 사고팝니다. 우리가 지급하는 수수료는 바로 이런 노력의 대가인 거죠.

반면 인덱스 펀드는 최대한 주가지수하고 똑같이 움직이게 만든 코스피 축소판이라고 할 수 있습니다. 인덱스 펀드는 종목을 따로 고르고 어쩌고 할 필요가 없어 펀드 매니저의 가치 판단이 개입될 여지가 없고, 운용하는 데 추가로 들어가는 노력도 없습니다. 따라서 인덱스 펀드 수수료가 일반 주식형 펀드 수수료보다 저렴하죠.

아무래도 투자 전문가인 펀드 매니저가 신경 써서 운용하니까 코스피 수익률보다 당연히 높을 거라는 기대로 별 의심없이 수수료를 지불하고라도 주식형 펀드에 가입합니다. 그런데 과연 그럴까요? 미국의 통계를 살펴보면 수익률 성적 100위 안에 드는 펀드가 2년 연속 100위 안에 들 확률은 대략 10~20%를 넘기기 힘듭니다. 우리나라의 경우도 3년에서 5년 누적 수익률이 벤치마크보다 초과 수익을 내는 펀드는 5% 내외에 불과합니다.

비싼 수수료 내고 주식형 펀드에 장기 투자해봤자 그냥 인덱스 펀드 수익률보다 좋을 확률이 5% 정도라면 차라리 수수료가 저렴한 인덱스 펀드에 투자하는 게 좋겠죠.

주식 투자 수익률 1% 높이기

💲 성공 투자의 첫걸음 '주식 시황 판단'

다소 극단적인 두 가지 경우를 예로 들어보겠습니다.

2007년 말에 글로벌 금융위기 직격탄을 맞은 후 2008년, 코스피는 반토막이 났습니다. 만약에 A라는 투자자가 이때 주식 투자에 처음 입문해서 부지런히 종목을 분석하고 남들이 모르는 정보도 캐내고 하면서 투자에 임했다고 할 경우 그의 성공 확률은 얼마일까요? 반면 B라는 투자자는 2009년에 주식 투자를 처음으로 시작했습니다. 그는 주식 투자를 하기는 하지만 주식에 대해 아는 것도 많지 않아서 그냥 우리나라 대표 기업에 투자했습니다. 그런데 마침 2009년부터 증시가 급반등하면서 장기간 상승 곡선을 그렸습니다. B의 첫 주식 투자는 과연 성공적이었을까요?

2008년 시장이 패닉에 빠질 정도의 급락장에서는 아무리 종목 선정에 공을 들이고 대박 정보를 얻었다고 해도 살아남기 힘들었을 겁니다. 반면 2009년 상승장에서는 별다른 노력을 기울이지 않아도 시장 분위기에 따라 어느 정도의 수익은 쉽게 거둘 수 있었습니다.

이게 주식 투자를 하는 데 있어서 어떤 종목에 투자할지 분석하기에 앞서 증시 시황을 체크해야 하는 이유입니다. 주식을 사도 될 때의 시장 상황을 골라서 투자에 나선다면 성공 확률을 1%라도 높일 수 있습니다. 반대로 시장 상황이 어수선할 때는 "쉬는 것도 투자"라는 말을 되새기면서 쉬어가는 여유가 필요합니다.

💲 매달 둘째 주 목요일을 주목하라

증시에서 가장 중요한 날은 둘째 주 목요일입니다. 매월 둘째 주 목요일이 지수, 종목 옵션 만기일이고 3월, 6월, 9월, 12월 두 번째 목요일에는 지수, 종목 선물 만기일이 더해지기 때문입니다. 한 달간 옵션 거래의 성패가 두 번째 목요일에 결정되기 때문에 이날 주가의 움직임은 그야말로 전쟁터를 방불케 합니다. 2010년 11월 옵션 만기일 장 마감 10분 전부터 도이치증권 창구에서 순식간에 1조 8,000억 원 규모의 프로그램 매도 물량이 쏟아지면서 주가를 2.7%를 떨어뜨린 사건도 있었죠. 3개월에 한 번씩 찾아오는 선물 만기일에 프로그램 매매와 관련한 선현물 청산 거래 규모가 클 경우에는 만기일 전후로 변동성이 커집니다.

하나 더 추가하자면 매월 둘째 주 목요일에는 또 하나의 빅 이벤트가 있습니다. 바로 기준 금리를 결정하는 금융통화위원회가 열리는 날이기도 합니다. 채권뿐만 아니라 모든 자산 포트폴리오에 금리가 미치는 영향이 크기 때문에 금융통화위원회 결과에 항상 주목해야 합니다.

💲 주식 매수 or 매도, 당신의 기준은?

주식을 잘 사고 잘 파는 방법에 정답은 없습니다. 주식 시장에서는 논리와 이유는 다 필요 없고 그저 돈 많이 버는 사람이 정답입니다. 하지만 주식 투자에서 성공한 사람들은 모두 자신만의 매매 스타일을 가지고 있는 것만은 분명한 사실입니다.

주식 투자에 나서기 전에 시장을 분석하고 종목을 고르는 작업이 중요하다는 건 누구나 알고 있지만 의외로 매매 시나리오에 대해서는 생각하지 않죠. 그러다 탐욕과 공포 사이에서 갈팡질팡 갈피를 못 잡고 큰 손해를 본 후에야 그 중요성을 깨닫습니다.

당신은 주식이 오르는 날 매수를 하겠습니까, 아니면 떨어지는 날 사겠습니까?

일단 전형적으로 떨어질 때 주식을 사서 오르면 파는 방법으로 '가치투자형' 스타일이 있습니다. 워런 버핏이 바로 이 가치투자형의 대가로 알려져 있습니다. 장기 전망은 뛰어난데 현재 그 가치를 인정받지 못하고 지나치게 저평가되어 있는 흙 속의 진주를 발굴해 중장기로 투자하는 방법입니다. 가치투자형은 성공하면 몇 배 대박을 낼 수는 있습니다. 하지만 떨어질 때 공포를 이겨 매수하고, 오르는 시기에 탐욕을 접고 매도하는 게 결코 쉬운 일은 아닙니다.

반대로 달리는 말을 골라서 타는 '추세추격형' 매매가 있습니다. 주식이 오를 때 사서 떨어질 때 파는 방법입니다. 증시 상승기에는 항상 상승장을 주도하는 주도 주 혹은 주도 업종이 있기 마련인데요. 얼마 전에는 '차·화·정'이 있었고 최근 들어서는 '진격의 전차'라는 이름으로 삼성전자를 중심으로 한 전기전자 업종과 현대차 주도의 자동차 주가 시장을 이끌고 있습니다. 추세추격형 매매 기법은 탄력을 받고 오르는 종목을 골라 추세가 꺾일 때 털고 나오는 방법입니다. 상한가 따라잡기 등 단타 매매 기법도 이 범주에 속한다고 할 수 있는데, 간혹 이런 스타일이 투기적인 느낌을 주어 위험하게 여길 수도 있지만, 시장의 추세를 읽고 매매한다는 점에서 초보자들이 접근하기에는 더 쉬울 수도 있습니다.

다시 한 번 강조하지만 주식 시장에 정답은 없습니다. 중요한 건 나만의 종목 선택 기준과 매매 스타일을 정하고 언제 어느 상황에서든 그 기준에 따라 투자하는 겁니다.

돈이 저절로 굴러가는
부자 습관 배우기

부자 감각과 부자 노트
ELS, 채권, 부동산(전월세)
연말정산, 재무 플랜……
"왕초보 다인, 1억을 향해 전진!"

'이웃집 부자'와의
브런치 모임

:

주식 투자 세 번째 수업에서는,
언젠가 실제로 투자를 하게 된다면
시장에 꼭 물어봐야 할 질문에 대해 배웠다.
ETF부터 주식 투자까지
나날이 어려워지는 중급 코스 수업.
생소한 투자 상품의 홍수에 힘들어하는
다인과 소연을 위해
허 셰프가 특별한 수업을 준비했다.

재테크 스승님의 스승님을 만나다

"그럴 것 같죠? 아닙니다. 의외로 자수성가한 부자들이 많아요. 상속 부자보다 훨씬 많아서 놀라실걸요? 제가 알기로는 부자 열 명 중 일곱 명은 자수성가한 사람들이랍니다!"

브런치 수업에 처음으로 지각을 했다. 어제 오랜만에 고등학교 동창 모임에서 술을 좀 마셨더니……. 안국역인데 왜 안 오냐는 소연의 전화를 받고서야 일어났다. 부랴부랴 준비하고 '경성이브'에 도착하자 처음 보는 노신사가 강의를 하고 있다.

"아, 한 분 더 오셨네요. 어서 오세요. 지금 막 부자 이야기를 하던 참이었습니다."

"늦어서 정말 죄송합니다. 윤다인이라고 합니다."

"괜찮습니다, 차 한 잔 마시고 수다 떨다가 이제 시작했거든요. 저는 임진우라고 합니다. 오랜만에 서울 와서 허 셰프에게 밥 좀 얻어먹으러 왔더니, 밥값 하라고 절 여기에 세워놓네요. 역시 세상에 공짜 밥은 없나 봅니다."

셰프랑 똑같은 말씀을 하시네. 사람들이 유쾌하게 웃자 허 셰프가 주방에서 달려 나왔다.

"선생님, 누가 들으면 진짜인 줄 알겠어요! 다인 씨, 저의 재테크 스승님이십니다. 제주에 사시는데, 몇 년 만에 올라오셨어요. 좋은 말씀 좀 부탁드리려고 오늘 특별히 모셨답니다."

앗, 재테크 스승님의 스승님이시구나! 늦게라도 허겁지겁 달려온 보람이 있는걸!

"여러분이 소중한 시간을 투자하신만큼 도움이 되어야 할 텐데요. 제가 한 거라고는 '부자들'을 연구한 것밖에 없어서요. 그 이야기를 조금 해드리려고 합니다."

부자학 강의를 듣다

"부자들을 연구하셨다고요? 어떻게요?"

"사실 이 '브런치 수업'은 제가 원조입니다. 허 셰프가 표절한 거죠! 저는 약 20년 전에 '부자들과의 브런치 모임'을 만들었답니다. 동네 잘나가는 식당 사장들, 집 앞 상가 건물 주인들과 밥을 먹으며 인터뷰를 했죠. 그때는 브런치라는 개념도 몰라서 시간이 되는 대로 조찬이나 점심 모임으로 대신했지만요."

"워런 버핏과의 점심, 뭐 그런 건가요?"

정훈 씨의 물음에 노신사가 미소를 짓는다.

"제게는 그런 셈입니다. 평범한 은행원이던 제가 '경제적 성공'을 이뤘으니까요. 제 비결은 단 하나, 수많은 부자들을 만나보고 따라한 것이었습니다."

오! 뭔가 재미있는 이야기가 나올 것 같은걸.

"아까 말씀드린 대로 제가 인터뷰한 부자들은 모두 자수성가한 분들이었습니다. 부모 재산 물려받은 상속형 부자들은 비결이랄 게 없잖아요. 제가 묻고 또 물었던 질문은 이것이었습니다. 부자가 될 기회는 어떻게 왔는가?"

"부자가 될 기회는 어떻게 왔는가?"

누가 먼저랄 것도 없이 사람들이 합창을 했다. 노신사가 고개를 끄덕이더니 덧붙인다.

"그리고 그 기회를 어떻게 잡았는가? 여러분께 질문 하나 해볼까요? 자수성가한 수십 억대 자산가들은 평생 몇 번의 투자 기회를 잡았을까요?"

열 번, 스무 번, 백 번…… 다양한 답변이 쏟아졌다. 그런데 정답은 정말 의외였다.

"흔히들 그렇게 생각하시는데, 정답은 두세 번입니다. 그것도 평생에 걸쳐 두세 번이죠."

부자 될 기회가 100년에 두세 번 온다면

"100년을 산다고 가정할 때 두세 번이란 말인가요? 진짜요?"

"네, 그렇습니다. 여기서 우리는 두 가지 깨달음을 얻을 수 있습니다. 특히 다인 씨나 소연 씨 같은 젊은 세대는 이걸 기억하셔야 해요. 기성세대가 경제 성장의 열매를 다 따먹어서 우리에겐 기회가 없다는 박탈감을 많이 느끼시잖아요? 그런데 앞으로 평생 재테크 기회가 두세 번은 꼭 오니까 잘 잡겠노라 생각을 바꾸시라는 겁니다. 돈은 돌고 도는 거고, 경제도 살아 움직이는 거니까요."

앞으로 평생 동안 두세 번의 기회가 올 것이다. 그걸 잡기 위한 준비를 하자!

"그리고 그 말을 뒤집어보면 두 번째 교훈을 알 수 있죠. 100년 동안 기회가 두세 번밖에 안 오니까, 재테크에 목숨 걸지 말고 하루하루를 행복하게 살자!"

"네에? 그건 좀 이해가 안 가는데요?"

"우리가 사냥꾼이라고 생각해봅시다. 돈을 벌기 시작하는 스물다섯 살부터 시작해서 40년간 두세 번의 사냥감이 온대요. 그럼 그 40년간 하루도 빠지지 않고 사냥감이 오는지 안 오는지 만을 지키고 있어야 할까요? 그렇게 할 수도 없지만, 그러면 인생이 너무 허무하지 않겠어요? 저라면 그냥 아르바이트로 여행 가이드 하면서, 끝나면 맥주도 한 잔 마시고 사람들이랑 수다도 떨면서 행복하게 지낼 겁니다. 주기적으로 총도 손질하고 사냥터 분위기도 익히긴 하겠지만요."

"무슨 말씀인지 알겠습니다. 그런데 방심한 사이에 사냥감이 지나가 버리면 어쩌죠?"

"물론 그럴 수도 있죠. 평생 그 기회가 안 오는 사람도 있고, 기회를 잡고도 돈을 다 날려버리는 사람들도 있으니까요. 일단 사냥감이 지나다니는 길목을 지키면 실패 확률이 줄어들겠죠? 그래서 저는 부자들에게 이렇게 물어봤습니다. 부자가 될 기회는 어디서 왔는가?"

부자가 될 기회는 어디서 왔는가

"저도 그게 가장 궁금합니다. 평소 점심 먹으러 식당엘 가도 손님이 꽉 차 있고, 커피를 마시러 가도 인산인해! 그러면 회사 동료들끼리 그러죠. 아, 이런 장사를 해야 하는데……."

"예나 지금이나 똑같나 봅니다. 저도 그랬죠. 그런데 아마 그 집을 그대로 인수받아 장사를 했다 하더라도 아마 저는 성공시키지 못했을

거예요. 많은 자수성가 부자들의 결정적 기회는 '나만의 일'에서 왔거든요."

"나만의 일이라고요?"

"네, 제가 10여 년간 머릿속으로 생각만 하던 걸 말콤 글래드웰이라는 작가가 명쾌하게 설명했더군요. '1만 시간의 법칙'이라고 이름까지 붙여서 말이죠."

"아, 1만 시간의 법칙! 저도 압니다. 특별한 성취를 하거나 그 분야의 대가가 된 사람들은 1만 시간의 노력을 했더라는 거죠?"

"네, 그렇습니다. 제가 만난 자수성가 부자들의 성공 기회는 대개가 자신의 일을 10년 이상 한 후에 찾아왔습니다. 그 기회를 놓치지 않은 사람들이 자신이 원하는 경제적 성공을 거둔 건 물론이고 그 업종에서 소문난 성취를 이뤘더라는 겁니다."

'나만의 일, 1만 시간의 법칙'을 메모했다. 소연이도 똑같이 메모를 하고 있었다.

"어려운 이야기가 아닙니다. '자기 일 열심히 하는 게 최고의 재테크'라는 말씀들 많이 하시잖아요. 좋아하고 잘할 수 있는 일이라면 그 일에 최선을 다해보십시오. 언젠가 '기회'가 오면 그걸 바로 알아볼 수 있을 테니까요."

"자, 이제 식사할 준비들 하시죠? 선생님께서 가져오신 제주 갈치와 옥돔으로 제가 솜씨 한번 부려봤습니다! 모자란 부분은 수제자인 제가 레시피로 채워드릴게요!"

제주 갈치와 옥돔이라니! 재미있는 부자학 강의도 듣고 오늘은 여

러 가지로 특별한 브런치 수업이다. 나도 내 일과 내 기회, 꼭 놓치지
말아야지.

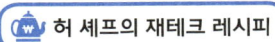 허 셰프의 재테크 레시피

부자들의 동물적 감각을 배워라

1. 부자는 돈이 흐르는 길목을 지킨다

부자들이 돈에 대해 내리는 판단에는 합리적이거나 논리적으로
설명할 수 없는 뭔가가 있다. 돈 냄새를 맡고 감각적으로 민첩하
게 움직이는 그들. 그래서 경기를 전망할 수 없을 만큼 혼란스
러울 때 신문 재테크 면에서는 강남 PB들의 입을 빌려 부자들
이 경기를 어떻게 진단하고 어떤 식으로 움직이는지 힌트를 얻
으려 노력한다. 경기가 나빠서 주식이 계속 빠지고 있지만 ○○
전자를 중심으로 주식을 사 모으기 시작했다거나, 아니면 주식
이 불같이 오르고 있는데 그들은 이미 차익 실현을 하고 금고
에 골드바를 쌓아놓고 있다는 식의 기사를 종종 볼 수 있다. 부
자들은 결코 돈의 뒤를 쫓아다니지 않는다. 돈이 흘러가는 길
목을 지키고 서 있을 뿐이다.

2. 부자들의 감각, 비슷하게라도 흉내 내기

부자들의 동물적인 감각은 돈 주고 배울 수 있는 게 아니다. 우

리들이 할 수 있는 최선의 방법은 그저 부자들 뒤를 따라다니며 돈이 지나가는 길목 근처에서 부자 흉내를 내는 것이다. 부자들이 지금 무슨 생각을 하고, 내일 어디에다 투자할지 알 수는 없지만 그들의 투자 패턴을 간접적으로 엿볼 수 있는 하나의 단서가 있다. 바로 금리다. 금리는 1%만 움직여도 주식과 채권, 그리고 환율 시장까지 경제 전체에 엄청난 영향을 미친다. 부자들은 금리 변동에 민감하게 반응해 돈을 움직일 뿐만 아니라 그에 따른 여타 경제 변수들의 움직임까지 예측하고 그에 맞게 적절하게 대응한다. 미국의 출구 전략이 시행되는 지금부터가 금리와 돈의 흐름을 공부할 수 있는 절호의 기회다. 꼼꼼하게 봐두면 평생 유용한 공부가 된다.

3. 돈이 어디로 갈지 '달걀'에게 물어봐라?

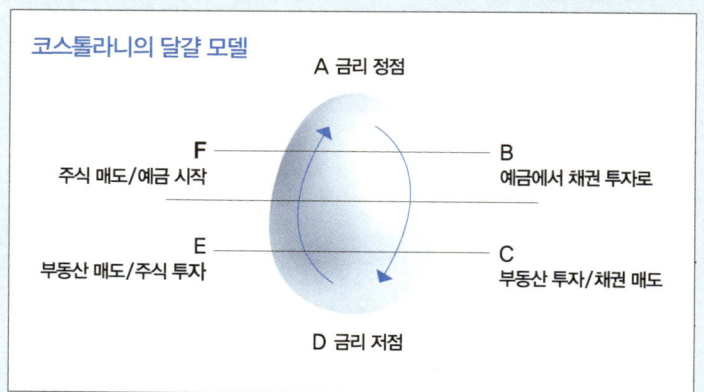

채권으로, 채권에서 부동산으로, 그리고 다시 주식으로 금리 수준을 고려해 미리 자금을 이동시킨다.

한 가지 눈여겨봐야 할 점은 부자들이 이런 식으로 자금을 이동하면 주식이건 채권이건 언제나 가격이 바닥일 때 사서 머리에서 파는 게 아니라 무릎에서 사서 어깨에서 파는 방법으로 한 발짝 먼저 움직인다는 점이다. 이렇게 발 빠르게 움직이려면 경제 움직임에 항상 촉각을 곤두세우고 있어야 한다. 매일 경제 뉴스를 체크하고 시장을 보는 눈을 키워야 하는 이유가 바로 여기에 있다.

허 셰프의 부자 노트 훔쳐보기

:

허 셰프의 스승님이
자수성가 부자들에 대해 이야기해주었다.
부자들의 기회는 '나만의 일'에 10년 이상 몰두했을 때
찾아온단다. 스승님은 소연과 다인에게도
두세 번의 기회가 올 거라고 격려해주었다.
그런데 너무 막막하다.
구체적인 방법은 없을까.

그 남자의 옛날 일기를 발견하다

"어? 이건 뭐지? 다이어리 같은데."

무심코 첫 표지를 넘기자 낯익은 글씨가 눈에 띈다.

'습득 시 돌려주시면 후사하겠습니다, 허윤회'

이거 셰프의 다이어리잖아! 게다가 다이어리 제목이 '부자 노트'야!

지난 번 부자 수업 이후로 부자 이야기가 궁금했는데, '경성이브' 책꽂이에 부자 관련 책이 많았던 생각이 나서 오늘 수업에 30분 일찍 도착했다. 셰프가 내려준 커피를 마시며 혼자 책꽂이를 뒤적거리다가 다이어리를 발견한 것이다.

"네? 부자 수업 2탄이요? 갑자기 왜……."

"제가 셰프의 옛날 다이어리를 찾았거든요. 여기 돌려주면 후사하겠다고 써놓으셨잖아요. 저는 이 다이어리, 아니 부자 노트에 적힌 내용이 너무너무 궁금해요! 알려주세요!"

'부자 노트'라는 말에 다른 사람들의 눈빛도 반짝거렸다.

"별 거 없을 텐데요. 제가 경제적 성공을 이루기 전에 부자들 인터뷰도 하고 관련 책도 읽고 하면서 정리해놓은 것들입니다. 여기로 이사하면서 안 보여서 어디 갔나 했더니, 책꽂이에 있었군요!"

"제가 몰래 읽고 싶은 마음을 꾹 참고 첫 번째 장만 봤는데 '부자가 되는 3단계 법칙'이라고 써 있던데요? 오늘 수업은 다음 주로 미루고 부자 이야기해주시면 안 될까요?"

이거 왠지 학교 때 수업하기 싫어서 첫사랑 이야기해달라고 졸라대던 느낌인걸?

"다른 분들도 괜찮으시다면 이야기해드릴게요. 일단 경제 신문 공부 먼저 하고 계세요."

사람들이 박수를 쳤다. 셰프가 주방에서 뚝딱뚝딱 하더니 삶은 계란과 고구마, 김치를 한가득 담아들고 왔다.

"오늘 점심 준비가 조금 늦어질 것 같으니 먼저 간식이라도 드시면서 들어주세요."

황금알을 낳는 거위의 법칙

"제가 경제적 성공을 이루기 위해 지켰던 첫 번째 법칙은 '황금알을 낳는 거위'를 만드는 거였습니다."

"황금알을 낳는 거위라고요?"

잘 삶아진 달걀을 한 입 베어 물었다. 따끈하고 포슬포슬한 노른자가 입 안에서 살살 녹는다. 그런데 황금알을 낳는 거위는 대체 뭐지?

"맨손으로 부를 일군 사람들은 먼저 본능을 거스른 사람들입니다. 어려운 말 같지만 쓸 것 안 쓰고 먹을 것 안 입고 종잣돈을 모았다는 뜻이죠. 그 종잣돈이 바로 '황금알을 낳는 거위'입니다. 일단 알을 낳을 수 있을 만큼 잘 키워야 하고, 절대로 배를 가르면 안 된다는 점에서 아주 적절한 비유인 것 같아요. 꼭 필요하지 않은 지출을 미루고 거위를 키워놓으면 황금알을 낳게 되고, 그 황금알로 나중에 지출하는 구조를 만들면 인생이 훨씬 풍요로워집니다. 여러분들도 다 알고 계시는 '선저축 후지출'의 법칙인 거죠."

일단 묻지도 따지지도 말고 종잣돈부터 모아라! '경성이브'를 알게 된 후 몇 달째 차곡차곡 쌓이고 있는 적금 통장을 떠올리며 나는 노트에 '황금알을 낳는 거위'라고 메모했다.

"아, 저도 요즘 비슷한 걸 느끼고 있습니다. 저랑 입사 동기인 친구가 있는데, 저는 차를 안 샀고 그 친구는 입사하자마자 중형차를 샀거든요. 그 후 3년 동안 똑같은 월급을 받았는데, 저와 그 친구의 자산이 생각보다 많이 차이나는 걸 발견했어요. 그때 결심했죠. 앞으로도 차 구입은 가능한 미루자고요. 지금 생각하면 참 잘한 일입니다."

용만 씨의 말에 몇 달 전의 내가 떠올랐다. 나도 소연이와 비교하면참 한심했지.

"요즘은 저금리 시대라서 쏠쏠한 황금알을 얻기가 쉽지는 않지만그래도 기억해두세요. 종잣돈을 쥐고 있어야 재테크 기회를 잡을 수있는 법이니까요."

나만의 파이프라인 만들기

"황금알을 낳는 거위를 만들고 나면 두 번째로 파이프라인을 만들어야 합니다."

"네? 파이프라인이요? 그것도 일종의 비유인가요?"

"그렇습니다. 경제 활동에서 은퇴하는 부모님 세대가 가장 바라는게 뭔지 아십니까? 바로 월세 받으며 사는 겁니다. 요즘은 시들해졌지만, 월지급식 상품이 선풍적 인기를 끌었던 적이 있었죠. 그만큼 '고정 수입이 끊어진다는 것'에 대한 공포는 상상을 초월합니다. 그래서부자가 되기 위해서는 나만의 파이프라인을 만드는 게 필수입니다."

"그 파이프라인이라는 게 월세 같은 건가요?"

"내가 일을 하지 않아도 돈이 들어온다는 점에서 비슷합니다. 『파이프라인 우화』라는 책도 있어요. 쉽게 설명해볼게요. 매일 물을 사용해야 살아남을 수 있는데, 집에서 멀리 떨어진 곳에 우물이 있다고 가정해봅시다. 매일 물을 뜨러 우물에 갔다 와야 하는데, 한 번 왕복하면 하루가 가고 길어올 수 있는 물의 양도 두 양동이에 불과해요. 몸이 아파 우물에 가지 못하면 꼼짝없이 물 한 모금 마시지 못한 채 버텨야 합니다. 어때요? 샐러리맨들의 삶과 비슷하지 않나요?"

갑자기 분위기가 우울해졌다. 출근하지 않으면 월급도 없다. 만약 해고라도 당하면 몇 달이나 버틸 수 있을지 모른다.

"그런데 우물에서 집까지 파이프라인을 연결하면 매일 왔다갔다하지 않아도 됩니다. 지금부터 자기만의 파이프라인을 만들겠다는 계획을 세워야 해요. 부동산을 사서 월세를 받겠다거나, 나만의 아이템을 만들어 판다거나 해서 지속적인 수입 구조를 만드는 거죠."

아, 그래서 파이프라인이라고 부르는 거구나. 설명을 듣고 나니 이해가 된다.

"물론 쉽지 않은 일이지만 매일 물통을 나르는 틈틈이 고민해야 합니다. 지금부터 어디에 투자해야 지속적인 수입 구조를 만들 수 있을지 머리를 굴려야 한다는 뜻이죠."

나만의 부자 다이어리를 만들자

허 셰프가 다이어리 페이지를 넘기며 보여주었다. 신문을 스크랩해놓은 것과 빼곡하게 메모를 해놓은 것, 영수증을 붙여놓은 것과 재정 목표를 세워둔 것까지 다양했다.

"이게 7, 8년 전에 썼던 다이어리입니다. 저의 스승님이 외환위기 때 경제적 자유를 얻으셨듯이, 저 역시 2008년 금융위기 때 경제적 성공을 거뒀습니다. 물론 운이 좋았죠. 하지만 시장의 움직임을 열심히 따라가지 않았다면 큰 손해를 볼 수도 있었을 겁니다."

다들 위기라고 해도 돈 버는 사람들은 돈을 버는구나. 꼼꼼한 다이어리를 보니 셰프가 얼마나 열심히 공부했는지 알 것 같다.

"그래서 저는 여러분께 '나만의 부자 노트'를 써보기를 권합니다. 원칙도 없고 방법도 자유롭습니다. 맘에 드는 노트를 사서 재정적인 목표도 써보고, 읽었던 재테크 책 감상도 써보고, 기억해둬야겠다 싶은 신문 기사도 오려서 붙여보는 겁니다. 물론 인터넷이나 휴대폰에 써도 되죠. 가계부랑 같이 써도 되고요."

셰프의 다이어리에는 '경제적 자유를 얻은 후 나의 목표'라는 일기도 있었다. 나만의 작은 레스토랑을 낸다, 다른 사람들에게 경제적 지식을 나눠 준다 등등. 그래서 '경성이브'가 생겨난 건가 보다. 뭔가 찡한 감동이 밀려왔다.

"도움이 되었는지 모르겠습니다. 갑작스런 수업이라 오늘 레시피는 뭘 알려드릴까 고민이네요. 식사 준비하겠습니다. 간식을 드셨으니 메뉴는 간단하게 열무 비빔국수로 할게요!"

집에 가서 당장 부자 노트 만들고 '경제적 자유를 얻은 후 나의 목표'도 꼭 써봐야지.

생각보다 가까운 부자들의 세계

1. 대박은 내 안에! 1인 기업가를 꿈꿔라

역사상 어느 시대를 막론하고 부자가 전체 인구의 5%를 넘어선 적이 없다. 즉 20대 1의 경쟁을 뚫어야 부자가 될 수 있다. 한국의 부자들은 금융 자산 10억 원, 총자산 30억 원 이상 보유한 사람들로 약 16만 명 정도라고 알려져 있다. 이 중 상속 부자는 5%에 불과하고, 부자들의 7, 80%가 스스로 부를 일군 자수성가형이다. 대박이 날 만한 아이템은 이미 다른 사람들이 시도했기 때문에 부자가 될 기회가 거의 없어졌다고 생각하지만, 이는 핑계에 지나지 않는다. 특히 경제위기 이후 부자 숫자는 급격히 늘었고, 자수성가형 부자 비율도 더 높아지는 추세다. 명심하자! 당신의 사소한 아이디어 하나, 엄마의 독특한 요리 레시피 하나가 큰 부를 가져다 줄 '황금알'인지도 모른다.

2. 부자들은 어떻게 재산을 모았을까?

수십 억, 수백 억 부자는 평생을 돈 버는 데 바쳤을까? 아니다. 재산 규모와 상관없이 그들이 지닌 부의 규모는 평균 13년 내에 결정된다. 돈은 13년 동안 피땀 흘려 벌고 그 후는 상속 등을 대비해 세금 줄이는 일에 몰두한다. 부자들 열 명 중 네다섯 명은 '일해서 번 돈'을 모아 종잣돈을 마련했다고 한다. 재산을 불리는 데는 부동산 투자 성공이 큰 역할을 한 것으로 나타났고, 주식 투자나 다른 재테크 수단을 통해서 부자가 된 경우는 많지 않았다. 여기서 포인트! 진짜 부자가 되고 싶다면 주식이나 재테크에 열을 올리기보다 지금 하는 일에 더 집중해서 몸값을 높이거나 전공을 살려서 사업에 뛰어들 궁리를 하라.

3. 자수성가 부자들의 3가지 성공 비결

실제로 자수성가형 부자 수십 명을 인터뷰한 결과, 공통적인 성공 비결을 발견했다. 첫째, 부자들은 사업 자금은 최대한 남의 돈을 빌려 마련하지만 개인적인 소비를 위해서는 절대 빚을 지지 않는다. 차를 살 때 30개월 할부로 사야 할 상황이라면 차 구입을 미루고 30개월 적금을 든 후에 현금으로 산다. 둘째, 한국에서 부자가 되기 위해서는 결혼 상대자로 자신의 일을 헌신적으로 도와줄 사람을 만나는 게 중요하다. 실제로 만나서 인터뷰를 진행했던 어느 부자는 친구들과 부부 동반으로 모임을 가져보면, 부부 사이가 좋을수록 큰 부를 일구었다는 점을 발견하고 살짝 놀랐다고 한다. 셋째, 지독하게 검소하고 끊임없이 노력하며 돈에 대해 냉철하게 판단한다는 점은 기본이다. 운이 나빠서 사업에 실패하는 경우는 있어도, 운만 좋아서 부자가 되는 경우는 없다는 게 자수성가 부자들의 공통적인 의견이다.

주식보다 겁나는
ELS의 정체

:

지난 시간에는 허 셰프가 경제적 성공을
이루기 전에 썼던 부자 노트로 수업을 했다.
'황금알을 낳는 거위'와
'파이프라인' 법칙에 대해 알게 된
다인은 '부자 노트'를 만들고
재테크 계획을 세운다.
그리고 다시 돌아온 중급 코스 수업.

주식보다 겁나는 너, 대체 누구냐?

"와, 장난 아니네요. 수십 개도 아니고 수백 개가 손실이래요! 이거야 원, 무서워서 들어가겠습니까? 저는 사실 주식보다 얘가 더 무서운데요."

"그래도 그 상품이 추종하는 주식보다는 손실이 적을걸요? 그게 그놈의 가장 큰 장점이거든요. '중위험 중수익'의 대표 주자라고 하죠. 특히 주식 시장이 횡보할 때는 이만한 효자가 없답니다."

"그래서 미리 공부해두자는 거죠? 제가 찾아보니까 손해가 났다는 뉴스에도 자금이 꾸준히 몰리고 있더라고요. 하긴 원금보장형도 있으니까 시도해볼 만할 것 같아요!"

"아, 원금보장형도 있죠? 그런데 투자하고 싶어도 이 상품은 특히 구조가 어렵고 조건도 복잡하더라고요!"

"바로 그걸 명심하셔야 해요. 상품 설계가 아주 복잡하기 때문에 특히 꼼꼼하게 설명서를 읽어야 합니다."

"그때 제가 질문했을 때 허 셰프가 그러셨어요! 금융 상품 설명서 중에 가장 중요하면서 가장 골치 아픈 두 개가 보험 약관하고 ELS 설명서라고요. 공부하는 셈 치고 시도해봤는데, 이건 뭐 수학 미적분보다 더 어려운 거 같아요."

오늘 중급 수업은 경제 신문 기사 한 꼭지로 시작됐다. 'ELS 상품 수백 개 손실'이라는 기사를 보고 (나는 알아듣지도 못하는) 다양한 의견들이 오갔다.

'ETF'도 간신히 외웠는데, 'ELS'는 또 뭐람? 일단은 조용히 사람들이야기를 들어보기로 했다. 그런데 들으면 들을수록 더 모르겠다. 아, 도움이 필요해!

ELS 제대로 파헤쳐보자, 팍팍!

"지금쯤 다인 씨가 마음속으로 저를 부르셨을 타이밍인데요?"

"드디어 오셨네요! 오늘 이야기는 하나도 못 알아듣겠어요. 도와주세요, 셰프!"

"네, 어려워하시는 게 당연합니다. 일단 질문 먼저 하겠습니다. 아까 정훈 씨께서 ELS가 주식보다 무섭다고 했는데, 그 이유가 뭘까요?"

"그, 글쎄요. 왠지 생소하기도 하고, 복잡해 보이기도 해서……."

"바로 그겁니다. 몰라서 무서운 거죠. 제대로 알면 전혀 무섭지 않습니다."

그래, 정신 차리자! 오늘은 ELS를 제대로 파헤쳐보는 거야!

"오늘 다룰 ELS(Equity-Linked Securities)는 삼성과 현대차 같은 특정 종목의 주식이나 코스피 같은 주가 지수를 기초 자산으로 해서 만든 신종 유가증권입니다. 그 기초 자산이 얼마나 오르내리는지에 따라 투자 수익이 결정되죠. 원금 손실 가능성을 감수하면서 연 8~15%의 고수익을 노릴 수도 있고, 원금보장형으로 리스크를 줄이면서 연 5~7% 수익을 추구할 수도 있습니다."

"그것도 어려운데요. 기초 자산이라는 건 뭔가요?"

"쉽게 설명해드리죠. '경성이브'라는 주식 종목이 있다고 가정해봅시다. 오늘 '경성이브' 주식의 가격을 기준으로 3년 안에 50% 이상 떨어지지만 않으면 '연 8% 수익을 돌려주겠다'고 투자자를 모으는 거예요. 이때 기초 자산은 바로……."

"경성이브 주식인 거죠!"

소연이와 내가 동시에 외쳤다. 오, ELS가 뭔지 조금 알 것 같은데?

"맞습니다. 이처럼 ELS는 주식과 연계된 상품이니까 고수가 주식을 분석하듯이 열심히 공부한 후에 가입해야 합니다. 원금보장형 상품도 있지만 주식 시장이 떨어지는 상황에 가입하면 이자만 날리게 되니까 시황이나 종목을 꼼꼼하게 분석해야 한다는 점을 꼭 기억하세요. 가입할 상품의 조건을 공부하는 건 기본 중의 기본이겠죠!"

아, 그래서 상품 설명서를 미적분 공부하듯 읽어야 한다고 했었구나.

맞춤 ELS를 찾아가는 미로 찾기

"ELS 상품의 조건들은 아주 복잡해서 미로 찾기와도 같습니다. 처음 가입하는 ELS는 '원금보장형'으로 선택하세요. 원금보장형이냐, 비보장형이냐의 갈림길에서 '보장형'으로 가는 겁니다. 지난달부터 원금보장형 ELS는 ELB(주가연계파생결합사채)라는 이름으로 바뀌었으니 구분이 더 쉽죠. ELB는 은행에서도 살 수 있답니다. 당연히 비보장형에 비해 목표 수익률은 낮지만 만일의 경우 잃게 되는 돈도 줄어듭니다. 정기예금에 넣었다면 받았을 이자를 못 받는 정도니까요."

나는 '첫째, 왕초보의 ELS는 원금보장형을 선택한다'고 메모했다.

"다음 갈림길은 기초 자산 고르기입니다. 첫 투자라면 개별 종목보다 주가 지수를 선택하세요. 이게 아주 중요합니다. ELS 투자자들이 가장 쉽게 빠지는 함정이자 덫이기 때문이죠."

"가장 쉽게 빠지는 함정이라고요?"

용만 씨가 물었다. ELS는 중급 코스 회원들도 헤매는구나.

"네, 보통 ELS 상품은 현재 주가 대비 5, 60% 이상 떨어지지 않으면 약속한 수익률을 보장한다고 하거든요. 그럼 이런 악마의 속삭임이 들립니다. '설마 반토막이 나겠어? 이 회사가 얼마나 큰 회사인데, 조기 상환 조건도 있으니 괜찮겠지' 하는 유혹에 넘어가면 절대 안 됩니다."

"실제로 믿었던 기업들이 발등을 찍은 경우는 수도 없어요. 아까 신문 기사에서도 보셨죠? ELS에 관해서라면 아무리 우량주라도 그냥 투자해서는 안 됩니다. 꼼꼼한 시장 분석이 필수인데, 그래서 잘 모르는 초보 투자자라면 주가 지수를 선택해야 한다는 거죠."

정훈 씨가 덧붙였다. 나는 '둘째, 개별 주식이 아닌 주가 지수를 기초 자산으로 선택하라'고 메모했다.

"이밖에도 기초 자산 주식이 얼마나 떨어져야 원금이 손실되는지, 조기 상환 조건은 무엇인지 등등 따져봐야 할 것들이 많습니다. 이렇게 복잡한데도 ELS를 공부하라는 이유는 몇 가지 장점이 있기 때문입니다."

ELS가 '진가'를 발휘하는 타이밍

"그 장점이라는 게 뭔가요? 뭔가 치명적인 매력이 있나요?"

"치명적 매력까지는 아니지만 ELS를 활용하면 좋을 때가 있습니다.

먼저 ELS는 고객 성향에 따라 위험을 줄이면서 예금 금리 이상의 수익을 추구할 수 있다는 장점이 있죠. 또 주가가 올라야 수익을 내는 상품들이 많은데, 주식 시장이 하락하거나 조정장일 때도 일정한 수익을 올릴 수 있다는 것도 장점입니다. 시장 불확실성이 높아질 때를 대비해 공부해두시면 적당한 시기에 하나의 포트폴리오로 이용할 수 있죠."

"말하자면, 재테크라는 전쟁터에 ELS를 출동시키면 좋을 타이밍이 있다는 거죠?"

"다인 씨다운 비유네요. 예를 들어 주가가 오르는 구간에는 펀드를, 주가 방향을 모르겠다거나 어느 정도 떨어질 가능성이 있을 때는 ELS를 출동시킬 수 있습니다. 가장 주의할 건 유동성이 묶이게 된다는 점입니다. 보통 만기 3년인 상품이 많거든요. 중도 환매 수수료도 꽤 비쌉니다. 6개월 이전에 환매하면 4%, 6개월 이후에 환매하면 2% 정도 수수료를 내야 해요. 분산 투자 차원으로 접근하고 절대 '몰빵' 해서는 안 되는 이유입니다."

"만기는 3년이지만 조기 상환 조건이라는 게 있어요. ELS는 여기서부터 여기까지, 이렇게 구간을 정해놓고 주가의 움직임에 따라 수익이 결정되는데, 6개월마다 주식 가격을 따져서 조건이 맞으면 돈을 돌려줍니다. 이걸 잘 이용하면 더 쏠쏠한 투자를 할 수 있답니다."

지연 씨가 덧붙였다. 그런 것도 있었어? 이제 경제 신문 읽을 때 ELS 나오면 왠지 반가울 것 같다. ELS, 속속들이 너를 이해할 때까지 열심히 공부해주마!

ELS 투자하기 전에 알아야 할 것들

1. 이제는 중위험, 중수익 시대!

ELS는 '구간'에 살고 '구간'에 죽는다. 정해진 구간 안에서만 움직여야 살아남는(수익을 내는) '바른생활 사나이'이다. 주가가 많이 오르건 많이 내리건 상관없이 정해진 구간 안에서 움직일 때만 약속한 수익률을 보장하기 때문이다. 보통 ELS는 연 2, 3%의 은행 금리로는 만족할 수 없고 주식이나 펀드 투자는 부담이 되는 경우 많이 활용한다. 상승장이든 하락장이든 한쪽으로 확실하게 방향을 잡은 경우보다는 주가가 한동안 박스권에 갇혀 있을 가능성이 큰 경우 유리하다. 대세 상승장에서 주가가 아무리 두세 배 급등해도 ELS 투자자는 사전에 정해놓은 수익만을 챙길 수 있고, 반대로 눈에 보이는 하락장에서는 손해를 볼 수밖에 없기 때문이다(원금보장형인 경우도 이자 측면에서 손해).

2. 상품 구조를 알아야 제대로 투자한다

ELS는 기본적으로 '채권+옵션'으로 구성된 상품이다. 원금보장형인 경우 만기가 3년이라면 원금의 90% 정도는 채권에 투자해서 3년 후 이자를 합해 원금이 되도록 설계하고, 나머지 원금의 10%를 레버리지가 큰 옵션 등에 투자해서 추가 수익을 노린다. 이렇게 원금보장형인 경우 대부분이 채권에 투자되기 때문에 최근에 ELB로 이름을 바꾸고 은행에서도 판매할 수 있도록 했다. 원금비보장형 상품은 다양한 상환 조건을 내세우면서 연 10% 이상의 고수익을 제시한다. 기초 자산이 개별 주식인 경우 아주 드물기는 하지만 발행 증권사가 의도적으로 주가를 떨어뜨리는 게 아닐까 의심스러운 정황이 발생할 때도 있다. 초보자라면 기초 자산은 지수형을 선택하는 게 여러 면에서 안전하다.

3. ELS의 사촌? DLS도 알아두자

DLS(Derivatives Linked Securities, 파생결합증권)는 ELS와 첫 번째 알파벳만 다른 사촌지간 정도의 상품이다. ELS가 증권을 기초 자산으로 삼는 반면, DLS는 금이나 원유, 이자율, 통화와 같은 파생상품을 투자 대상으로 한다는 점을 빼면 상품 구조는 똑같다. 원금보장형 DLS도 원금보장형 ELS와 마찬가지로 이름이 DLB로 바뀌었다. 특히 급락했다가 회복세를 보이고 있는 금값과 금 DLS 상품을 연계해서 살펴보자. 금값이 원금 손실 수준까지는 떨어지지 않을 거란 기대감으로 금 DLS 투자가 늘고 있는데, 과연 쏠쏠한 수익을 안겨줄지 공부해두면 나중에 투자할 때 도움이 될 것이다.

부자들은
왜 채권을 좋아할까?

∶

지난주에는 주식보다
무서웠던 ELS에 대해 배웠다.
시장이 일정한 박스권에서 오르내릴 경우 유용하게
활용할 수 있는 ELS까지 배우고 나니 슬쩍 겁이 난다.
다음 상품은 어떤 걸까?
더 어렵고 복잡하진 않을까?
그래도 다인은
조금 더 힘을 내 수업을 듣기로 한다.

채권, 너에 대해 아무것도 몰랐구나

"자, 이제 차용증을 써볼까요?"

"와, 다짜고짜 5만 원 주시기에 수업 잘 들었다고 주는 상금인가 했더니, 차용증을 쓰자고요? 셰프, 완전 날강도네요!"

"세상에 공짜가 어디 있어요? '나 윤다인은 이 증서를 소유한 사람에게 1년 후 오늘 5만 원을 지급하겠습니다. 이자는 연 5% 드리겠습니다' 이런 내용으로 차용증을 쓸게요. 그리고 저는 이 차용증을 다른 분께 팔겠습니다. 사실 분 있으세요? 얼마면 사시겠습니까?"

"차용증 쓴 것도 모자라 그걸 또 팔겠다고요? 진짜 너무하시는 거 아니에요?"

"이게 바로 오늘 배울 채권의 원리입니다. 채권이라고 하면 많이들 어려워하시는데, 간단히 말하면 차용증입니다. 원금을 얼마 동안 빌리고, 이자는 얼마를 주며, 만기에 원금을 갚겠다는 증서죠. 그리고 그 차용증을 사고파는 게 채권 시장이에요."

"듣고 보니 간단하네요. 그런데 참 이상해요. 부동산이나 주식으로 돈 벌었다는 사람은 많아도, 채권으로 돈 벌었다는 사람 이야기는 못 들어 봤거든요."

"그러게 말입니다. 저도 나름 분산 투자한다고 주식형 펀드 들면서 채권형 펀드 가입해 굴려봤는데, 수익률은 그저 그렇더라고요."

"그런데 부자들은 왜 채권을 좋아할까요? 돈 버는 일이라면 귀신같이 아는 사람들이잖아요. 분명 이유가 있을 텐데……."

정훈 씨와 용만 씨가 주거니 받거니 하는 말에 셰프가 웃으며 대답한다.

"채권은 장기간에 걸쳐 현금 흐름을 비교적 안정적으로 예측할 수 있기 때문이죠. 또 우리 같은 보통사람들이 몰라서 그렇지 실제로 채권으로 큰돈 버는 사람도 많습니다. '경성이브'에서 채권을 공부하는 이유는, 장점이 굉장히 많은 상품인데 사람들이 잘 모르기 때문이에요. 남들이 많이 안 하니까 의외의 재테크 기회를 찾을 수 있거든요."

좋은 상품인데 사람들이 잘 몰라서 기회가 많다고?

누구에게 내 돈을 빌려줄 것인가

"자, 그럼 이제 채권 투자를 시작해봅시다. 그런데 시작부터 문제네요. 누구에게 돈을 빌려주죠? 소중한 내 돈을 빌려주는 거니까 반드시 믿을 만한 사람이어야 합니다. 5만 원을 빌려간 다인 씨가 돈을 안 갚고 잠적해버리면 고스란히 날리는 거니까요."

"역시 그런 문제가 있었군요. 어쩐지 쉽다 했어요!"

"네. 채권 투자에서 가장 중요한 결정이 바로 그겁니다. 누구에게 돈을 빌려줄 것인가? 다시 말해 누가 발행한 채권을 구입할 것인가? 일단 왕초보의 채권 투자는 '빌려줄 사람'이 정해져 있어요. 그게 누굴까요?"

"글쎄요, 꽤 믿을 만한 사람인 것 같은데요. 돈 떼일 염려 없는……."

"딩동댕! 소연 씨가 맞췄습니다. 첫 번째 채권 투자는 다름 아닌 우리나라, 대한민국 정부에게 돈을 빌려주는 겁니다."

"대한민국 정부한테 돈을 빌려준다고요?"

"네, 맞아요. 국채라고 들어보셨죠? 정부가 세금 수입이 부족할 때 발행하는 채권을 국채라고 합니다. 가장 많이 들어보신 게 아마 경제 신문에 자주 오르내리는 물가연동 국채일 거예요."

"정부한테 돈을 빌려주면 떼먹고 도망갈 일은 없겠네요?"

"이론상 그런 셈이죠. 얼마 전 뉴스에 2013년 8월 말까지 국채 발행액이 450조를 넘었다고 나오더군요. 10년 이상 장기채가 절반이나 된답니다. 당장 국채 투자를 하지 않더라도 관련 뉴스를 챙겨보시기 바랍니다. 특히 미국 국채 뉴스를 열심히 검색해서 읽어보세요. 금리는 물론 주가와 환율 움직임도 같이 보시고요."

알다가도 모를 채권 수익률의 정체

"제가 혼자서 채권 공부를 좀 해봤는데요. 채권 수익률과 금리에 관해서는 아무리 머리를 굴려도 헷갈리더라고요. 일단 금리가 오르면 수익률은 떨어지고, 금리가 내리면 수익률은 오른다고만 외웠는데, 맞나요?"

"네, 함께 생각해볼까요? 금리는 '돈의 값'이라고 생각하시면 됩니다. 내가 3%짜리 국채를 들고 있는데, 시중 금리가 4%로 오르면 아무도 내 국채를 사지 않겠죠? 그럼 더 싸게 팔아야 하니까 수익률이 떨어집니다. 반대로 내가 4%짜리 국채를 가지고 있는데 시중 금리가 3%로 떨어지면, 내 국채는 상대적으로 좋은 상품이 되는 거죠."

"똑같은 채권을 들고 있어도 수익률이 변해요?"

"그럼요. 실물 채권을 보시면 받을 수 있는 원금(액면가)과 표면금리가 쓰여 있습니다. '100만 원, 5%' 이런 식으로요. 하지만 지금 금리가 3%라면, 5%짜리 채권은 인기가 많겠죠? 그래서 자연히 '웃돈'이 붙게 됩니다. 채권 가격은 이자율과 반대로 움직인다는 게 이해되시나요?"

아, 채권이 그런 거구나. 사람들이 조금 이해하겠다는 표정을 지었다.

"제가 가장 이해가 안 되는 건 채권 수익률이 시도 때도 없이 바뀐다는 겁니다. 그런데 우리가 아는 금리는 매일 바뀌는 게 아니잖아요. 채권 수익률은 뭐에 따라서 변합니까?"

"채권 수익률도 주식처럼 매일 시시각각 바뀝니다. 경기 변화는 물론 발행한 곳의 신용도 변화와 금융 정책 등등 수백 가지 원인이 있다고 해도 과언이 아니죠. 수요와 공급도 가격 결정에 지대한 영향을 미치고요. 채권 발행이 늘어나면 아무래도 가격이 떨어지고, 채권이 귀해지면 가격이 올라갈 확률이 높겠죠."

"그러면 다인 씨가 쓴 차용증, 저 채권은 얼마를 주고 사는 게 좋을까요?"

정훈 씨가 물었다. 앗, 내 채권! 원금 5만 원에 이자가 2,500원이니까 5만 2,500원?

"지금 머릿속으로 5만 2,500원이라고 계산하신 분은 정답이 아닙니다. 그건 만기일에 내가 돌려받는 금액이고요. 현재 금리가 3%라면 약 5만 970원 정도가 적당한 가격입니다. 물론 더 싸게 살 수 있다면 좋겠죠."

국채는 어디서 어떻게 살 수 있나요?

강의를 하던 셰프가 계산대로 가더니 노트북을 들고 왔다.

"전반적인 채권 공부는 지금부터 차근차근 하시면 되고요. 오늘은 어떻게 채권을 사는지까지 가르쳐드리겠습니다. 방법은 어렵지 않아요. CMA 통장 만들 때 HTS 신청해보셨죠? 증권사에서 만드는 인터넷 뱅킹 같은 거요."

"네, HTS로 주식도 사고팔고, ETF도 사고팔잖아요. 그런데 채권도 이걸로 사고파는 건가요?"

"바로 맞추셨습니다. 주식이나 ETF 사고파는 것만큼 간단해요. 금융 상품 메뉴 중에 주식 대신 소매 채권이나 장내 채권을 선택하시면 됩니다. 당장 사지 않아도 종목 코드와 몇 가지 조건을 입력하면 수익률이 얼마나 되는지 HTS가 알아서 척척 계산해주니까 한번 해보세요. 증권사 채권 담당 직원과 상담을 받고 친해두는 것도 좋은 방법입니다. 거래량이 많지 않고 증권사별로 수시로 거래가 이뤄지니까 좋은 채권이 나오면 연락해달라고 하세요."

나는 'HTS로 채권 매입 시뮬레이션해보기'라고 메모했다. 그때 ETF 사는 법도 한번 해보니까 어렵지 않았잖아. 이번에도 가서 꼭 해봐야겠다.

"다음 주에는 회사채에 대해서 알려드리겠습니다. 오늘 배운 내용을 기억해두시면 회사채도 그렇게 어렵지 않을 겁니다. 다음 주에 더 자세하게 설명해드리겠습니다."

채권 투자의 세계로 입문!

1. 채권도 하이 리스크, 하이 리턴

채권은 돈을 빌리면서 언제까지 이자와 원금을 갚겠다고 써준 '차용증'으로 누구나 발행할 수 있다. 만기 때까지 발행한 사람(회사)이 망하지만 않으면, 원금과 약속한 이자를 받을 수 있다고 이해하면 된다. 당연히 돈 떼먹을 확률이 적은 채무자(채권 발행자)의 채권이 금리가 낮다. 대표적인 게 대한민국 정부(국채)거나 정부가 보증하는 공기업(공채)이다. 국공채는 부도가 날 확률이 없기 때문에 이자율은 시중 금리 수준에서 결정된다. 반면 일반 기업이 발행하는 회사채의 경우는 기업의 신용도에 따라 이자율이 천차만별인데, 보통 A등급이나 BBB등급 이상의 신용도를 가지고 있다면 우량 채권으로 분류한다. 안전한 만큼 이자는 높지 않다. BB등급 이하의 채권은 고수익 채권(하이 일드 채권) 혹은 정크 본드(쓰레기 채권)라 부르는데, 상대적으로 이자를 많이 주지만 회사가 부도나 돈을 떼일 가능성 또한 높다.

2. 채권 투자 최고의 매력은 바로 이것!

채권은 투자 시점에 이미 만기 때 받을 이자가 정해져 있다는 점에서 은행 예금과 비슷하다. 그러나 은행 예금 통장의 가격(원금+이자)은 그대로지만, 채권은 자체의 가격이 바뀌기 때문에 플러스알파의 수익을 노릴 수 있다는 점이 다르다. 연 5% 채권에 투자를 했는데 시중 금리가 3%로 떨어진다면 내가 들고 있는 채권의 가격이 올라 수익을 챙길 수 있다. 물론 채권 투자를 한 후에 금리가 떨어지면 큰 이익을 얻을 수 있지만 금리가 갑자기 오르면 손해를 보게 된다. 여기서 핵심 포인트! 금리 방향을 잘못 잡았다고 해도 큰일이 나는 건 아니다. 중간에 팔지 않고 그냥 만기까지 들고 가서 최초에 약속한 이자를 받으면 그만이다. 바로 이것이 채권 투자의 최고 매력이자, 저금리 시대에 채권 투자를 공부하는 이유다.

3. 채권 투자하기 전에 알아둬야 할 것들

채권에 투자하려면 주식처럼 증권사 HTS를 통해서 직접 사고 팔거나 펀드나 채권 ETF를 통해 간접 투자를 할 수도 있다. 사고파는 절차는 주식과 비슷하지만 몇 가지 주의할 점이 있다. 채권은 거래소에 상장되어 있는 장내 채권과 증권사가 개별적으로 가지고 있는 채권을 매매하는 장외 채권이 있다. 특히 장외 채권은 증권사마다 보유하고 있는 채권의 종류가 다르기 때문에 다양한 채권을 찾고 있다면 여러 증권사와 상담해보는 게 좋다. 채권의 수익은 크게 두 가지인데 하나는 처음 약정한 이자, 또 하나는 시중 금리가 하락할 때 채권 가격이 오르면서 생기는 매매 차익이다. 수익이 있으면 세금이 있는 법. 채권 세금의 기본 원칙은 두 가지로, 매매 차익은 비과세이며 이자 소득에 대해서만 15.4% 세금이 부과된다는 것이다. 반면 채권형 펀드는 매도-매수 시점의 기준 가격의 차이를 무조건 배당 수익으로 간주하고 세금을 부과하는데, 결과적으로 직접 투자보다 더 많은 세금을 내야 한다는 점을 기억하자.

한우만큼 어려운
우량 채권 감별법

:

'경성이브' 중급 수업을 통해 남들보다
한 발 먼저 채권의 세계에 입문하게 된 다인.
채권은 일종의 차용증으로 다양한 시장 상황에 따라
가격이 변하며, 사고팔 수도 있다는 걸 배웠다.
채권의 기초와 국채 투자 소개에 이어
이번 주에는 회사채에 대해 배운다.

고기도 먹어본 사람이 맛을 안다

뭐지? 이 천상의 향기는? 수십 년 전 맡아본 것 같은 항상 그리운 냄새!

"셰프! 오늘 메뉴 스테이크예요? 냄새가 완전 끝내줘요!"

"오전이라 정식 스테이크는 아니고요. 좋은 한우가 들어왔는데, 맛 좀 보시겠어요?"

"당근이죠! 무려 한우인데!"

빛의 속도로 의자에 앉았다. 셰프가 커다란 접시에 먹기 좋게 담긴 고기를 내왔다. 다른 사람들은 이미 포크를 든 채 기다리고 있다. 여덟 개의 포크가 접시로 돌진했다. 오, 구운 가지랑 감자, 버섯으로 만든 가니쉬도 있네. 씹기도 전에 사르르 녹는구나, 녹아!

"오늘은 맛있냐고 여쭤보지 않겠습니다. 지금 드시는 고기는 투 플러스 1등급 한우거든요. 누가 요리해도 맛있을 수밖에 없어요. 그런데 보통사람들은 질이 좋지 않은 고기나 수입산을 한우 최상급이라고 속여도 알아차리기가 쉽지 않죠. 그 이야기를 해드리고 싶었답니다."

"재테크 수업에서 한우 감별법을 가르쳐주실 리는 없고, 오늘 배울 회사채 등급 이야기를 하시려는 거군요?"

정훈 씨가 말했다. 회사채에도 한우처럼 등급이 있어?

"네, 맞습니다. 지난 주 레시피에서 잠깐 알려드렸듯이 회사채도 등급이 있어요. 이 신용 등급이 회사채 투자의 가장 중요한 기준이라고 할 수 있죠. 최상급인 AAA부터 AA, A, BBB까지가 투자 적격 등급입니다. 그 아래 등급들은 고수가 된 후에 투자한다고 생각하고 머리에서 지우세요. 그런데 문제는……."

한우의 맛을 음미하며 BBB등급까지 머리에 새겼다. 그런데 문제는 뭘까?

채권은 채권일 뿐 오해하지 말자

"한우 감별처럼 그 등급을 100% 믿을 수 없다는 겁니다. 신용 등급만 믿지 말고, 내가 투자할 회사의 재무 구조를 꼼꼼하게 따져봐야 합니다."

"등급을 믿을 수 없다고요? 그건 누가 정하는 건데요?"

용만 씨가 대신 대답해주었다.

"국가나 개인과 마찬가지로 회사도 신용 평가사에서 매깁니다. 그런데 평가사들이 신용 등급을 내주고 그 회사에서 수수료를 받아요. 2013년 발행된 회사채 중 무려 75%가 A등급을 받았다는 뉴스를 읽었습니다. 아무래도 등급을 곧이곧대로 믿기는 곤란한 부분이 있겠죠?"

"용만 씨 말이 맞아요. 지난주 소개해드린 국채는 떼일 염려가 없었죠? 그런데 회사채는 다릅니다. 요즘 뉴스에서 많이 보셨을 거예요. 2011년에 저축은행 후순위 채권으로 2만여 명이 피해를 입었고, 이번에도 5만여 명의 개인 투자자가 손해를 피할 수 없는 것 같습니다."

"역시 주식 시장처럼 채권도 정보의 비대칭성이 존재하는 거죠? 개미는 모르는 정보를 기관이나 큰손들은 다 알고 있으니, 개인들만 피해보는 거 아닙니까?"

"그런 면이 없지 않습니다만, 정말 기억해야 할 건 이겁니다. 첫째,

채권 투자할 때 신용 등급만 믿고 투자하지 말자. 둘째, 채권은 채권일 뿐 오해하지 말자."

"채권은 채권일 뿐 오해하지 말자? 그게 뭐예요?"

"아마 많은 분들이 채권의 위험성을 모르고 투자했거나 아예 채권인 줄도 모르고 투자하신 경우가 있을 거예요. 채권 투자는 담보 없이 돈을 빌려주는 일입니다. 만약 만기까지 망하지 않는다면 원금과 이자를 받을 수 있지만, 절대 망하지 않는 회사는 없어요. 회사채를 '원금 보장'이라든가 '안전 자산'이라는 생각으로 투자하시면 절대 안 됩니다."

경제 뉴스에 많이 나오는 채권이 궁금해

"어이쿠! 들으면 들을수록 채권 투자하기 겁나네요."

"여러분들이 겁난다고 하실 때, 저는 외려 안심이 됩니다. 잘 모르고 투자하시지는 않겠구나 하는 생각이 들어서요. 그리고 공부해야겠다는 생각도 드시겠죠. 채권의 종류가 꽤 많습니다만, 많이 들어보신 종류 몇 가지를 정리해드리려고 합니다."

"요즘 뉴스에서 가장 많이 듣는 건 'CP' 같은데요? '기업어음'이라고도 하던데, 이것도 채권인가요?"

"만기가 3개월에서 1년 정도인 'CP(기업어음)'도 단기 채권으로 분류하죠. 일반 회사채보다 발행 조건이 간단해서 자금 부족에 시달리는 기업들이 많이 발행합니다. 만기가 짧기 때문에 매력적인 상품일 수도 있는데, 악마의 속삭임에 넘어가지 않게 조심하세요. 설마 이 회사가

3개월 안에 망하겠냐고 생각하지만, 정말 망하는 경우가 있거든요. 그러니까 단기 채권이라고 너무 안심하는 것도 금물입니다."

"저는 후순위 채권도 궁금했습니다. 어머니가 모 은행 후순위 채권에 퇴직금을 '몰빵'하셔서 5년간 마음 졸인 걸 생각하면……. 만기까지 잘 유지해서 짭짤한 이자를 챙기긴 하셨어요."

"후순위 채권은 말 그대로 기업이 파산했을 때 돈 받을 순서가 가장 나중으로 밀리는 조건의 채권입니다. 곗돈 타는 것처럼 나중에 돈을 받기 때문에 금리가 높은 게 특징이죠. 돈이 몇 년 동안 묶이는 데다 위험성도 높으므로 꼭 분산 투자해야 하고 망하지 않을 회사를 고르는 데 주력해야 합니다. 이따 레시피로 더 자세히 알려드리겠습니다."

셰프가 계산대로 가더니 장부 하나를 들고 왔다.

"이건 제가 쓰는 레스토랑 가계부인데요. 체감 물가의 변동을 고스란히 다 적어놓았습니다. 하나 더 관심을 둘 만한 상품인 물가연동 국채를 소개해드리려고요. 뉴스에서 많이 보셨죠? 물가연동 국채의 발행 금리는 은행 이자보다도 낮습니다. 하지만 액면가를 정부가 보전해주고 물가가 오르면 그 인상분만큼 더 받을 수 있는 건 물론이며 물가 인상분 수익은 비과세가 되죠. 세법이 바뀌어서 2013년 발행 물가연동 국채부터는 과세가 됩니다만, 그 이전에 발행된 국채도 활발하게 거래되고 있으니 공부해둘 만합니다."

회사채 투자할 때 주의해야 할 3가지

"요즘 회사채 시장이 급격히 위축되었습니다. 돈 잃어버린 분들이 몇만 명이나 되니 그럴 만도 하죠. 그렇지만 채권 투자에는 장점이 많습니다. 언젠가 회사채에 투자하실 때 주의할 세 가지를 짚어드릴게요."

채권 투자하기 전 따져봐야 할 세 가지? 그래, 난 이렇게 정리되는 게 좋더라.

"채권에 내 돈을 넣기 전에 떠올려야 할 3계명입니다. 첫째는 '세 번 의심하라'입니다. 신용 등급만 믿어서는 안 된다는 건 이미 말씀드렸죠? 채권도 주식처럼 증권사에서 리포트가 나옵니다. 이 리포트도 반만 믿으시고 기업 공시나 재무 상황이나 그 사업 전망을 따로 공부하세요. 그리고 그 채권에 투자하려는 기관이나 채권을 발행하는 회사의 모기업이 어딘지도 살펴보십시오. 좋은 채권이면 기관이 먼저 알아볼 테고, 아무래도 대기업 계열사가 망할 확률이 적을 테니까요. 둘째는 '내 돈이 어디에 어떻게 쓰일지 따져라'입니다. 채권의 발행 목적을 알고 돈을 빌려주셔야 해요. 내가 투자한 돈이 산더미 같은 빚을 갚는데 쓰일지, 위험 부담이 큰 신사업에 쓰일지, 쏠쏠하게 수익을 낼 알토란같은 사업에 들어갈지 알아야 한다는 뜻입니다."

"두 가지만 들어도 개인 투자자가 파악하기란 어려운 일 같은데요?"

용만 씨가 이내 뾰로통해진다. 그래, 우리가 그런 걸 알면 고수지!

"네, 이해합니다. 하지만 이걸 알아보실 수 있을 때만 투자한다는 생각을 가지고 공부하세요. 모르고 투자했다가 뒤통수 맞는 것보다 나으니까요! 마지막 세 번째는 아주 쉽습니다. '빚이 많은 기업, 즉 부채 비율이 높은 기업한테는 절대 돈을 빌려주지 말라!' 이 정도로 정리해드리고, 저는 점심 준비하겠습니다. 한우랑 곱창이 같이 와서 곱창전골 만들어드리려고 육수 내고 있었어요. 소고기 드시고 힘내서 채권 공부 열심히 하세요!"

와, 한우에 곱창전골! 오늘 채권 수업은 어려웠지만 메뉴는 맘에 쏙 든다!

허 셰프의 재테크 레시피

알쏭달쏭 회사채 조금 더 들여다보기

1. 국채와 회사채의 갈림길에서

채권에 투자하기로 마음먹었다면 가장 먼저 국채와 회사채 중 어디에 투자해야 할지 고민될 것이다. 채권을 선택한 이유가 투자 원금을 완벽하게 보장하면서 확정된 이자에 플러스알파의 수익을 노린 거였다면 바로 국채의 길로 가자. 그러나 주식은 너무 위험해 보이고 국채 이자율에는 만족하지 못하겠다면 약간의 위험을 감수하고 회사채 투자도 생각해볼 만하다. 정답이 있는 건 아니지만 투자 기간이 길 경우에는 국채에, 회사채는 중·단기 투자에 적합하다고 본다. 여기서 포인트! '신용 스프레드'가 확대될 때가 회사채 투자에 적합한 때라고 볼 수 있다. 신용 스프레드란 회사채 금리와 국채 금리 간의 차이를 말한다. 국채와 회사채 간의 금리 차가 크지 않다면 굳이 위험을 감수하고 회사채를 선택할 필요가 없기 때문이다. 신용 스프레드는 증권사에서 발행하는 채권 리포트에서 쉽게 확인할 수 있으니 꼭 챙겨서 보자.

2. '은행이자 두 배' 후순위 채권 옥석 가리기

후순위 채권이 어렵다면 빚잔치를 떠올려보자. 수많은 빚쟁이들 사이에 돈을 돌려받는 순서가 정해져 있다. 후순위 채권은 가장 마지막 순위에 있는 채권이다. 회사가 부도나면 거의 돈을 떼인다고 보면 된다. 하지만 금리가 은행 이자 두 배 정도로 높고, 만기가 10년인 경우는 분리 과세가 가능해서 자산가들에게 인기가 많다. 후순위 채권은 고금리의 매력만큼 위험성도 높기 때문에 발행하는 회사의 재무 상태를 더욱더 꼼꼼히 살펴야 한다. 특히 금융권에서 발행하는 후순위 채권의 경우, 금리가 높은 특판 예금 정도로 이해하고 투자하는 경우도 있으니 주의할 것. 망하지 않을 회사를 가려내기가 쉽지 않지만, 믿을 만한 대기업의 핵심 자회사라든가 부도처리가 되면 나라 경제가 휘청거릴 만한 기업이 발행한 후순위 채권이라면 한번쯤 투자를 고려해보자. 투자를 결정했을 때도 분산의 개념으로 자산의 일부만 넣어야지 큰돈을 넣었다간 낭패를 볼 수 있다.

3. 주식을 품은 채권? 너는 누구냐?

주식을 품은 채권이 있으니 바로 전환사채(CB)와 신주인수권부사채(BW)가 그것이다. 전환사채는 이름에서 유추할 수 있듯이 일정 기간 후에 주식으로 바꿀 수 있는 회사채다. 전환사채를 가지고 있다면 주가가 오르는 시기에는 (미리 정해진 가격과 전환 비율에 따라) 그 회사의 주식으로 바꿀 수 있고, 주가가 신통치 않다면 그냥 만기까지 채권으로 유지하고 이자를 챙기면 된다. 주식으로 바꿀 수 있는 '프리미엄'이 있기 때문에 일반 회사채보다는 이자율이 낮다. 신주인수권부사채는 채권에 그 회사 주식을 배정 받을 수 있는 '별책 부록'이 붙어 있다. 주가가 오를 때 '별책 부록'을 떼어서 주식으로 바꾸고 채권은 그대로 가지고 있으면 된다. 전환사채는 전환권을 행사하면 채권이 없어지지만, 신주인수권부사채는 주식을 배정받아도 채권의 효력은 살아 있다는 점이 다르다. 예전에는 신주인수권을 채권에서 떼어서 따로 사고팔았지만, 2013년 8월부터 이런 분리형 BW 발행이 금지됐다. 주가 조작이나 대주주 상속의 수단으로 악용되는 부작용을 막기 위해서다.

왕년에 날렸던
그들은 왜 잊혔나

:

다인은 브런치 수업에서 ETF와 ELS,
국채와 회사채의 개념까지 공부했다.
날마다 '부자 일기'를 쓰며 경제 뉴스를 체크하는데,
이제 많은 용어들이 익숙해진 느낌이다.
평소처럼 출근한 수요일,
다인은 부장님 지시로 소연과 함께
회사 물류 창고 파견 업무를 맡는다.

'왕년에' 부장의 재테크 훈수

"어서 와! 물류 창고는 처음이지?"

이분이 말로만 듣던 그 '왕년에' 부장? 말끝마다 "내가 왕년에~"를 달고 살아서 회사 사람들 대부분이 싫어하는 사람이라던데……

"안녕하세요, 윤다인입니다. 오늘 하루 잘 부탁드립니다."

"안녕하세요, 이소연입니다. 뭐든 시켜만 주세요!"

"됐어! 그냥 하루 자리만 지키고 있으면 돼. 하고 싶은 일 하면서 쉬어! 이따 점심이나 먹으러 가자고!"

정말 그래도 되나? 승진에서 밀리고 10년째 부장이라더니, 너무 느긋하신 거 아냐? 여기는 컴퓨터도 없고, 할 일 생길 때까지 재테크 노트나 정리해야겠다. 소연이랑 나란히 앉아서 회사채 수업 들었던 내용을 메모했다.

"브런치 재테크? 요새는 밥 먹으면서 재테크 공부도 하나?"

어느 새 '왕년에' 부장이 곁에 와 묻는다. 황급히 노트를 덮었다.

"아, 아니 그게……. 뭐 시키실 일 있으세요, 부장님?"

"아니야. 근데 재테크라면 나도 왕년에 꽤 열심히 했는데 말이야."

드디어 나왔다, 왕년에! 질문 한번 했다가 하루 종일 일장 연설을 들어야 할 거라고 김 대리님이 귀띔해주었다. 절대 질문하면 안 돼. 나는 노트에 눈을 고정시키고 애써 어색한 침묵을 지켰다. 그런데 미처 말릴 새도 없이 소연이가 해서는 안 되는 질문을 하고 말았다.

"어머, 부장님! 재테크 잘하시나 봐요? 맞다! 출퇴근할 때는 소형차 타고 주말에는 엄청 비싼 외제차 타고 다니신다는 소문 들었어요!"

최고의 인기 상품? 부화뇌동하지 말라

"그런 소문도 있나? 사내에서 내 별명이 '왕년에'라며? 이러고 있는 내가 한심해 보이겠지만, 여기 생활도 나쁘진 않아. 회사에서 언제 나가라고 할지 모른다는 불안감만 빼면 말이야. 밥줄이 불안하니까 자연스럽게 재테크를 열심히 하게 되더라고."

오전에 시작된 부장님의 일장 연설은 점심시간 순댓국집으로까지 이어졌다. 재테크 이야기는 나올 생각을 안 하고 계속 회사 사람들과 인사 시스템 이야기뿐이다. 묵묵히 이야기를 들으며 꾸역꾸역 순댓국을 먹었다.

"그나저나 신입사원 시절부터 재테크에 관심을 갖고 있는 걸 보니 두 사람 보통이 아니네. 왕년에 재테크 좀 해본 사람으로서 충고하건대, 이거 하나만 명심해!"

재테크할 때 하나만 명심하라고? 갑자기 귀가 쫑긋해졌다.

"나도 회사에서 승승장구하던 시절이 있었지. 그런데 사내 라인 타겠다고 소신도 없이 이리저리 따라다니다가 이 모양 이 꼴 됐어. 세상사 모든 일에 부화뇌동하면 안 되는 건데……."

"저, 부장님. 재테크할 때 명심해야 할 한 가지는……."

"바로 그거야. 부화뇌동하지 말라! 그때그때 뜬다는 금융 상품들 있지? 잘 알지도 못하면서 남들 따라 우르르 가입하지 마. 난 회사 인사에서 배운 게 있어서 절대 그런 상품에 넘어가지 않았지. 내 재테크의 성공 비결은 바로 이거야."

"머리로는 대충 이해가 되는데 확실하게는 모르겠어요."

"대표적인 게 몇 년 전 출시된 모 증권사의 자산 배분 펀드지. 장밋빛 수익률을 약속했지만 반토막 났어. 최근에 꽤 선방했는지 1년 수익률이 14%대로 오르긴 했는데, 처음 들어간 사람들은 원금 회복이나 했을까 몰라……. 물 펀드나 중국 펀드도 비슷했어. 선풍적 인기를 끄는 펀드 상품일수록 섣불리 가입하지 말고 일단 청진기를 대봐요. 난 최고의 인기를 누렸다가 소리 소문 없이 고꾸라진 상품들을 보면서 재테크를 많이 배웠어."

'베스트'의 함정에 빠지지 말자

"실패한 상품들을 보고 재테크를 배운다고요?"

"그렇지. 그렇게 잘나가던 상품이 왜 실패했을까를 고민해보면 답이 나올 거야. 그보다 더 중요한 건 '베스트의 함정'에 빠지지 않는 거지."

베스트의 함정? 그것도 부화뇌동에 속하는 건가?

"재테크 시장에서 베스트라고 해서 내게도 베스트는 절대 아니거든. 월지급식 상품이 선풍적인 인기를 끌다 시들해진 게 얼마 전이잖아. 나라면 그때 가장 잘나간다는 월지급식 상품에 가입하기 전에 함정은 없는지 따져봤을 거라고. 내 입장에서만 보면 펀드건 ELS건 보험이건 상품의 형태는 중요하지 않아. 내 돈을 맡겨놓고 왜 매달 조금씩타서 써야 하는지 이해가 안 되더라고. 이런 저금리 시대에 매달 꼬박꼬박 돈을 주면서 원금을 지켜줄 수 있을지도 불안하고. 차라리 그돈으로 월세 임대업을 하는 게 낫겠다는 결론을 내렸어."

스마트폰으로 '월지급식'을 검색하자 월지급식 펀드의 절반 이상이 마이너스라는 뉴스가 보인다. 왕년에 부장님, 재테크 좀 하시나보네? 내 마음을 읽은 듯 부장님이 말을 잇는다.

"요컨대 소중한 내 돈을 넣을 때는 베스트셀러보다 스테디셀러를 찾겠다는 마음을 가져. 그리고 항상 의심해 봐야 해. 이게 좋은 상품이라는데 정말 그럴까? 과연 나한테도 좋은 상품일까? 월지급식을 예로 들었을 때, 사람들이 왜 그 상품에 열광하는지 고민해봤나?"

냄새 때문에 못 먹는다던 순댓국을 국물까지 다 비운 소연이가 기다렸다는 듯 대답했다.

"월지급식 상품이 인기를 끈 이유는 고정 수입이 끊어진다는 불안감을 잘 파고들어서라고 브런치 수업에서 배웠어요. 일본의 베이비 붐 세대인 '단카이 세대'가 대거 은퇴한 일본 같은 경우 펀드 열 개 중 여섯 개가 월지급식이라고 하더라고요."

"옳은 지적이야. 반짝 인기를 끄는 금융 상품들은 대개 사람들의 욕망이나 약점을 공략한 것들이거든. 하지만 그런 상품일수록 오래가지 못하고 잊히기 마련이지."

자문형 랩과 브라질 국채의 미래는 어떨까

"부장님, 맛있는 점심과 재테크 강의 감사드립니다. 커피는 제가 사도 될까요?"

"뒷방 늙은이 넋두리 들어줘서 내가 고맙지. 커피도 내가 살게. 아직 해줄 이야기가 조금 더 남았으니까. 지겨워도 들어 둬. 언젠가 도움이 될지 모르니까."

"아니에요! 전혀 지겹지 않아요. 브런치 수업만큼 도움이 되고 있는걸요."

왕년에 부장이 껄껄 웃었다. 어, 아부하는 게 아니라 정말인데! 테이크아웃 커피 전문점에서 아메리카노를 사들고 회사 앞 벤치에 셋이 나란히 앉았다. 바람이 시원한 게 가을이구나.

"왕년에 날렸지만 쓸쓸히 사라진 상품이 또 있어. 자문형 랩이라고 들어봤나? 쉽게 말해 전문가한테 목돈을 맡기면 알아서 주식이나 채권을 자유롭게 사고팔면서 수익을 내주는 상품이야. 왠지 하락장에서도 민첩하게 대응할 것 같아 많이들 가입했지. 하지만 자금이 너무 몰리니까 덩치가 커져서 자문형 랩의 특기인 '게릴라 전략'을 쓸 수가 없었어. 바로 비인기 상품으로 전락했는데, 최근 들어 다시 여러 형태의 상품이 나오고 있더군."

자문형 랩은 처음 들어보는데, 그런 사연이 있었구나. 이따 자세히 찾아봐야겠다.

"내가 자문형 랩과 함께 주시하고 있는 녀석은 브라질 국채야. 이 상품도 왕년에 스포트라이트를 좀 받았다가 수익률 저조로 밀려났는데, 요즘 들어 다시 인기가 올라가고 있더라고. 두 녀석들이 이번에도 반짝 베스트셀러로 끝나고 몰락할지, 쏠쏠한 효자 포트폴리오가 되어줄지 유심히 지켜보려고. 자네들도 관심을 가지고 지켜보도록 해."

물류 창고 파견이라 걱정했는데, 온 보람이 있네. 오후에도 시간이 나면 왕년에 부장님께 궁금한 것들 여쭤봐야겠다.

한때 잘나가던 그들은 왜 실패했을까?

1. '집중 투자' 펀드

2007년 10월 말에 국내 최초로 글로벌 자산 배분 펀드가 나왔다. 주식-채권의 비중을 0~100%로 자유롭게 조정할 수 있고, 중국이든 미국이든 '돈 되는 곳은 어디든' 투자하는 펀드다. 출시 한 달 만에 펀드 설정액 5조 원을 넘기며 슈퍼스타가 됐지만 2008년 글로벌 금융위기 직격탄에 일반 주식형 펀드보다 더 큰 충격을 받았다. 또 다른 상품은 2010년부터 인기를 끌기 시작한 자문형 랩으로 5~10개 정도의 종목에 집중 투자한다는 게 특징이다. 당시 시장을 주도했던 '차 · 화 · 정'이 바로 투자 자문사가 주도해서 끌어 올린 종목들이라 수익률은 수직 상승했다. 하지만 유럽 재정위기 때문에 다른 어떤 업종보다 무섭게 떨어졌다. 이런 자산 배분 펀드나 자문형 랩은 일반 주식형 펀드와는 달리 투자에 대한 제한이 없기 때문에 시장 상황이 좋을 때는 업황이 좋은 곳에 집중 투자해 좋은 성적을 올릴 수 있지만, 예기치 못한 경제위기를 만났을 때는 그 충격이 배가 된다는 위험이 있음을 명심하자.

2. 월지급식 상품

월지급식 투자 상품은 2009년에 처음 출시된 이후 2011년부터 가장 인기를 모았던 상품 중 하나다. 펀드부터 ELS, 해외 채권 등 다양한 상품에 가입하면 월세를 받듯이 매달 정해진 금액을 통장에 넣어주는 형식으로 노후를 고민하던 고객들의 관심을 끌었다. 특히 금융 종합소득세 조건이 강화되면서 대표적인 절세 상품으로 각광받기도 했다. 문제는 매달 따박따박 이자를 지급받다 보니 당연히 원금 보장 상품이라고 착각하기 쉽다는 점이다. 하지만 매달 운용 수익이 지급액에 미치지 못하면 원금을 헐어서 지급하는 형식이기 때문에 시장 상황이 나쁘면 '제살 깎아먹기'가 되어버린다. 실제로 2013년 들어 월지급식 펀드 65개 중 40개 펀드가 원금 손실 구간에 놓였다는 기사가 있었다. 매달 약속한 돈이 들어온다고 안심하지 말고, 중간중간 수익률을 체크해 원금이 손실되고 있는 건 아닌지 적극적으로 관리해야 한다.

3. 브라질 국채

브라질 채권은 최고의 절세 상품으로 꼽힌다. 한국과 브라질 조세협약에 의해서 브라질 국채 이자 수익에 대해 전액 비과세 혜택을 받고, 채권 평가 차익과 환차익에 대해서도 세금을 내지 않아도 되기 때문이다. 브라질 채권 수익률이 10%를 넘고, 2013년 6월에 외국인 채권 투자 자금에 대해 부과하던 금융거래세인 토빈세(6%)까지 폐지되면서 주목을 받았다. 지금까지 국내에 판매된 브라질 국채는 5조 원이 넘고, 특히 2012년에만 2조

원이 넘게 팔렸다. 하지만 환율이라는 복병은 어디로 튈지 모른다. 브라질 국채는 2011년부터 인기를 끌다가 브라질 환율이 급락하면서 관심 밖으로 밀렸으나 환율이 바닥을 형성했다는 의견과 함께 다시 '핫'한 금융 상품으로 떠올랐다. 그런데 바닥인 줄 알았던 브라질 헤알화 가치가 다시 10% 이상 더 떨어져 거의 외환위기 수준으로 곤두박질 쳐 순식간에 10% 넘게 손실이 났다. 만약 2011년에 투자를 했다면 환손실로만 원금의 35% 이상을 날린 셈이다. 해외 펀드 레시피와 같은 이유로 환율 전망이 어려운 왕초보라면 섣불리 뛰어들지 않는 게 좋다.

전 국민이
알아야 할 이 상품

:

왕년에 부장으로부터
왕년의 인기 상품들이 시들해진 이유와
유행 재테크에 부화뇌동하지 말라는 교훈을 배웠다.
그리고 다시 돌아온 브런치 수업.
금융 상품 전반에 대한 기초 공부가 끝나고
대한민국 사람이라면
누구도 피해갈 수 없는 상품을 만난다.

국민 모두가 평생 거래하는 이것

"에이, 그건 전 국민이 다 알죠. 따로 공부할 게 있나요?"

용만 씨의 투정 섞인 질문에 허 셰프가 진지하게 대답했다.

"그렇죠. 다들 '가입'하고 계신 상품이죠. 펀드나 ELS는 평생 가입하지 않고도 살 수 있지만, 이 상품은 피해갈 수가 없습니다. 그러니까 더더욱 공부해야 하는 거죠."

"진짜 남의 일이 아니긴 해요. 저도 다다음 달에 전세계약 끝나는데 집을 못 구해서 반전세로 가게 생겼어요. 이제 곧 둘째도 태어나는데 매달 수십만 원씩 월세 내면서 어떻게 살지 막막합니다."

"저도요! 이번에 오피스텔에서 아파트로 옮기려고 악착같이 모았는데 전세금이 2,000만 원이나 더 올라버렸어요."

정훈 씨와 지연 씨가 깊은 한숨을 내쉬었다. 하긴 나도 마찬가지이다. 대학 때 서울 올라와 기숙사에 있었던 2년을 빼면 월세살이 4년째. 1억이니 3억이니 하는 전세도 물건이 없다는데, 난 언제 월세에서 벗어나나.

"오늘 배울 상품은 부동산, 그중에서도 전월세입니다. 부동산에서 알아서 해주기 때문에 따로 공부해야겠다는 생각을 안 하시죠. 그런데 저는 보험만큼 전월세도 잘 알아둬야 한다고 생각합니다. 누구나 가입해야 하는 데다 '정보의 비대칭성'이 크기 때문입니다."

"정보의 비대칭성이라면, 기관이나 외국인에 비해 개인 투자자는 정보도 늦고 손해를 볼 수밖에 없다는 그 논리 말인가요?"

반전세 시대, 월세는 얼마나 내야 할까

"네, 그렇습니다. 부동산 시장에도 정보의 비대칭성이 존재합니다. 특히 전월세의 경우 세입자가 절대적으로 불리하죠. 사실 세입자 입장에서 할 수 있는 방어막이 거의 없다시피 하기 때문에 오늘 수업에서는 가르쳐드릴 것이 많지 않습니다. 그래도 소중한 우리의 돈을 날리지 않으려면 활용할 수 있는 몇 가지 안전장치들을 알아두는 게 좋겠죠."

"서울 전세금이 61주째 올랐다는 뉴스나 아파트 월세 비중이 34%가 넘었다는 이야기를 들을 때면 가슴이 막 답답해져요."

정훈 씨가 말했다. 요즘 집 때문에 마음고생이 심한 모양이다.

"정훈 씨가 곧 반전세로 가신다고 하니, 그 이야기를 조금 해볼까요? 전세금 1,000만 원당 월세를 얼마로 돌리느냐가 가장 큰 문제인데요. 보통 은행 이자를 따져서 환산하는데, 은행 금리의 최고 세 배까지 월세로 전환하고 있다는 뉴스가 있더군요."

"최근에 서울시가 '반전세 전환율'을 홈페이지에 공개하기도 했습니다. 서울의 일반적인 아파트나 주택들은 평균 7, 8% 정도 되는 것 같더라고요. 전세금이 천정부지로 오르는 바람에 하우스푸어들의 부담이 고스란히 렌트푸어들한테 전이되었다는 기사도 읽었습니다. 이래저래 돈 없는 사람들만 죽어나는 거죠."

"주택임대차보호법에 규정된 전월세 전환율은 상한선이 연 14%에서 연 10%로 낮춰졌습니다. 반전세 계약 시 집주인이 터무니없는 전환율을 요구하면 참고해보시는 게 좋을 것 같습니다."

부동산 이야기를 하니 왠지 분위기가 썰렁해진다. 셰프가 서둘러 말을 잇는다.

소중한 내 전세금, 아는 만큼 지킨다

"자, 그럼 소중한 내 전세금을 지켜줄 안전장치에 대해 알아볼까요? 세 가지 정도로 요약할 수 있는데요. 첫 번째는 다들 아시는 '확정일자 받기'입니다. 동사무소에 계약서 들고 가서 전입신고만 하면 되죠. 보통 다음 날부터 효력이 발생하니까 가능하면 이사한 날 바로 받는 게 좋습니다. 확정일자 효력이 생기기 전에 집주인이 대출을 받고 근저당 설정을 해버리면, 후순위로 밀려 전세금을 다 돌려받지 못할 수도 있기 때문입니다."

확정일자? 그런 게 있었어? 나도 전세 얻게 되면 바로 동사무소 가서 신고해야지!

"두 번째로 집이 경매에 넘어갔을 때 임차인을 보호하는 '소액보증금 최우선변제' 제도가 있습니다. 근저당 설정이 되어 있는 시기에 따라 액수가 좀 다릅니다만, 보증금 일부를 보호해줘요. 서울의 경우 보증금이 7,500만 원 이하일 경우 2,500만 원까지는 최우선으로 변제해주고 지방은 4,000만 원 이하일 경우 1,400만 원까지 해줍니다(2014년부터 상향 예정). 그리고 세 번째로 '전세금 반환보증' 제도가 있습니다. 매달 몇 만 원의 보증료를 내면, 수도권 전세금 3억, 지방 2억 이하 주택에 대해 대한주택보증이 전세금을 보장해주는 건데요. 80에서 90%까지 돌려받을 수 있어서 유용합니다."

"확정일자야 다들 하는 거고, 소액보증금 변제는 경매 넘어간 후의 일이고, 우리가 현실적으로 활용할 수 있는 건 전세금 반환보증이겠군요?"

"좋아 보이지만 한 가지 함정이 있습니다. '깡통전세'라고 들어보셨나요? 집값이 하락하는 바람에 설정되어 있는 대출이나 근저당이 전세 시세보다 더 많은 집을 '깡통'에 빗댄 건데요. 이런 집에 들어갈 때는 아예 '전세금 반환보증'에 가입할 수가 없습니다."

"그런 집에 들어갈 때일수록 필요한 제도 아닌가요?"

"보증금의 일부만 가입할 수도 있으니 조건을 잘 알아두세요. 특히 언제 계약했느냐가 중요한데, 3개월 이내에만 가입이 가능합니다. 전세금이 3억이 넘거나 계약한 지 5개월이 지나지 않았다면 서울보증보험의 전세금 보장 보험을 활용해볼 만합니다. 보증료가 더 비싸지만 전세금 한도가 없고 집주인 동의가 없어도 된다는 장점이 있거든요."

생애 첫 전세 계약할 때 알아야 할 것들

전세금을 보장해주는 보험도 있구나. 오늘 처음 알았네.

"질문 하나 할까요? 요즘 뉴스에 많이 나오는 전세 사기가 어떤 유형인지 아시나요?"

"아파트를 월세로 계약한 후에 자기가 집주인인 것처럼 행세하면서 전세 계약을 맺은 뒤 보증금 들고 사라지는 경우가 있다더군요. 어떻게 그런 사기를 칠 수 있는지……."

"맞습니다. 요즘 전세 구하기가 하늘에 별 따기라서 집도 안 보고 계약금 먼저 넣거나 이른바 '묻지 마 계약'을 하시는 경우가 많죠. 이럴 때일수록 신중하셔야 합니다. 요즘 개그 프로그램에도 보이스피싱으로 고객을 당황시켜서 돈 빼내려고 하는 거 나오잖아요. 조바심 내거나 성급함은 금물이에요."

듣기만 해도 겁이 난다. 전세금이면 전 재산이나 마찬가지인데, 사기당하면 어쩌지?

"최종 잔금 치르기 전에 등기부등본 떼어보는 건 기본입니다. 그새 대출받은 건 없는지, 달라진 사항은 없는지 꼭 확인하세요. 등기부 상의 주소가 명의자와 내가 계약하는 그 집인지, 진짜 주인이 맞는지 체크해야 합니다. 껄끄럽겠지만 주민등록증 꼭 확인 하시고요. 대리인이 계약할 경우 실제 주인의 인감증명이 있는지 확인하시고, 왠지 못 미덥다 싶으시면 현금으로 내는 대신 집주인 계좌로 이체하겠다고 하십시오."

진짜 집주인이 맞는지 확인, 또 확인! 나는 노트에 메모를 하고 별표도 몇 개 그렸다.

"요즘 부동산도 인터넷 직거래 많이 하시는데, 그럴 땐 더 각별히 주의하세요. 제 경험에 비춰 한 가지 제안을 드리자면, 이사 갈 지역의 부동산 중개업소와 미리 친해두면 좋습니다. 급매물이나 개발 정보를 얻어듣기도 하고, 실제로 살아보면 어느 동이 로열 동인지도 풍문으로 들을 수 있어요. 물론 가짜 중개인에게 속을 염려도 없죠. 전월세 이야기는 레시피에서 조금 더하고, 다음 주에는 내 집 마련과 수익형 부동산에 대해 알려드리겠습니다."

왠지 멀게만 느껴지던 부동산도 이렇게 공부했네. 앞으로도 관심을 가지고 지켜봐야겠다.

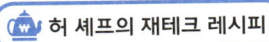 허 셰프의 재테크 레시피

내 전세금 지키기 사례별 Q&A

1. 전월세 계약할 때

계약 도장을 찍기 전 반드시 확인해야 할 서류는 등기부등본과 건축물대장이다. 등기부등본으로 현재 집주인이 누구인지, 은행 대출이 얼마나 있는지 확인한다. 이때 가장 중요한 건 근저당권이 얼마나 설정되어 있는지 체크하는 것이다. 은행은 돈을 빌려주면서 원금과 이자를 합해 채권 최고액이라는 이름으로 저당을 잡는데 대출 원금의 130% 정도 된다. 보통 보증금과 대출이 집값의 60%를 넘는다면 집 주인에게 우선 대출을 갚을 것을 요구하고 안 된다면 그 집은 피하는 게 좋다. 건축물대장에서는 내가 세 들어가는 집의 정확한 주소와 호수, 면적과 용도 등을 확인한다. 이는 등기부등본에도 나오는 사항이지만 그 원본이 건축물대장이기 때문에 따로 확인할 필요가 있다. 만약 계약서상 주소와 호수가 정확하게 기재되어 있지 않다면 집이 경매로 넘어갈 경우 보증금을 한 푼도 못 건지므로 주의한다.

2. 입주할 때

세입자가 보증금을 보호받는 가장 간편하고 확실한 방법이 동 사무소(주민센터)에 가서 확정일자를 받는 것이다. 전입신고 시 계약서 들고 가서 확정일자 받아달라고 하면 끝! 확정일자를 받으면 집 주인이 바뀌어도 2년간 살 수 있는 권리가 생기며, 경매로 넘어가더라도 순위에 따라 보증금을 보상받을 수 있다. 등기부등본에 전세권을 설정하는 방법도 있다. 전세권을 설정하려면 우선 집주인의 동의를 받아야 하고, 보증금이 1억 원이라면 약 25만 원 정도의 비용도 든다. 경매에 넘어 갔을 경우 확정일자는 건물과 토지를 합한 금액에 대해 보상을 받지만, 전세권설정 땐 건물에 대해서만 보상을 받기 때문에 일반적으로는 확정일자를 받는 게 유리하다. 하지만 주거형 오피스텔의 경우 집주인이 세금상 불이익 때문에 전입신고를 꺼리는 경우가 대부분이므로 반드시 전세권 설정을 해두도록 한다.

3. 전세금 돌려받을 때

전세 계약 후 2년이 지나 이사를 결정했다면, 계약 종료 2개월 전에 집주인에게 의사를 밝혀야 한다. 만약 세입자와 집주인 둘 다 언급이 없다면 '암묵적 계약 연장'이 적용되어 이전의 계약서대로 2년이 자동 연장된다. 암묵적 계약 연장 기간이라도 세입자는 언제든지 이사를 갈 수 있으나, 반드시 집주인에게 두 달 전에 통보해야 한다. 만약 계약이 끝난 이후에도 보증금을 돌려받지 못하면 아무리 이사가 급해도 절대 짐을 빼면 안 된다. 짐을 빼면 전세 보증금을 스스로 포기하는 걸로 판단되기 때문에 영영 돈을 못 받게 된다. 만약 꼭 먼저 이사를 가야 한다면 '임차권 등기명령'을 신청하고 받아들여졌는지 확인해야 한다. 끝내 보증금을 돌려주지 않을 땐 최후의 수단으로 '보증금 반환 소송'을 한다. 그 첫 단계가 법무사를 찾아가 전세금 반환 요구 내용증명을 보내는 것이다. 이 정도만 해도 집주인 입장에서는 엄청난 압박을 받기 때문에 새로운 세입자를 구하는 데 적극적인 태도를 보임으로써 문제가 해결되는 경우가 많으니 참고하자.

내 집 마련!
할 것인가, 말 것인가

:

지난주 수업에서 전월세 계약 시
참고할 사항들을 배웠다.
이제부터 재테크 최우선 목표는 '전세금 마련'이라고
부자 노트에 적었다.
전세 계약 시 알아둬야 할 것도 공부했으니 문제없다.
이번 주 브런치 수업은
내 집 마련과 수익형 부동산에 대해서다.

로또 1등에 당첨되면 하고 싶은 것

"오호, 상상만 해도 심장이 두근두근해요!"

"꿈은 이뤄진다는 말도 있잖아요. 돈 드는 것도 아닌데 상상이나 실 컷 해보죠! 로또 1등에 당첨된다면 무엇을 하시겠습니까?"

"당첨금이 얼마나 되는지 모르겠지만, 빚 조금 있는 거 갚고 집 한 채 사고 싶습니다."

왕년의 로또홀릭 정훈 씨가 황홀한 표정으로 말하자 사람들이 소 리 내어 웃는다.

"바로 정답이 나왔네요. 다른 분들도 약간씩 차이는 있겠지만, 집이 없는 사람들이라면 대부분 같은 대답을 할 겁니다. 그렇지 않나요?"

난 어떨까? 15억 정도의 당첨금을 받는다면 엄마랑 아빠랑 1억씩 주고, 근사한 차랑 명품 가방도 하나씩 사주고, 그러고 나면…… 그 래, 역시 아파트 한 채는 장만해야 할 것 같다.

"앞으로 집값이 오를지 떨어질지는 대한민국의 영원한 논쟁거리죠. 일본처럼 향후 20년간 하락 곡선을 그릴지, 미국처럼 몇 년 안에 안정 세를 찾고 회복할지는 누구도 모릅니다. 오늘 수업에서는 내 집 마련 에 대한 이야기를 할 건데요. 꼭 명심하셨으면 하는 이야기가 있어서 로또 1등을 가정해봤습니다."

"내 집 마련을 생각할 때 꼭 명심해야 할 거라고요? 그게 뭔가요?"

"과도한 빚을 내서 집을 살 생각은 아예 말라는 거죠. 2억, 3억씩 통 크게 대출해서 집을 사두면 알아서 집값이 오르는 시대는 끝났으 니까요. 그런데 한 가지 더 명심할 게 있습니다. 집값이 한정 없이 떨

어지기만 하지도 않을 거라는 사실이죠. 지금 여러분도 느끼는 것처럼 돈이 생기면 집을 사고 싶어 하는 게 우리나라 사람들의 심리니까요."

오르든 떨어지든 '살 집'이 필요하다

"셰프! 그렇게 안 봤는데 요즘 부동산에서 알바하십니까? 지금은 집 살 때가 아닌 것 같은데요?"

지연 씨가 살짝 눈을 흘기자, 셰프가 당황하는 표정을 지으며 성대모사를 시작했다.

"태안 바닷가에 좋은 땅 있는데 투자하실래요? 딱 세 분만 모십니다. 미분양 아파트 반값에 장만하세요. 이런 기회 평생 없습니다. 뭐 이렇게 하면 되나요? 부동산 이야기하면 항상 오해를 받곤 하죠. 하지만 저는 억울합니다. 집을 사든 사지 않든 선택은 본인이 하는 거니까요. 저는 그저 경제 주기와 관련해 따져봐야 할 것들을 알려드리려는 것뿐입니다."

"셰프 말씀이 맞습니다. 저도 생각해봤는데, 앞으로 집값이 오르면 오르는 대로, 떨어지면 떨어지는 대로 내 인생을 좌지우지하게 될 것 같더라고요. 내 집이든 전세든 월세든 '살 곳'은 있어야 하니까요."

8년간 치밀하게 준비해 원하는 동네에 집을 장만한 용만 씨의 의견이다.

"폭락론자 입장에서 봐도 집값이 많이 떨어진다면 언젠가 집을 사게 되지 않을까요? 만약 집을 사게 된다면 여러 가지 조건을 '최적화'해서 사는 게 가장 좋을 거고요. 그러니 집을 사든 사지 않든 관심을 가지고 지켜볼 필요가 있습니다."

정훈 씨가 말을 받았다. 부동산 수업이라 그런지 회원들의 관심이 뜨겁다.

"저는 요즘 부동산 시장이 엄청난 격변기라고 생각하고 열심히 공부하고 있습니다. 우리나라에만 있는 제도라는 전세가 정말 사라질 것인지, 월세로 전환된다면 기업형 임대업자들이 늘어나면서 집값이 안정되지는 않을지, 이것저것 따져볼 게 많더라고요. 뭐, 전세도 지키기 힘든 처지이지만 그래도 공부해두면 언젠가 활용할 날이 올 것 같습니다."

"제가 가장 걱정하는 부분은 금리가 오르면 하우스푸어들이 얼마나 버틸 수 있을까 하는 거예요. 가계 부채가 심각하다는 뉴스가 몇 년째 계속되는 거 다들 아시잖습니까?"

내 집, 마련하기로 결정했다면 이것만은 꼭!

"네, 그런 부분들을 유심히 보시면 됩니다. 평생 집을 사지 않겠다는 철학을 가진 분들은 모르겠지만, 향후 10년 안에 집을 살 계획이라면 꾸준히 준비하시는 게 좋거든요."

"집이야 돈만 있으면 언제든 살 수 있는 건데 또 준비할 게 있는 건가요?"

"부동산 시장과 관련해서는 언제 기회가 올지 모르니까요. 대박을 낼 기회가 아니라 합리적인 가격에 구매할 수 있는 기회 말입니다. 열심히 돈을 모으는 동시에 좋은 매물을 찾아두는 노력이 필요합니다.

부동산 시장의 추이를 따라가는 일은 당연한 거고요. 용만 씨가 경험담 좀 풀어놓으시죠?"

나는 노트에 '부동산 시장의 추이를 공부하며 좋은 매물을 찾아둔다'고 메모했다.

"저 같은 경우 살고 싶은 동네의 아파트를 두세 곳 찍어 몇 년간 추적 관찰을 했습니다. 주변 개발 계획이 나오면 꼼꼼하게 스크랩하고, 셰프님이 지난주에 말씀하셨던 것처럼 부동산에 죽치고 있던 날도 꽤 많았어요. 부동산 시장은 특히 정책에 맞서지 말라는 말이 있거든요. 몇 달이 멀다하고 부동산 정책들이 쏟아지는데, 당장은 나랑 관계없어 보이더라도 열심히 체크해두는 게 좋습니다. 경제 뉴스에서 자세하게 설명해주니까 챙겨 읽기만 하면 되죠."

"부동산 정책을 따라가되 곧이곧대로 받아들여서는 안 됩니다. 제 친구도 1년 전에 취득세 면제 혜택을 노리고 집을 샀는데, 집값이 떨어져 후회막심이라고 하더라고요."

"요컨대 부동산과 관련해서는 낙관도 비관도 도움이 되지 않습니다. 지금 대한민국 부동산 시장은 '전대미문'의 시기를 겪고 있거든요. 최대한 냉철하게 시장을 분석한다는 마음을 가지세요. 인구가 줄고 매매 수요가 받쳐주지 못해 집값이 계속 떨어질 거라는 논리를 믿을지, 여기까지 떨어지면 구매해도 되겠다고 결정할지는 본인의 선택이고 책임입니다."

전대미문의 시기라……. 집을 사기만 하면 무조건 올랐던 시절이 끝났다는 의미겠지?

수익형 부동산? 허 셰프의 실패담

"부동산 시장에서 내 집 다음으로 관심을 갖는 게 수익형 부동산, 다시 말해 월세를 받는 거죠. 이건 제 실패담부터 시작해야 할 것 같습니다."

셰프의 실패담? 몇 달간 수업 들으면서 이런 이야기는 처음이다. 민망한지 셰프가 흠흠, 헛기침을 하더니 이야기를 시작한다.

"제가 평범한 월급쟁이였을 때 주거형 오피스텔을 사서 월세를 받고 싶다는 간절한 꿈이 있었습니다. 쉬는 날이면 여기저기 모델하우스를 보러 다니고, 나름 상권 분석을 한답시고 종일 커피숍에 죽치고 앉아 있기도 했죠. 그러기를 1년! 드디어 딱 좋은 입지에 세대수도 많은 오피스텔을 발견해 구입하기에 이르렀습니다. 제 명의로 된 첫 집이었죠."

그런데 잘 안 된 건가? 천하의 허 셰프도 나무에서 떨어질 때가 있었다니.

"연 7, 8%의 수익을 기대했지만 월세 받는 꿈은 오래가지 못했습니다. 역에서 3분 거리에 있었고 상권도 더할 나위 없이 좋았는데, 이유가 뭔지 참 갑갑하더군요. 나중에야 알았습니다. 주변에 비슷비슷한 오피스텔이 우후죽순처럼 들어서고, 자연스레 임대료 인하 경쟁이 붙었다는 걸요. 제가 간과한 게 또 있었습니다. 월세 60만 원짜리 오피스텔의 대체재가 주변에 너무 많더라고요. 잠만 자는 방, 하숙, 고시원 등등이요. 결국 2년도 못 버티고 손해보고 팔수밖에 없었죠."

하긴 월세 60만 원짜리 오피스텔에 살 수 있는 사람이 그렇게 많지는 않으니까.

"집을 살 생각이 없는 분일수록 부동산 시장을 꼼꼼하게 챙겨볼 것을 강조하면서 수업을 마치겠습니다. 지켜보시면 아시겠지만 부동산 가격이 요동칠수록 손해 보는 건 세입자들이기 때문입니다. 정책을 잘 알고 있어야 세입자의 권리가 보장되는 쪽으로 목소리를 키울 수 있으니까요. 다음 주에는 연말정산에 대해 정리해드릴 테니 빠지지 말고 오세요."

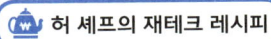

허 셰프의 재테크 레시피

부동산, 아는 만큼 보인다

1. 실수요자인가, 투자자인가

집은 '사는 곳'이자 '사는 것'이다. 주거를 위한 수단이면서 투자의 대상이기도 하다는 뜻이다. 이런 관점에서 집을 산다는 건 전세금만큼 주거비를 소비하는 것이고, 집값에서 전세금을 뺀 만큼 부동산에 투자한 것으로 볼 수 있다. 따라서 집값이 떨어지면 어쩌나 걱정은 되지만, 그래도 이사 다니기 싫어서 내 집을 마련하고자 한다면 부동산 투자 부분이 적은, 다시 말해 집값 대비 전세금 비율이 높은 지역을 중심으로 알아보자. 대체로 전세금에는 사람들이 그 집에 대해 어떻게 평가하는지가 반영되기 마련이다. 많은 사람들이 살고 싶어 하는 동네에 선호하는 주택을 고른다면 상대적으로 집값 하락에 대한 걱정을 덜 수 있다.

2. 집의 가치는 땅에서 나온다

집값이 비싼 것은 기본적으로 집을 지을 수 있는 땅이 좁기 때문이다. 재개발 예정 지역 아파트나 빌라 가격은 정확하게 그 집이 차지하고 있는 대지 지분에 따라 결정된다. 재개발이나 재건축 이슈가 없는 아파트를 살 때도 땅 중심으로 접근하면 의외로 좋은 집을 고를 수 있다. 우선 등기부등본에서 대지 지분을 확인하고 같은 조건이면 대지 지분이 넓은 곳을 선택하도록 하자. 또한 매매 지역을 고를 때도 우선 땅을 살펴라. 아파트나 빌라가 지어져 있는 땅이 네모반듯하게 잘 빠졌고, 평평한 평지에 들어선 단지가 가치가 높다.

3. 용의 꼬리? 뱀의 머리!

일단 집을 구입할 지역을 골랐다면 다소 비싸더라도 많은 사람들이 선호하는 브랜드의 아파트, 로얄동, 로얄층을 선택하라. 처음 구입한 집에서 죽을 때까지 살 작정이라면 적당한 집을 골라도 되지만 향후에 집을 옮길 가능성이 있다면 '그 동네에서 제일 좋은 집을 고른다'는 마음으로 접근해야 한다. 로얄층은 보통 12층 아파트라면 6~8층 정도이고, 24층 정도 고층아파트에서는 보통 6층~20층 사이에서 개인의 선호에 따라 고르면 된다. 인터뷰했던 부동산 부자 한 분은 집을 살 때 사흘 밤낮을 꼬박 지켜보고 산다고 한다. 그래야 진짜 로얄동과 로얄층을 가려낼 수 있다는 것이다. 이 정도까지는 아니더라도 내가 살 집의 주변 환경을 최대한 파악한 후에 구입한다는 생각을 갖자. 내 집 마련은 가장 중요한 재테크 결정이니까.

4. 오피스텔에 투자한다면 이것만은!

오피스텔과 아파트의 가장 큰 차이점은 집값 대비 전세금 비율이다. 오피스텔은 전세금 비율이 90% 이상으로 매우 높다. 사실상 매매가와 전세금 차이가 거의 없다고 보면 된다. 오피스텔은 대부분 거주 가치로 소비되고, 투자 가치는 거의 없다고 생각하고 접근한다. 꼭 기억해둘 점은 거주 가치가 시간이 흐를수록 떨어진다는 것이다. 아파트는 낡을수록 전세금이 떨어지지만, 재건축 기대감에 투자 가치 부분이 껑충 뛰기 때문에 가격이 오르는 경향이 있다. 하지만 오피스텔은 낡으면 낡을수록 매매가가 떨어진다. 주변에 새 오피스텔 건물이 들어오거나 주변 도로 공사 등으로 입지 조건이 바뀌면 공실률이 높아질 위험이 있음을 명심하자. 허 셰프의 실패담에서 봤듯이 세입자 입장에서는 고시원, 도시형 생활주택 등 다른 대체재도 많음을 기억해야 한다.

물가만 오르냐?
세금도 오른다

:

어느덧 막바지를 향해가는 중급 코스 수업.
부동산까지 전반적인 금융 상품 공부가 끝나고,
이제 가장 중요하고 꼭 필요한 수업이 남았다.
재테크는 안 해도 세테크는 해야 하는 시대,
대한민국 직장인이라면
누구나 피해갈 수 없는 연말정산에 대해 알아본다.

아, 대한민국 월급쟁이들의 비애

"제 말이 그 말이에요. 이건 뭐 모든 게 비싸지기만 하니 가계부를 쓰다 보면 막막합니다."

"월급이랑 자식 성적만 빼고 다 오른다잖아요. 제가 보기에 나라 경제 살리는 방법은 딱 하나예요. 월급 올려주는 거요! 돈 생겨보세요. 자연히 소비 늘어나고, 그럼 자영업이 잘 돼서 줄줄이 일어서는 거 아니겠어요?"

"일리 있는 지적입니다. 얼마 전 IMF가 우리 정부에 가계 소득을 늘리는 정책을 펴야 한다고 권고하기도 했죠."

오늘 중급 수업은 푸념으로 시작됐다. 이상하긴 하다. 똑같은 물건들을 쓰면서 사는데도 매달 생활비가 더 들어가는 것 같으니……

"물가 때문에 스트레스 많이들 받으시죠? 요즘 저도 힘듭니다. 재료비와 부대비용은 오르는데, 메뉴 가격을 올리기에는 가격 저항이 만만치 않기 때문이죠. 이렇게 물가가 오르면 사람들은 소비를 줄이려는 노력을 합니다. 덜 사거나 덜 먹거나 하는 식으로요. 그런데 많은 분들이 간과하고 있는 게 하나 있습니다."

"간과하고 있는 한 가지라고요? 그게 뭔데요?"

"물가만 오르는 게 아니거든요. 세금도 꾸준히 오릅니다. 복지 정책이 늘어날수록 세금도 오를 수밖에 없겠죠. 재테크는 안 해도 되지만 세테크는 꼭 해야 하는 시대가 된 겁니다. 앞으로 세금이 계속 오른다면 어떻게 대비해야 할지 공부해둬야 하는 거죠."

"정부가 세금 징수에 신경 쓰는 건 맞나 봐요. 국세청에서 지난 5년간 세금 내역을 조사해서 연말정산 때 과다 공제가 되었다며 추가분을 물렸다는 뉴스를 봤습니다."

"앞으로 그런 일이 더 많아질 겁니다. 이제 연말정산 시즌이잖아요. 많이들 알고 계시겠지만 꼭 알아둬야 할 몇 가지를 정리해드리려고 합니다."

연말정산, 직장인이 쓸 수 있는 카드

아, 그러고 보니 작년 연말정산은 어떻게 했더라? 신입이라 별로 공제받을 것도 없었던 것 같은데, 올해는 이것저것 챙겨놔야겠는걸?

"브런치 재테크 수업을 듣는 분들이라면, 이미 연말정산형 지출 구조를 만들어놓으셨을 겁니다. 가장 대표적인 게 현금영수증과 체크카드 사용이죠. 다들 그렇게 쓰고 계시죠?"

"네, 그 부분은 미리 공부했으니까요. 신용카드는 15%이지만, 현금과 체크카드는 30% 공제율이니 딱 두 배잖아요. 그래서 '경성이브' 나오고부터는 체크카드만 씁니다. 참, 2014년부터는 신용카드 공제율이 10%로 줄어든다는데, 체크카드 쓰는 게 세 배나 유리해지는 거죠?"

"네, 잘하고 계시니까 두 가지만 짚어드리겠습니다. 첫째, 카드 공제는 절대 목숨 걸지 마세요. 연봉의 25%가 넘는 금액부터 소득공제 대상인데, 몇 만 원 공제받겠다고 카드를 많이 긁는 것보다 안 쓰는 게 '남는 장사'거든요. 연봉의 25%까지는 혜택이 좋은 신용카드를 쓰고, 그 이상 액수부터 체크카드를 쓰는 방법은 다들 아시죠?"

"저도 그렇게 쓰고 있습니다. 연말정산 관련한 경제 뉴스에 꼭 나오잖아요. 신용카드와 체크카드의 황금 비율 어쩌고 하면서요."

"둘째는 전통 시장과 대중교통 비용을 잘 활용하라는 겁니다. 추가로 각 100만 원씩 더 공제가 되니까요. 교통비 할인해주는 신용카드, 전통 시장 할인해주는 체크카드와 연계해서 쓰시면 나름 쏠쏠합니다. 특히 남은 기간 동안 벼락치기로 소득공제를 받으시려면 전통 시장을 활용해보세요. 일부 동네 슈퍼나 중소형 마트도 전통 시장으로 분류되는 곳들이 꽤 있으니 국세청 홈페이지에서 검색해보고 가시면 됩니다."

연말정산 대표 금융 상품 2가지

"소득공제 혜택이 계속 줄어서 저 같은 싱글들은 공제받을 것도 별로 없어요. 그래서 매년 요맘때만 되면 연금저축이라도 가입해야 하나 망설이게 되더라고요."

지연 씨가 말했다. 셰프가 고개를 끄덕였다.

"소득공제를 받을 수 있는 대표적인 금융 상품 두 가지가 청약저축과 연금저축인데요. 청약저축은 무주택 세대주만 공제받을 수 있으니 여건이 되면 세대주 분리를 고려해보세요. 연간 최대 120만 원의 40%(48만 원)까지 공제받을 수 있다는 건 다들 아시죠? 가입 5년 이내에 해지하면 연말정산 받은 금액의 일부를 토해내야 한다는 것도 기억해두시고요."

"저도 올해 청약저축 가입했는데요. 가입만 하면 국세청에서 알아서 해주나요?"

"주민등록등본과 신분증을 가지고 해당 은행에 방문하셔서 무주택 세대주 등록해달라고 해야 합니다. 아직 안 하신 분들은 연말정산 서류 나오기 전에 가서 등록하세요."

정훈 씨가 말했다. 아, 그렇구나! 월요일에 당장 가서 등록해야겠다.

"이제 연금저축이 남았는데요. 여기에 숨어 있는 함정이 있습니다."

"함정이라고요?"

"네. 소득공제 효과'만' 노리고 가입하지 말고 신중해야 한다는 겁니다. 연봉이 8,000만 원 넘으면 모를까, 그 이하 분들에겐 베스트가 아닐 수 있거든요. 특히 사회 초년생의 경우 종잣돈 3,000만 원 혹은 5,000만 원 이상 모은 후에 가입을 고민하길 권합니다. 돈이 오래 묶이는 데다 중도 해지 가산세가 22%나 되기 때문입니다."

"신연금저축은 어떤가요? 기존 연금저축을 옮기는 사람들이 많던데요."

"의무 가입 기간이 5년으로 줄어서 부담이 덜한 건 장점입니다. 분기별 납입 한도가 없기 때문에 지금 당장 400만 원을 채워 넣어서 최대로 공제받을 수도 있고요. 그런데 이번 세제 개편안에서 연금저축이 세액 공제로 전환되면, 공제받는 금액이 많이 줄어듭니다. 아직 확정된 건 아니니까 여러 상황을 잘 따져보신 후에 가입하세요."

챙겨야 할 것들이 왜 이렇게 많아?

"연금에 일시불로 400만 원씩 척척 넣을 수 있으면 얼마나 좋겠습니까? 노후 대비해야 하는 건 알지만 당장 쓸 돈도 모자라니 원……."

"그래도 한 푼이라도 더 돌려받으시라고 챙겨야 할 항목 몇 가지 알려드릴게요. 2013년부터 어린이집과 유치원의 급식비로 지출한 돈도 소득공제를 받을 수 있습니다. 초중고 방과 후 학교 수업료와 교재비, 그리고 평생교육 시설에서 사용한 교육비도 소득공제를 받을 수 있어요. 이런 영수증이 있다면 이번 연말정산 때 꼭 챙기시기 바랍니다."

"저, 월세 소득공제는 어떻게 받나요? 받는 사람이 별로 없다던데……."

"다인 씨처럼 부양가족이 없는 단독 세대주도 월세 소득공제를 받을 수 있습니다. 집이 전용 85제곱미터 이하이고 연봉 5,000만 원 이하 근로자라면 월세금의 50%, 최대 300만 원까지 공제가 되는데요. 확정일자가 찍힌 계약서 사본, 계좌 이체 영수증이나 무통장 입금증 등 월세를 냈다는 증거 서류를 준비해 회사에 제출하면 됩니다. 세무서를 방문하거나(우편 접수도 가능) 국세청 현금영수증 홈페이지에서 신청하는 방법도 있습니다. 집주인 눈치가 보인다면 계약 기간이 다 끝난 후 따로 신청해도 공제받을 수는 있습니다."

"아, 월세도 그렇고 연말정산만 생각하면 골치가 아파요. 뭐가 이렇게 복잡한지……."

"제가 정말 드리고 싶은 말씀은 이겁니다. 골치 아프고 어려워도 세법은 꼼꼼히 공부해둬야 한다는 거죠. 월세 소득공제만 해도 그렇습니다. 계약 기간이 끝난 후 소득공제를 받으면 집주인 눈치 안 보고 좋죠. 하지만 집주인들이 다른 방법을 강구할 테고, 결국 세입자만 불리해지겠죠. 집주인과 세입자 모두에게 유리하도록 제도 자체를 바꿔야 하는데, 그러기 위해서는 꾸준히 관심을 기울여 목소리를 내야 합니다. 다음 주에는 오늘 못 다한 의료비 등에 대한 추가 설명과 앞으로의 연말정산을 미리 준비하기 위한 팁을 알려드릴게요. 궁금한 점은 식사 후 물어보십시오."

🫖 허 셰프의 재테크 레시피

연말정산 제대로 준비하기

1. 가족부터 챙겨라, 연소득 기준은 100만 원

내 월급으로 부양하는 가족들이 있다는 사실만으로 공제를 받을 수 있다. '나이'와 '소득 금액' 기준을 충족해야 부양가족으로 인정된다. 배우자, 자녀, 부모, 그리고 형제자매로 모두 연소득 100만 원 미만이어야 한다. 다음으로 따져볼 것은 나이 제한. 배우자는 나이 제한이 없지만 부모는 60세 이상, 자녀는 20세 이하, 형제자매는 20세 이하이거나 60세 이상이라는 조건을 동시에 만족해야 한다. 부양가족으로 인정되면 1인당 150만 원씩 공제받을 수 있다. 부양가족 수에는 제한이 없고 주소가 달라도 등록이 가능하다. 결혼한 경우 본인의 부모님에 배우자 부모님까지 모두 부양가족에 올려놓으면 '150만 원×6명=900만 원'에, 양가 부모님이 낸 보험료, 의료비, 신용카드 사용액까지 13월의 월급봉투가 두둑해진다. 특히 부모님이 만 70세를 넘으셨다면 100만 원이 추가로 공제되고 장애인, 출산과 입양, 6세 이하 자녀, 다자녀, 한 부모 가정이라면 100~200만 원씩 추가로 공제가 가능하다는 것도 알아두자.

2. 맞벌이 부부의 연말정산 전략 따로 있다

맞벌이 부부들은 연말정산을 염두에 두고 지출 계획을 짜야 한다. 우선 인적 공제는 연봉이 많은 사람에게 몰아주자. 똑같이 1인당 150만 원을 공제받더라도 세율이 높을수록 금액이 커지기 때문이다. 의료비와 교육비, 보장성 보험료는 모두 인적 공제를 따라간다는 점을 기억할 것. 남편 이름으로 아들 인적 공제를 받는다면 아들 의료비와 보험료 등도 아내 카드가 아닌 남편 카드로 써야 공제가 된다. 맞벌이 부부가 가장 조심해야 할 부분이 바로 보장성 보험료 공제. 부양가족을 피보험자로 하고 본인이 직접 지출한 보장성 보험료에 대해 연 100만 원까지 소득공제를 해주는데, 만약 내가 계약자이고 배우자가 피보험자라면 소득공제가 안 된다. 일반적으로 신용카드 사용액은 연봉이 높은 사람에게 몰아주게 되지만, 사용액이 많지 않다면 연봉이 낮은 쪽 명의의 카드를 쓰는 것도 방법이다.

3. 아차 하다가 배보다 배꼽이 더 클 수 있다

복잡한 서류를 다 제출하고 쏠쏠하게 환급을 받았다고 해도 안심하긴 이르다. 실수로라도 잘못 신고하면 나중에 환급받은 금액에 가산세까지 물어내야 하기 때문. 가장 실수를 많이 하는 부분이 인적 공제다. 부모님을 부양가족으로 올려 신고했는데 알고 보니 1년에 100만 원이 넘는 소득이 있다거나, 다른 형제가 이미 부양가족으로 올렸다면 '환급금+가산세 20%'를 물어야 한다. 맞벌이 부부가 자녀를 동시에 신청하는 경우도 많은데 이런 경우도 가산세를 내야 한다. 그다음으로 국세청이 주시하는 자료가 바로 주택 대출 이자에 대해 환급해준 소득공제 부분이다. 보통 무주택 근로자가 취득 당시 가격 3억 원 이하면서 전용면적 85㎡ 이하인 주택을 사기 위해 대출을 받은 경우 대출 이자에 대해 1,000만 원까지 소득공제를 해준다. 그런데 공제 대상 주택 조건이 매우 까다롭다. 상환 기간이 15년 이상이어야 하며 등기일로부터 3개월 내에 차입한 경우만 이에 해당한다. 위에 나열한 모든 경우를 다 만족해야 소득공제를 받을 수 있기 때문에 잘 따져보고 신청해야 한다.

연말정산 전략
180도 수정하라

:

지난 주 연말정산 첫 수업에서는
월세와 연금저축 등 금융 상품 활용법과
맞벌이 부부의 세테크 전략에 대해 배웠다.
이번 주도 의료비와 보험, 교육비 등
연말정산에 대한 수업이 이어진다.
또 다음 연말정산을 최적화할 수 있는 전략도
미리 공부한다.

연말정산 효자 항목 4총사의 배신

"그 항목들은 다 끝났다고 보시면 됩니다."

"네? 끝났다고요? 4총사 전부 다요?"

"아직 확정된 것은 아니지만, 그렇게 될 확률이 100%에 가깝습니다."

"아, 안타깝네요. 연말정산때 이만한 효자항목들이 없었는데 말이죠."

"이제부터 연말정산 관련해서 많은 부분이 바뀌게 됩니다. 세법개정안이 통과되면 더 자세히 알려드릴 텐데요. 연말정산 전략을 180도 수정해야 할 때가 된 것 같습니다."

보험료, 의료비, 교육비, 기부금. 연말정산 효자항목 4총사였다고 한다. 그런데 이 네 가지 특별공제 항목이 많이 바뀌는 모양이다. 어떻게 바뀌길래 중급 코스 사람들 모두가 아쉬워하는 거지?

"그 네 가지 공제가 꽤 쏠쏠했나 보죠? 그런데 이제 공제 못 받는 건가요?"

"아, 다인 씨랑 소연 씨는 제대로 된 연말정산이 처음이겠군요? 특별 공제 4총사가 아주 쏠쏠했죠. 사람들이 소득세를 줄이는 수단으로 가장 많이 이용했던 게 보험료고, 그 다음이 의료비와 교육비 순이었다는 자료가 있습니다. 기부금 많이 내시는 분들도 많이 돌려받으셨고요."

"잘은 모르지만 저도 챙겨보고 싶었는데 말이죠."

"연말정산 왕초보 다인 씨와 소연 씨를 위해 2013년까지 적용되던 조건을 간단히 알려드릴게요. 첫째, 보장성 보험료는 100만 원까지 소득공제를 해줬습니다. 실비랑 암보험 드신 것들 있죠? 그 보험료라고 생각하시면 되고요. 둘째, 의료비는 총 급여의 3%를 넘는 금액에 대해 700만 원 한도로 소득공제를 해줬지요. 본인 의료비는 한도 제한도 없었고요."

소득공제는 가고 세액공제만 남았네

엄마가 옛날에 들어둔 건강보험이랑 단독 실비랑 암보험료까지 6만 원쯤 빠져나가니까, 72만 원 정도 소득공제가 되었던 건가? 의료비는 올해 쓴 게 몇 만 원 안 될 것 같은데.

"셋째, 교육비는 본인 등록금은 무제한이고 대학생 자녀 900만 원, 초중고생은 300만 원 한도로 공제되었습니다. 대학원을 다니시는 분은 쏠쏠했겠죠. 그리고 넷째, 기부금은 종류에 따라 다른데, 법정 기부금은 전액이 공제되고 지정 기부금은 30%가 되어서 효자노릇 톡톡히 했고요."

"휴, 다 알고 있던 거지만 듣고 보니 새삼 아쉽네요. 그게 다 세액공제로 바뀐다는 거잖아요? 이건 뭐 연말정산 때 돌려받기는커녕 토해내게 생겼습니다."

"네, 그렇습니다. 정부가 내놓은 세법 개정안의 핵심은 딱 하나 '세액공제'입니다. 자녀들 인적 공제부터 지난주 설명해드린 연금저축, 의료비 등 효자 항목 4총사까지 많은 항목들이 '소득공제'에서 '세액공제'로 전환될 예정이거든요."

"그런데 소득공제는 뭐고, 세액공제는 뭔가요?"

"많이들 헷갈려하시는 부분입니다. 쉽게 설명해드릴게요. 먼저 과세 표준을 이해하셔야 합니다. '과세표준'이란 쉽게 말해 세금을 매기는 기준이에요. 연봉에 따라서 세금으로 떼어가는 비율이 다르다고 이해하시면 돼요. 1,200만 원 이하는 6%, 4,600만 원 이하는 15%, 8,800만 원 이하는 24%, 3억 원 이하는 35%, 3억 원 초과는 38%를 세금으로 내야 합니다."

"그럼 저랑 소연이는 15%를 세금으로 내야 하는 셈이군요?"

"다인 씨 연봉 공개하셨네요? 과세표준만 보면 그렇습니다. 소득공제에서 세액공제로 바뀐다는 건 이 금액을 계산하는 방식이 달라진다는 겁니다."

"어떻게 달라지는데요?"

소득공제보다 세액공제가 무서운 이유

"소득공제는 연소득에서 공제해주는 각종 지출을 뺀 뒤 남은 금액을 연봉으로 보고 세금을 매깁니다. 쉽게 말해 연봉에서 보장성 보험료랑 기부금, 교육비, 의료비 등을 비용으로 보고 빼주는 겁니다. 이런 비용이 많을수록 과표 기준이 낮아지니 고소득자에게 유리하죠."

정훈 씨가 조금 더 자세히 설명을 시작한다.

"예를 들어 내 연봉이 5,000만 원이고 보장성 보험료 100만 원, 법정 기부금 100만 원, 교육비 700만 원, 의료비가 500만 원이라고 쳐요. 보험료와 법정 기부금, 교육비는 전액 공제가 되니까 900만 원을 빼면 4,100만 원을 연소득으로 보겠죠? 여기에 의료비는 총 급여의

3% 초과분이 공제되니까 150만 원(5,000만 원의 3%)을 뺀 350만 원이 추가로 공제됩니다. 다시 말해 내 세금을 매기는 기준은 연봉 5,000만 원이 아닌 3,850만 원이 되는 식입니다. 세율은 당연히 24%가 아닌 15%가 되겠지요. 이건 단순하게 설명 드린 거고요. 실제로는 총 급여 5000만 원에서 근로소득공제(1300만 원)를 뺀 3700만 원을 근로소득금액으로 봅니다. 여기서 본인공제 150만 원 등 인적공제와 월급 주기 전에 떼어간 국민연금과 건강·고용보험료를 제하고, 연금저축과 청약저축, 카드사용액까지 '소득공제' 해준 후 과세표준을 정하기 때문에 실제 적용되는 과세표준 금액은 훨씬 더 낮아지게 됩니다."

"정훈 씨가 잘 계산해주셨네요. 이 방식이 2013년까지 적용되었던 소득공제 방법입니다. 이제 세액공제로 계산해볼까요? 세액공제는 공제 항목별로 쓴 돈의 일부를 일정한 비율로 돌려주는 방식입니다. 과세표준 기준으로 연소득이 5,000만 원이라면 그 연봉 그대로 세금을 먼저 매긴 후에 보험료랑 기부금, 의료비 등 쓴 돈의 12%(보험료, 연금저축)~15%(의료비, 교육비, 기부금)를 깎아줍니다. 하지만 세율은 24%나 되고 돌려받는 금액은 상대적으로 더 적어지니 불리한 거죠."

"소득공제는 연봉에서 다 뺀 후 세금을 매긴다, 세액공제는 세금을 많이 매긴 후에 조금 깎아준다, 뭐 이런 건가요?"

"네, 그렇게 이해하시면 됩니다. 법이 통과되어봐야 알겠지만, 체감 효과상 가장 세금이 늘어난다고 느낄 사람은 총 급여 5,500만 원 이상 월급쟁이들입니다. 그전에는 교육비와 의료비, 보장성 보험료와 연금저축이 소득에서 빠지고 세금을 매겨서 15%나 24%의 세율을 적용

받았지만, 개정안이 발효되면 24%나 35%의 세율을 적용받을 확률이 높으니까요. 감면으로 돌려받는 금액도 당연히 적어질 거고요."

'13월의 월급'과 이별할 준비를 하자

"월급쟁이 지갑은 유리지갑이라는 게 어제오늘 일이 아니지만 참 속 상합니다."

"이제 연말정산으로 두둑하게 돌려받는 시대는 끝났습니다. 슬슬 이별을 준비하시는 게 좋을 것 같습니다. 절세 열차는 이미 떠났으니 까요."

"이별이라뇨?"

"연말정산에 대한 기대를 접으시는 게 좋다는 뜻입니다. 먼저 과세 표준이 4,600만 원(연봉 6,000만 원 수준) 조금 넘거나 8,800만 원 수준 에 걸려 있는 분들은 과세표준을 낮출 수 있는 방법을 찾아보셔야 합 니다. 동료나 후배와 연봉은 몇 십만 원 차이인데, 세금은 훨씬 많이 낼 수도 있으니까요. 나머지 분들은 연말정산에서 돌려받겠다는 생각 을 지우시는게 좋습니다."

"네에? 셰프가 월급쟁이 아니라고 너무 쉽게 이야기하시는 거 아닙 니까?"

"세금 몇 만 원 더 돌려받으려다가 낭패를 볼 수도 있어서 드리는 말씀입니다. 연봉의 25%까지는 신용카드를 쓰고 체크카드와 현금영 수증을 쓰는 게 맞지만, 당장 몇 만 원의 지출을 아끼는 게 더 현명하 니까요. 연금저축도 세액공제로 전환되면 효용성이 많이 떨어지는데,

꼭 가입할 필요가 있을까요? 꼭 필요한 지출은 영수증 잘 챙기시고 카드도 골라 쓰되 연말정산을 위해 추가로 지출 구조를 만들지는 마세요. 금융 상품 가입도 신중하시고요. 특히 세법이 바뀌면 반드시 공부하시는 거 잊지 마십시오. 이번 세법 개정안도 여론에 밀려 총급여 5,500만 원 이하 근로자는 추가 세 부담이 없도록 조정한다고 했으니까요. 세법을 알아야 나한테 유리하게 바꿀 수도 있는 겁니다."

월급은 안 오르고 세금만 더 내게 생겼구나. 나는 괜스레 테이블 위의 소금통과 후추통을 만지작거렸다.

"수업 내내 세금 늘어난다는 이야기만 해서 속이 허하시죠? 오늘 브런치 메뉴는 뜨끈한 설렁탕입니다. 제가 어젯밤부터 잠 설쳐가며 가마솥에 푹 고았어요. 설렁탕 한 그릇 하시고 내년 지출 계획을 다시 점검해보시기 바랍니다."

날도 춥고 마음은 더 추웠는데, 설렁탕 괜찮네. 바뀌는 세법 개정안 꼭 챙겨봐야지!

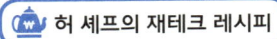 **허 셰프의 재테크 레시피**

바뀐 연말정산 어떻게 준비할까?

1. 인적 공제가 확 줄었어요
새로 바뀐 세법 개정안에 따라 2014년부터 '연말정산=소득공제' 공식이 깨지고 대거 세액공제 방식으로 바뀐다. 우선 인적 공제

부분부터 살펴보면 기본적인 인적 공제 항목인 본인과 부양가족에 대해 1인당 150만 원 소득공제는 그대로 유지된다. 다만 추가 공제에 해당하는 6세 이하 자녀, 출산과 입양, 그리고 다자녀에 대해 100~200만 원씩 소득공제해주던 방식이 자녀 한 명에서 두 명은 15만 원씩, 그리고 세 명 이상은 한 명당 20만 원씩 세액공제로 단순화된다. 만약 세 살, 다섯 살 두 자녀가 있는 가정이라면 기존에는 만 여섯 살 미만 아이에 대해 양육비 공제를 받고 거기에 다자녀 추가 공제를 이중으로 받았지만, 이제부터는 자녀세액공제로 통합되면서 혜택이 줄게 된다. 다만 연소득 4,000만 원 미만인 저소득층 가정에는 자녀장려세제가 도입되어 18세 미만 자녀 1인당 연간 50만 원씩을 지원해주니, 꼭 챙기자. 특히 자녀장려세제와 세액공제는 중복해서 적용받을 수 없다는 점을 기억할 것.

2. 연금저축 혜택도 줄었어요

기존 연금저축은 연간 400만 원까지 소득공제를 받고, 10년 불입 후 연금을 받을 때는 연간 1,200만 원까지 분리 과세 혜택을 받을 수 있었다. 만약 과세표준이 1,200만 원~4,600만 원 사이라면 소득세율 15%에 소득세의 10%에 해당하는 지방세까지 합쳐 66만 원을 돌려받았다. 하지만 2014년부터는 연금저축 납부액 400만 원 한도로 불입액의 12%를 세액공제해주는 것으로 바뀐다. 이렇게 되면 연금저축을 400만 원까지 불입했다면 소득 수준과 상관없이 52만 8,000원을 환급받게 된다. 2013년 환급액과 비교하자면 과표 기준 1,200만 원 미만인 경우를 제외하면 최저 13만 2,000원부터 최고 114만 4,000원까지 세금 혜택이 줄어든다. 이와 함께 100만 원 한도로 소득공제를 해주던 보장성 보험료도 납입 보험료 100만 원의 12%만큼만 세액공제를 해준다. 연소득 1,200만 원 이상이라면 세금이 오르는 셈이다.

3. 첫째는 절약, 둘째는 소비생활 최적화

'13월의 월급'이 점점 사라지고 있다. 인적 공제 추가 항목 중 소득공제 방식으로 남아 있는 경로우대와 장애인 공제도 2015년부터 세액공제로 바뀌면 소득공제 항목이 거의 남지 않는 셈이다. 하지만 이 와중에 소득공제로 남아 있는 항목이 있다. 바로 현금영수증과 체크카드 사용액에 대한 부분이다. 신용카드는 연봉의 25% 초과분에 대해 15% 공제해주던 게 10%로 공제율이 낮아지지만 체크카드와 현금영수증은 30% 공제율이 그대로 유지된다. 생각 없이 신용카드를 사용했었다면 이제는 정말로 체크카드로 갈아타야 할 때가 된 것이다. 금액이 크지는 않지만 주택청약저축 납입액 중 48만 원까지 소득공제 해주는 것도 그대로 유지된다. 아울러 연금저축 납입액도 세액공제로 바뀌는 만큼 '세테크'를 생각한다면 연금 상품을 가입할 때 소득공제보다는 비과세 혜택이 있는 연금보험으로 관심을 돌려보자.

'경성이브'
고급 코스 예약합니다

:

지난 주 연말정산 수업을 끝으로
중급 코스가 마무리됐다.
다인은 그동안의 수업 내용을 '부자 노트'에 정리하며
'통장 잔액 1,670원'의 한심했던 자신의 모습을 떠올린다.
적금 통장에 차곡차곡 돈이 쌓여가고,
펀드와 보험도 매달 넣고 있긴 한데
앞으로는 어떻게 해야 할까?

8인 8색, 콩나물 팍팍 무쳤나?

"네? 저희한테 요리를 하라고요? 셰프, 아무리 중급 코스 마지막 수업이라지만 이건 좀……. 게다가 재료가 이게 뭐예요?"

"이 재료가 어때서요? 제가 30대 중반에 파리에 있는 요리 학교에서 유학할 때 고이 키워서 매번 다르게 무쳐먹었던 건데요. 각자 알아서 요리해보십시오. 메뉴랑 레시피는 100% 자유고요. 양념이랑 도구는 다 준비되어 있습니다. 휴대용 가스레인지는 네 대뿐이니, 두 분씩 짝지어서 쓰세요."

셰프가 시키는 걸 보니 뭔가 이유가 있겠지. 중급 코스 회원 여덟 명이 주섬주섬 요리를 시작했다. 소연이와 나도 한 움큼씩 콩나물을 덜어 끓이기 시작했다. 용만 씨는 콩나물을 잔뜩 집더니 셰프를 불러 레스토랑 뒷마당으로 나간다.

"자, 거의 완성하셨나요? 그럼 접시에 담고 테이블에 모여주세요. 시식해야죠."

회원들이 각자 콩나물 요리를 들고 테이블로 모였다. 똑같은 재료로 만들었는데도 메뉴가 다양하다. 콩나물무침이 네 개로 가장 많고, 콩나물국과 콩나물밥이 각 한 개씩, 콩나물잡채와 콩나물을 넣은 라면도 있었다. 셰프가 먼저 맛을 보고 품평을 시작한다.

"라면 누구예요? 정훈 씨? 너무 쉽게 가신 거 아니에요? 그래도 청양고추를 넣어 얼큰하니 맛은 있네요. 콩나물잡채는 지연 씨죠? 이 정도면 수준급 실력입니다. 용만 씨는 특이하게 콩나물밥을 하셨네요. 제가 몇 년간 이 수업을 진행했지만 콩나물밥을 하신 분은 처음 봤어요. 맛있습니다. 다들 잘하셨어요.”

소연이와 내가 선택한 콩나물무침은 경쟁이 치열했다. 에이, 나도 다른 메뉴로 할 걸 그랬네!

“다른 분들 메뉴도 드셔보세요. 다 드시고 나면 제가 드릴 말씀이 있습니다. 밥이랑 다른 반찬들 좀 내올게요.”

셰프가 주방으로 향했다. 오늘은 밥 먼저 먹고 수업하는 건가? 그런데 신기하게도 콩나물무침 맛이 네 개가 다 다르네!

콩나물무침도 스타일이 있는데!

“자, 그럼 마지막 수업을 시작할까요? 제가 직접 요리를 해보시라고 한 것은 ‘경성이브’의 고급 코스를 예약하기 위해서였습니다.”

“고급 코스 예약이라뇨? 고급 코스 없는 걸로 아는데요?”

“네, 용만 씨 말이 맞아요. 경성이브에 고급 코스는 없습니다. 그런데 왜 없는지 아십니까? 고급 코스는 혼자서 마스터해야 하기 때문입니다. 물론 부자들도 인맥을 만들고 정보를 교환하긴 합니다만, 그전에 자기만의 재테크 스타일을 만들죠. 그게 부자가 될 수 있는 핵심 비결입니다.”

“자기만의 스타일이요?”

“네, 나만의 재테크 시스템이랄까요? 보세요! 똑같은 콩나물로 이렇게 다양한 요리가 나왔잖아요. 콩나물무침도 네 가지 다 맛이 다르고요. 하물며 콩나물무침에도 스타일이 있는데, 재테크는 어떻겠습니까? 이제 중급 코스를 마치신 여러분들은 재료 다루는 법과 다양한 요리법을 다 알고 계십니다. 물론 이론상으로만 그렇죠. 이제부터 본격적인 요리, 즉 재테크를 하는 게 바로 고급 코스입니다."

"갑자기 겁이 나네요. 재테크라는 요리를 글로 배워서 잘할 수 있을지 모르겠어요!"

소연이의 말에 사람들이 큰소리로 웃는다. 그래, 막상 재테크를 하려니 겁부터 난다.

"아주 좋습니다! 지금 그 마음 평생 잊지 마세요. 당장 시작할 필요는 없습니다. 재테크 절대 하지 않고 예금과 적금만 들겠다고 결심한 분도 함께 생각해보세요. 고급 코스는 몇 달 혹은 몇 년 안에 끝나는 게 아니라 평생 계속되는 겁니다. 쉽게 말해 어떻게 돈을 벌고, 그 돈을 어떻게 잘 쓸 것인가에 대한 시스템을 만드는 일이죠."

나는 '돈을 벌고 잘 쓰는 법에 관한 시스템 만들기'라고 부자 노트에 메모했다.

평생 나에게 필요한 돈은 얼마일까?

"중급 코스의 질문 대마왕이었던 다인 씨에게 질문 하나 할까요? 다인 씨, 앞으로 평생 얼마의 돈이 필요할 것 같나요?"

"네? 그, 글쎄요. 당장 몇 년 안에 결혼 자금이 필요할 거고, 남편이랑 열심히 맞벌이해서 집도 사고, 애들 교육비도 필요하고, 노후까지 생각하면……. 몇 억이 들지 계산도 잘 안 되네요. 제가 그 많은 돈을 벌 수나 있을는지도 모르겠고요."

생각 없이 펑펑 써댔던 지난날이 후회된다. 그때 열심히 모아둘걸!

"막연히 생각만 하면 불안하고 겁이 납니다. 하지만 미리 재무 플랜을 짜놓고 차근차근 대비해나가면 충분히 할 수 있어요. 가장 먼저 평생에 걸쳐 필요한 비용들을 정리해보세요. 3년 후 결혼 자금으로 3,000만 원, 10년 후 내 집 마련 자금으로 2억 원 하는 식으로요. 꼭 정확하게 쓰지 않아도 됩니다. 3년 후 3,000만 원을 모으려면 1년에 1,000만 원씩 모을 방법을 찾는 거죠."

용만 씨가 고개를 끄덕이며 말했다.

"제가 집을 살 때 딱 그랬습니다. 10년 안에 집을 사겠다는 목표를 세우고 필요한 돈이 얼마인지 계산했죠. 그 돈을 모으기 위해 지출을 줄일 방법과 부가 소득을 올릴 방법, 연봉을 높일 방법이 없는지 매일 아내와 고민했습니다. '이건 집 살 돈이지' 하는 생각이 드니까, 지출하기 전에 몇 번씩 다시 생각하게 되고 기꺼이 부업도 열심히 하게 되더군요. 노력한 보람이 있어서 10년이 아닌 8년 만에 집을 장만하게 되었어요. 지금은 조금 남아 있는 대출금 갚느라 정신없지만, 다 갚으면 아들 대학 등록금과 노후 통장을 채우려고 합니다."

"네, 그런 식으로 하시면 됩니다. 방법은 다 알고 계시니까 소액으로 조금씩 해보면서 열심히 연구하세요. 각자 자신이 어떤 재테크 스타일인가를 찾는 겁니다. 예금과 적금 올인족인지, 펀드 분산 투자족인지, 주식의 달인형인지는 스스로 직접 해봐야 압니다. 이때 무엇보다 중요한 건……."

부자 노트 쓰기는 계속된다, 쭈욱~

"절대 남의 말을 듣지 말자! 맞죠?"

"그렇습니다! 재테크에 관한 한 남이 하는 이야기는 반에 반도 믿지 마세요. '경성이브'에서 들은 수업 내용도, 잘 나간다는 재테크 책의 비법도 마찬가지입니다. 재무 설계를 받아보셔도 좋지만, 추천받은 상품에 대해 최소한 몇 달은 공부한 후에 돈을 넣으세요. 그 상품에 대해 다 이해가 되고 나한테 맞는지 안 맞는지 판단이 될 때 투자해도 늦지 않습니다."

지연 씨가 따뜻한 눈길로 나와 소연이를 보며 말한다.

"앞으로 절대 주식이나 펀드에 가입하지 않을 거라고 해도 평생 자금 계획은 꼭 세워둬야 합니다. 단기(1년 미만), 중기(1~3년), 중장기(3~5년), 장기(7년 이상) 자금으로 나누고 각각 알맞은 금융 상품에 가입합니다. 그리고 해지하면 손해를 보는 (보험 같은) 장기 상품은 무조건 소액으로 시작한다는 거 잊지 마시고요."

"재테크는 안 해도 경제 공부는 꾸준히 하셔야 하는 거 다들 아시죠? 앞으로 중점적으로 공부할 내용들을 레시피로 정리해드릴게요. 저는 항상 이곳에 있으니까 모르는 건 언제든 와서 물어보시고요. 원하시는 분들끼리 경제 신문 스터디 모임을 계속하셔도 좋습니다. 이상으로 중급 코스 수업을 마치겠습니다. 잘 따라와주셔서 감사합니다. 수고 많으셨어요!"

그동안 배운 내용들이 파노라마처럼 스쳐간다. 저축액은 '0원'이고 경제의 'ㄱ'자도 몰랐던 몇 달 전의 나를 생각하면 격세지감이다. 셰프와 지연 씨가 정리해주는 내용들을 메모하며, 어느새 꽤 두툼해진 '부자 노트'를 어루만진다. 첫 표지에 적어둔 '경제적 성공을 이루고 나면 할 일'을 다시 읽어본다. 그중 하나는 목표를 달성할 때마다 '경성이브'에서 고급 코스 요리를 먹는 거다. 첫 번째 만찬은 1억을 모은 후 경성이브를 소개해준 소연이와 함께 하기로 했다. 이제부터 열심히 모아서 1억이 되면 셰프에게 전화를 걸어 최고급 코스 요리를 예약해야지! 그날이 올 때까지 열심히 모으고 공부해야겠다.

"자, 다음 주부터 경제 신문 스터디를 시작합니다. 마지막 레시피 나올 때까지 저쪽 테이블에서 커피 마시면서 계획을 짜볼까요?"

정훈 씨의 말에 회원들이 우르르 몰려간다. 소연이와 나도 '부자 노트'를 챙겨 일어선다. 우리의 재테크, 아니 경제 공부는 계속될 것이다. 고마워, 경성이브! 고마워요, 허 셰프!

🫖 허 셰프의 재테크 레시피

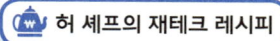

내 맘대로 '부자 노트' 쓰기

1. 대박 날 종목 몰래 찍어보자, 주식 노트
지금 당장 주식 투자를 하고 있지 않더라도 '주식 투자 일기'를 써보자. 널뛰는 주가 그래프를 보면서 "이 종목 여기 바닥에서 사서 꼭지 근처에서 팔았으면 몇 달 새 두 배는 거저 먹었을 텐데……"라고 백날 말해봤자 소용없는 일이다. 미국의 출구 전략

시행을 앞두고 미 경제 지표나 양적 완화 정책 뉴스에 따라 증시가 요동치는 시기라면 오늘 나온 뉴스와 시황, 그리고 신문에서 전망하는 뉴스를 스크랩하고, 내가 보기에 유망한 투자 업종과 종목, 그리고 앞으로의 전망 등을 적는다. 그리고 증시 상황에 따라 내 전망이 얼마나 비관적이었다가 금세 긍정적으로 바뀌는지 심리 상태도 꼼꼼히 기록한다. 누가 보는 것도 아니니 솔직하게 적자. 몇 달에 한 번씩 점검해보면 내가 주식 투자에 적합한지 그렇지 않은지가 보인다. 주식 투자를 하지 않는다 해도 계속 쓰면 경제 전망에 도움이 되니 꾸준히 쓸 것.

2. 꼼꼼한 인터뷰 기자가 되자, 부동산 노트

컴퓨터 모니터 앞에서 엉덩이 붙이고 고민하는 주식과 달리 부동산 투자에 관심이 있다면 여기저기 발품을 팔아야 한다. 특히 요즘같이 부동산 시장이 실수요자 중심으로 돌아갈 때는 사람들이 살고 싶어 하는 동네 중심으로 투자 지역을 좁혀야 한다. 시간이 날 때마다 관심 지역을 돌아다니며 그 지역 부동산 중개사무소에도 수시로 들러 이것저것 물어보자. 여기서 주의할 점 하나, 실거주 목적으로 아파트를 고른다고 해서 "내가 살기 편하면 그만이지" 하는 마음으로 접근하면 곤란하다. 어떤 투자 상품이든 투자 대상을 고를 때는 내가 보기에 전망이 좋은 상품이 아니라, (내가 생각하기에) 대중들이 보편적으로 좋아할 만한 상품을 선택하는 게 기본이기 때문이다. 이런 항목을 중심으로 동네별 주요 아파트 장단점 리스트를 써본다. 너무 많으면 관리(?)하기 힘드니, 다섯 곳 미만으로 꾸준히 추적 관찰한다.

3. 딱 하나만 공부할 거라면, 환율 노트

환율은 평범한 직장인에게 직접적인 투자 대상은 아니지만, 국내 경제에 미치는 영향이 지대하기 때문에 반드시 따로 공부해 둬야 한다. 올라도 걱정, 떨어져도 걱정인 게 바로 환율이다. 증시에 외국인 투자가 밀려오면 원화 가치가 오르면서 환율이 떨어진다. 그렇게 되면 글로벌 시장에서 우리나라 제품 가격 경쟁력이 떨어지는 문제가 생긴다. 반대로 환율이 오르면 수입품 가격이 오르고, 특히 국제 유가 상승과 겹치면 인플레이션 공포에 휩싸일 수도 있다. 평소에 이론적으로 공부를 착실히 해놓고 실제 환율이 적정 구간에서 벗어날 때 어떤 부작용이 생기는지, 그리고 그 뒤편에서 어떤 업종이 웃는지 살펴보자. 환율 공부만 잘해도 재테크는 저절로 된다고 해도 과언이 아니다. 하나만 공부할 사람은 환율을 택하라.

4. 진정한 고급 코스는 이것, 경제 공부 노트

공자님 말씀에 "배우기만 하고 생각하지 않으면 어둡고, 생각만 하고 배우지 않으면 위태롭다"는 말이 있다. 큰맘 먹고 경제 공부를 시작했다면 제대로 해보자. 보통 경제 신문을 착실하게 읽어가며 경제 용어와 친숙해지는 걸로 경제 공부를 시작한다. 분명 좋은 방법이다. 하지만 어느 정도 초급 단계가 지났다면 반드시 경제 시사 이외에 이론에 대한 공부를 해야 한다. 경제 현상에 대해 눈이 뜨이면 생각이 많아지는데, 이때 따로 시간을 내서 배우지 않으면 생각이 위태로운 방향으로 흐를 가능성이 높다. 비관론에 빠지기 쉽다는 이야기다. 신문 기사를 분석하는 공부에 익숙해졌다면 경제 이론을 배우고 그 이론이 적용되는 뉴스를 찾아보라. 경제에 대한 내공이 붙으며 보는 눈이 생기는 게 느껴질 것이다.

부자들에게 재테크를 묻다

💲 객관적인 부자의 조건

'백만장자'라는 말이 있습니다. 백만장자는 말 그대로 100만 달러 재산을 가진 사람을 말하는데, 이는 원화로 환산하면 약 10억 원 정도로 국내에는 20만 명 정도가 여기에 속합니다. 하지만 흔히 우리 주변에서 부자로 불리는 사람은 평균적으로 최소한 금융 자산 10억 원, 총자산 30억 원 이상을 보유하고 있는 자산가입니다. 현재 국내에 약 16만 명 정도가 있다고 알려져 있습니다.

또 부모 잘 만나서 인생을 편하게 살아가는 사람들이 많은 것 같지만 실제로 상속 부자는 5% 정도에 지나지 않다고 합니다. TV 드라마나 영화 속에 재벌 2, 3세들이 주구장창 등장해서 그런지 그 수가 꽤 많을 것 같지만, 실제 100대 그룹 일가친척들 자손수를 다 합치면 5,000명도 안 됩니다. 전체 인구의 0.01%에 지나지 않는 숫자입니다. 부자들의 70~80%가 스스로 부를 일군 자수성가형 부자고, 10~20%가 전문가 혹은 벤처 투자가입니다. 부자들이 자식을 낳으면 엄마 아빠도 부자고 자식도 부자에 속하므로 상속 부자 숫자가 기하급수적으로 늘어날 것 같지만, 세월이 흐를수록 상속 부자의 비율은 점점 줄고 자수성가한 사람의 비율이 늘고 있습니다.

또한 경제위기가 휩쓸고 가면 많은 사람들이 힘들어지지만, 반대로 백만장자의 숫자도 급격하게 늘어납니다. 부자는 3대를 가기가 힘들고, 전쟁 통에 부자 난다는 말이 맞는 것 같네요.

💲 부자들은 어떻게 큰돈을 모았을까?

보통 월급쟁이들은 입사부터 퇴직할 때까지 20~30년간 꾸준히 월급을 모아 재산을 불리고자 노력합니다. 하지만 부자들은 평균적으로 13년 내에 부의 규모가 결정됩니다. 재테크 포인트가 재산을 모으는 게 아니라 재산을 지키는 사람이라면 부자라고 할 수 있죠. 돈은 약 13년 동안 피땀 흘려 벌고, 일단 부자의 반열에 오르고 나면 상속 등을 대비해 세금 줄이는 일에 몰두합니다.

우리나라 부자들은 대부분 부동산 투자를 통해 부를 완성했다고 합니다. 그리고 그들을 인터뷰해보면 열 명 중 네다섯 명이 부동산 등에 투자를 위해 '일해서 번 돈'으로 종잣돈을 마련했다고 대답합니다. 특이한 건 주식 투자나 다른 재테크 수단을 통해서 부자가 된 경우는 많지 않다는 점입니다. 부자가 되는 시작점은 지금 내가 하고 있는 일에 달려 있습니다. 보통 사업 아이템을 고를 때 대부분은 그동안 해온 잘 알고 있는 분야에서 승부를 내는 거죠. 진짜 부자가 되고 싶다면 주식이나 재테크에 열 올리지 말고 지금 하는 일에 더 집중해서 몸값을 높이거나, 전공을 살려서 사업에 뛰어들 궁리를 하는 게 현명하다는 결론입니다.

💲 부자는 일반인과 어떻게 다른가?

역사상 어느 시대를 막론하고 부자가 전체 인구의 5%를 넘어선 적이 없습니다. 다시 말해 20대 1의 경쟁을 뚫어야 부자가 될 수 있다는 결론이 나옵니다.

① 이자 주는 사람 vs 이자 받는 사람

부자들은 사업 자금은 최대한 남의 돈을 빌려서 마련하지만 개인적인 소비를 위해서는 절대 빚을 지지 않습니다. 템플턴 자산 운용으로 유명한 가치 투자의 대가 프랭클린 템플턴 경은 부자가 되기 위해서는 우선 이자를 주는 사람이 되면 안 되고 반드시 이자를 받는 사람이 되어야 한다고 말합니다. (실제로 인터뷰했던) 지독한 현금주의자인 한 부자는 요즘엔 나도 모르게 빚지는 게 너무나 자연스러워졌다며 할부 마케팅에 주의해야 한다고 경고합니다. 누구나 가지고 있는 스마트폰도 거의 모든 사람들이 2년이나 3년 약정을 하고 할부로 구입합니다. 또 대부분 직장인들이 차를 살 때 너무 쉽게 수십 개월 할부를 결정하죠. 이 모든 것에는 이자에 해당하는 수수료를 지불해야 합니다. 그 현금주의자 부자는 30개월 할부로 차를 사야 한다면 30개월 적금을 들어서 이자를 받아가며 돈을 모으고 그 돈으로 30개월 후에 차를 사는 게 순서라고 강조합니다.

② 100만 가지 안 되는 이유 vs 3가지 되는 이유

회사를 그만두고 사업을 할까 생각하다 보면 실패에 대한 두려움이 따르기 마련입니다. 막상 사업을 하려고 하면 경기가 안 좋아서 힘들 것 같고, 인기 있는 아이템은 이미 경쟁이 치열해서 살아남기 힘들 것 같고……

하지만 실제 사업에서 성공한 사람들을 만나 보면 공통적으로 세상을 바라보는 시각이 매우 긍정적이라는 걸 느낄 수 있습니다. 100만 가지의 실패 이유를 찾기보다는 될 수밖에 없는 이유가 세 가지만 있다면 강력하게 추진합니다.

"저는 한 코미디언 커플 부인이 토크쇼에 나와서 끊임없이 남편 사업 실패 이야기를 하면서 웃음을 이끌어내는 장면을 보고 곧장 TV를 껐습니다. 사업 망한 이야기는 아무리 재미있게 얘기해도 듣는 것만으로도 기가 빠져나가는 것 같아서요. 저는 사업을 하면서 당연히 실패 위험에 대비하지만 언제나 긍정적인 마인드를 유지해야 일하는 데 힘이 납니다."

가죽 의류 사업을 하는 어느 대표의 얘기입니다. 또한 그는 사업의 성패를 좌우하는 요인으로 시장의 경쟁 자체를 꼽지는 않았습니다.

"다들 경쟁이 심해서 장사가 되겠느냐며 비즈니스 시작을 꺼리는데, 요즘 경쟁이 심하지 않은 부분이 어디 있습니까? 고객을 대하는 업종이라면 소비자 눈높이에서 빈틈이 보이느냐, 않느냐에 따라 나뉜다고 보면 됩니다. 장사가 어느 정도 된다고 그냥 있는 거 가지고 때우려고 하면 고객들은 귀신같이 알거든요."

성공한 어느 PC방 사장은 개업한 지 8개월 만에 이익이 나기 시작했는데, 그때부터 주머니에 돈이 들어오면 마우스도 예쁜 걸로 바꾸고 공기청정기도 손 보고 했답니다. 음식점을 운영하는 한 분은 하다 못해 수저 받침대라도 정기적으로 새 걸로 맞췄다고 말합니다. 사업의 성패는 바로 이런 작고 사소한 부분에 달려 있습니다.

③ 절대 곁눈질하지 않는다

사업에서 크게 성공한 부자들은 의외로 주식을 많이 하지 않습니다. 물론 몇몇은 젊었을 때 친구들과 모여서 코스닥 종목을 찍어 주가를 올렸다내렸다 하는 이른바 주가 조작 '작전'을 펴기도 했다고 합니다. 그러다 대부분 1997년 외환위기 때 아파트 몇 채 값을 한 번에 날리고 그 후로는 아예 끊거나 나름대로 투자 매뉴얼을 만들어 정석 투자 방식을 익혀서 조금씩 한다고 합니다.

한 중소기업 사장은 "원재료를 수입해서 제품을 수출하는 기업을 운영하면 환율에 따라 손해를 보거나 이익을 보는 상황이 생깁니다. 이 규모가 생각보다 커서 처음에는 환율을 가지고 베팅하는데 신경을 더 쓰기도 했습니다. 그러다 보니 환테크에 사업이 뒷전으로 밀리는 본말이 전도되는 지경에 이르더군요. 아차 싶어서 지금은 사업에 더 집중하려고 합니다"라고 말합니다.

자신의 비즈니스를 가지고 있는 부자들은 대부분 주식이나 그 밖의 재테크 사업에 지장을 주지 않도록 매우 엄격하게 컨트롤하고 있다는 느낌을 받았습니다.

④ 부자는 바람둥이? 진짜 부자 힘의 원천은 가족!

남자들은 돈이 생기면 바람을 피운다는 다소 남성 비하적인 통념이 있습니다. 하지만 한국에서 부자가 되려면 결혼 상대자로 자신의 일을 헌신적으로 도와줄 사람을 만나는 게 중요하다는 이야기도 있습니다. 사업이 크게 성공하려면 가족들의 전폭적인 지지가 있어야 하고, 그러기 위해서는 가족에 대한 책임감이 투철해야 한다는 말입니다.

실제로 인터뷰를 진행했던 부자 한 분은 친구들과 부부 동반으로 모임을 가져보면 재산이 많은 순서대로 부부애가 돈독하다는 점을 발견하고 살짝 놀란다고 합니다. 또 다른 부자의 아들은 부모님의 성공 비결로 어머니와 아버지의 확실한 역할 분담과 서로를 존중하는 자세를 꼽기도 했습니다. '수신제가 치국평천하'라고 하던가요. 옛말 그른 것 하나 없습니다.

부자들이 좋아하는 채권

·
·
·
·

💲 채권 투자의 핵심은 금리

채권 투자는 금리에 대한 투자라고도 합니다. 그만큼 채권 투자는 시중 금리 상황을 판단하고, 앞으로의 금리 흐름을 예측하는 게 중요합니다. 그렇다면 금리와 채권 수익률은 어떤 관계일까요? 채권에 투자하는데 이자를 많이 받으면 좋으니까 당연히 금리가 오르면 채권 투자 수익률이 오르는 게 아닐까라고 생각할 수 있습니다. 다소 당황스럽겠지만 "그렇지 않다"입니다.

금리가 오르면 예금하려는 사람에게는 유리하죠. 그런데 금리가 오를 때 이미 예금에 가입해 있는 사람의 경우는 어떨까요? 내가 오늘 연 3% 예금에 가입했는데 내일부터 예금 금리가 연 4%로 오른다면 이미 가입한 예금 통장의 가치는 떨어지겠죠. 금리가 오르면 이미 예금에 가입한 사람에게는 손해라는 뜻입니다.

채권도 마찬가지입니다. 채권에 투자하려는 사람에게는 채권 금리가 높으면 좋겠지만, 이미 채권에 투자했는데 시중 금리가 올라

316

채권 금리가 높아지면 내가 투자한 채권의 가치는 떨어집니다. 예를 들어 1년 후(만기 기간) 1,000만 원(액면가)을 돌려주는데 이자율이 연 3%(표면 이자), 즉 이자로 30만 원을 준다고 써 있는 채권 증서가 있습니다. 만약 시중 금리가 3%면 이 채권에 투자하는 사람은 발행한 사람에게 1,000만 원을 빌려주고 1년 후 이자 30만 원에 원금 1,000만 원을 합친 1,030만 원을 돌려받게 됩니다.

그런데 바로 다음 날 시중 금리가 4%로 오른다면 다른 채권은 1,000만 원을 투자했을 때 1년 후에 40만 원의 이자를 받을 수 있기 때문에 이자로 30만 원만 주는 채권을 팔려면 더 싸게 팔아야만 사겠다는 사람이 나오겠죠. 어쨌든 표면 금리 연 3% 채권은 1년 후 1,030만 원을 돌려받기 때문에 투자하는 시점에 1,000만 원보다 약 1% 정도 낮은 금액으로 팔아서 표면금리에서 손해 보는 부분을 보충해야 한다는 말입니다. 위의 예의 경우 $(1,030-x)/x=0.04$, $x=990.38$로, 이는 다시 말해 시중 금리가 4%로 오르면 연 3% 금리를 주는 액면가 1,000만 원짜리 채권이 990만 원으로 그 가치가 떨어지는 거죠.

정리하자면 금리와 채권 가격은 반비례합니다. 이미 채권을 들고 있는 경우 금리가 오르면 내가 보유하고 있는 채권의 가치가 떨어져 수익률이 떨어진다고 생각하면 됩니다.

💲 영구채 & 절세 채권

채권 수익률을 결정하는 요소는 두 가지가 있습니다. 하나는 돈을 빌려줄 때 주고받은 증서에 약정해놓은 이자를 받는 거고, 또 다른 하나는 시중 금리에 따라 채권 증서의 가격이 움직이기 때문에 거둘 수 있는 '플러스알파 수익'입니다. 여기서 알아둘 것은 채권마다 이자를 주는 방법이 다양하다는 겁니다. 매달 이자를 지급하는 채권도 있고 3, 6, 9, 12월 등 분기마다 주는 경우도 있으며, 아예 만기에 원금과 이자를 한꺼번에 돌려주기도 합니다.

최근 뉴스에서 가장 많이 나오는 핫한 채권 중 하나로 신종 자본 채권 혹은 하이브리드 채권이라고 불리는 '영구채'가 있습니다. 영구채는 만기가 30년이면서 무한대로 연장이 가능하기 때문에 이론상으로 원금은 돌려받지 않고 영원히 이자만 받을 수 있습니다.

영구채는 채권이 수익을 올리는 두 가지 방법 중 채권 증서 가격 변화에 따른 수익은 전혀 없이 오직 이자만으로 수익을 올리는 특이한 채권입니다. 돈을 빌려줄 때 만기 없이 빌려주는 만큼 다른 채권에 비해서 상대적으로 이자가 높습니다. 최근 시중 은행에서 발행한 영구채의 경우 표면 금리가 연 5, 6% 정도 높은 이자를 약속하고 있습니다. 또한 3년 이상 보유하면 분리 과세 대상이 되기 때문에 절세 효과도 누릴 수 있는데, 이와 같은 이유 때문에 인기를 끄는 거죠.

한편 표면 이자가 0%로 이자 수익이 전혀 없고 단지 채권 가격 변화에 따른 이익만을 얻을 수 있는 영구채와 정반대인 채권도 있습니다. 예를 들어 3년 만기로 100만 원짜리 채권을 발행할 때 이자 없이 91.51만 원에 채권을 살 수 있도록 합니다. 그렇게 해서 3년 후에 100만 원을 돌려받는다면 연 3%의 수익을 얻는 효과가 생깁니다. 이런 방법으로 채권을 발행하면 완벽하게 절세 효과를 누릴 수 있습니다. 채권 투자 시 세금은 철저하게 이자 수익에만 부과하고, 매매 차익에 대해서는 세금이 없습니다. 따라서 표면 이자가 0%이면서 가격을 할인해 발행하는 채권은 완전한 비과세 상품입니다. 대표적인 할인 채권으로 국민주택 2, 3종이 있습니다.

💲 후순위 채권 & CP 투자 맛보기

2011년경 저축은행이 줄줄이 문을 닫는 사태가 벌어졌습니다. 이때 가장 문제가 되었던 부분이 바로 (예금자 보호 범위를 넘어선) 5,000만 원 이상 예금자와 이자를 많이 주는 일반 예금인 줄 알고 후순위 채권에 투자한 경우였습니다. 뉴스마다 이들의 안타까운 사연과 함께 후순위 채권 투자 위험에 대해 경고를 내보냈습니다.

2년이 지난 2013년에도 몇몇 저축은행이 부도가 났고, 다시 한 번 일부 투자자들이 똑같은 이유로 눈물을 흘렸습니다. 그리고 바로 얼마 전 이번에는 튼튼해 보이던 중견 그룹 계열사들이 부실을 견디지 못하고 하나둘씩 부도를 내 그룹이 해체되는 사태가 발생했습니다. 이번에도 이 기업이 발행한 후순위 채권과 기업 어음(CP) 투자자들이 낭패를 봤습니다. 이 정도 되면 후순위 채권과 CP는 겁이 나서 감히 투자할 엄두를 못 낼 것 같죠? 그럼에도 큰일이 날 때마다 투자자 피해가 반복되는 게 신기할 따름입니다.

후순위 채권은 회사가 망해서 빚잔치를 할 때, 돈을 받는 순서가 가장 마지막에 있는 채권입니다. 회사가 부도나면 그냥 돈을 떼인다고 보면 됩니다. 하지만 그 대가로 은행 이자 두 배 정도로 금리가 높고, 만기가 10년인 경우는 분리 과세가 가능해서 특히 거액 자산가들에게 인기가 많습니다.

CP는 회사채가 아니라 어음의 일종입니다. 회사채나 어음이나 돈을 빌리고 써주는 차용증이라는 건 똑같지만, 몇 가지 차이가 있습니다. CP는 회사채에 비해 발행 절차가 단순하고, 자사의 부채나 재무 상태를 외부에 공시할 필요가 없으며, 사장님 결재만 있으면 간단하게 발행할 수 있습니다. CP를 활용하면 부실기업도 쉽게 투자 자금을 끌어들일 수 있는 거죠. 이렇게 위험한 투자처라는 단점을 한방에 날려줄 만한 장점이 있으니, 바로 만기가 3개월 미만 단기라는 점과 이자율이 높다는 점입니다. 채권 투자를 할 때는 투자 기간 내에 회사가 망하느냐, 안 망하느냐만 생각하면 됩니다.

나중에 후순위 채권이나 CP에 투자할 경우가 생긴다면 그 기업에 대한 모든 정보를 종합적으로 파악해야 합니다. 재무제표는 기본이고 공시 정보를 일일이 찾아 최근 사업 상황이나 자금 필요 이유 등을 꼼꼼하게 살펴야 합니다. 최근 부도 사태를 일으킨 주요 기업들의 경우, 이들 기업에 대한 회계 감사와 채권에 대한 투자 등급 정보가 투명하지 못했습니다. 결과적으로 잘못된 정보를 믿고 돈을 맡긴 투자자들에게 어마어마한 피해를 끼쳤죠. 투자 팁을 하나 덧붙이자면 발행 회사의 신용 등급 못지않게 모기업의 신용도를 살피는 것도 중요합니다. 믿을 만한 대기업의 핵심 자회사가 발행한 후순위 채권이라면 고금리 혜택을 누리면서도 부도 위험을 줄일 수 있기 때문입니다.

다양한 실물 투자의 세계

.
.
.
.

💲 예나 지금이나 절대 화폐인 금

금화, 금괴, 골드바……. 실물 투자 자산 중에서 우리에게 가장 친숙한 게 바로 금입니다. 전 세계에서 생산된 금의 절반은 보석과 장신구로 사용되고, 40%는 투자용으로 쓰이며, 나머지 10% 정도만 산업용으로 사용된다고 합니다. 산업용으로 쓰이는 금의 비중이 적기 때문에 금의 가격은 다른 실물 자산과는 다르게 산업용 수요-공급에 따라 변하지 않고, 그 자체의 가치 변화에 따라 움직입니다. 이렇게 금은 여타 다른 실물 자산과는 그 성격이 전혀 다릅니다.

역사적으로 살펴봤을 때 금의 가치는 대체적으로 안정적인 흐름 속에서 두 가지 경우에 급등하는 모습을 보였습니다. 첫 번째는 미국이 전쟁 등의 비용 문제로 달러를 급격하게 찍어내면서 달러 가치가 하락한 경우고, 두 번째는 경기 침체가 심해져서 디플레이션 우려가 커진 시기입니다. 1960년대 미국이 베트남 전쟁을 치르면서 엄청난 전비를 감당하지 못하고 1971년 금태환제도 폐지를 선언했습니다. 이후 달러를 무한정 찍어내자 당연히 달러 가치가 급격하게 떨어졌고, 달러 가치에 불안을 느낀 사람들이 금 보유로 몰리면서 금 가격이 천정부지로 치솟았습니다. 그 후 20여 년간 다시 안정을 찾은 금 가격은 2003년께 다시 꿈틀거리기 시작했는데, 이는 미국이 이라크와 전쟁을 치르는 시기와 겹칩니다.

그러다 2007년 미국 서브프라임 모기지 사태 이후 세계 경기가 급격하게 나빠지면서 디플레이션 우려가 커졌고, 유럽의 재정위기까지 이어지면서 세계 각국이 대대적인 양적 완화 정책을 통해 통화량 공급을 무한대로 늘렸습니다. 이렇게 디플레이션과 통화량 증가가 맞물리면서 2000년대 초 트로이온스(31.1035g)당 200~300달러 수준이었던 금값이 2012년에 1,900달러로 수직 상승하는 화끈한 모습을 보였습니다.

💲 금에 투자하는 세 가지 방법

① 내 방 가득 쌓아두고 싶다, 골드바

금에 투자하는 첫 번째 방법은 바로 금덩이를 사는 겁니다. 골드바는 순도 99.9%의 금을 무게별로 만든 것인데, 시중 은행에서 직접 구입할 수 있습니다. 종로에 몰려 있는 금은방에서 다소 저렴하게 살 수도 있고요. 골드바의 가장 큰 매력은 시세 차익에 대해 세금이 없다는 점입니다. 하지만 구입할 때 부가가치세 10%에 수수료 4~5%를 더해 15%에 가까운 비용을 내야 하고, 결정적으로 보관하는 데 불편하다는 점 때문에 그리 추천하는 방법은 아닙니다. 손바닥 만한 1kg짜리 골드바 하나 가격이 최근 시세로 보통 5,000~7,000만 원 정도 합니다. 골드바 두 개를 집에서 보관하다가 도둑이 들거나 잃어버린다면……. 상상만 해도 심장이 쪼그라들면서 바로 '억' 소리가 납니다.

② 금 통장

금 통장은 이름에서 알 수 있듯이 은행에서 통장을 만드는 방법입니다. 이 통장에는 현금 대신 본인이 구입한 금이 그램 단위로 찍힙니다. 골드바 투자와 마찬가지로 통장에 찍힌 숫자만큼 실제 금을 소유하는 방식이지만, 금 구입과 보관을 은행이 대신해준다는 점이 장점으로 꼽힙니다. 적립식으로 투자할 수 있고, 은행에 따라 0.01g씩 살 수도 있어서 평범한 월급쟁이가 도전하기 쉽습니다. 아쉬운 점은 차익에 대해 15.4%의 이자 소득세를 내야 한다는 것입니다.

③ 금 펀드 & 금 선물 ETF

골드바나 금 통장이 금 실물을 구입하는 직접 투자 방식이라면, 금 펀드는 주식 시장에 상장되어 있는 금 관련 기업이나 지수에 투자하는 간접 투자 방식입니다. 요즘에는 비싼 수수료를 내고 펀드 매니저가 운용하는 금 펀드에 가입하는 대신, 금 관련 선물 지수를 추종하면서 주식과 똑같은 방법으로 HTS로 한 주씩 살 수 있는 금 선물 ETF를 통해 투자하는 사람들이 많아지고 있습니다.

⑤ 세계 경제의 바로미터 '원유'

금은 실물 자산이기는 하지만 화폐의 성격이 강합니다. 그래서 세계 경제가 힘 있게 돌아가는 시기에는 가치가 떨어지고, 오히려 경기가 디플레이션에 빠질 정도로 혼란스러울 때 금은 강세를 보입니다. 그렇다면 세계 경제 상황을 한눈에 보여줄 수 있는 진정한 실물 자산은 무엇일까요? 바로 원유입니다.

원유의 가격은 기본적으로 세계 경기 흐름과 맥을 같이합니다. 세계적으로 생산과 소비 활동이 활발할 때는 당연히 원유의 소비가 증가하고, 경기가 꺾이면 원유의 쓰임새도 그만큼 적어지겠죠. 또한 원유의 주요 생산 지역인 중동 국가들의 정치적인 혼란으로 공급이 원활하게 이뤄지지 않을 때 역시 가격이 급등합니다. 이 두 가지 요인이 전통적으로 원유 가격에 영향을 미치는 요소로 알려져 있습니다. 그런데 최근 들어 원유 투자를 생각할 때 고려해야 할 몇 가지 요소가 추가되었습니다.

우선 헤지 펀드들이 원자재 투자에 적극 나서고, 실물 자산이 펀드나 ETF의 형태로 빠르게 증권화되면서 가격의 변동성이 커졌습니다. 원유 가격이 2007년 배럴당 40달러 수준으로 시작해 2008년 145달러까지 치솟았다가 2009년에 다시 35달러로 곤두박질치는 급등락장을 연출했습니다. 물론 이 시기에 원유에 대한 수요와 공급의 미스매치가 생겨 가격이 출렁일 수 있는 빌미를 제공했지만, 투기 자본이 변동 폭을 키우는 데 한 몫 하기도 했습니다.

일례로 2006년부터 세계적으로 원유에 대한 초과 수요 상황이 문제되자 헤지 펀드들이 원유 값 급등에 베팅하며 원유 사재기에 나섰습니다. 원유 보관할 곳이 없어서 아예 유조선까지 사서 원유를 바다 위에 띄워놓기까지 했다고 합니다. 그러다 경기가 흔들릴 기미가 보이자 쌓아놓은 원유를 한꺼번에 처분하면서 원유 값의 대폭락을 부르고 말았죠.

'절대 화폐'라고 했던 금은 대체할 자산이 마땅히 없어 가격이 탄력을 받고 오르기 시작하면 그 원인이 사라지기 전까지 천정부지로 뛰어오릅니다. 하지만 원유는 가격이 너무 오르면 대체 에너지 개발을 자극하는 한편, 유가가 쌀 때는 수지가 맞지 않아 생산하지 못했던 샌드오일이나 셰일가스를 추가로 생산할 수 있기 때문에 가격이 스스로 조절되는 기제가 존재한다는 점도 알아둬야 합니다.

💲 다양한 실물 투자의 세계

금이나 원유 이외에도 ETF나 펀드 등을 통해 투자할 수 있는 다양한 실물 투자 상품이 있습니다. 우선 구리는 경기를 예측하는 데 가장 대표적인 금속으로 꼽힙니다. 경기가 좋아지기 직전에는 보통 상품을 생산하는 공장이 많이 건설되는데, 당연히 그 공장에 전기를 공급하는 전선의 수요가 늘어납니다. 바로 이 전선 안에 구리가 쓰이기 때문에 경기 회복 직전에 구리 시장이 술렁이기 시작합니다. 따라서 구리 가격은 경기 회복 초기에 오르는 경향이 있음을 알고 있어야 합니다.

한편 옥수수와 같은 농작물 가격 역시 수요와 공급 사정을 잘 살펴야 하는데, 주로 지구촌에 이상 기후가 덮쳐 세계 곳곳에 옥수수 흉작 뉴스가 뜨면 농산물 가격이 급등합니다. 따라서 농작물 ETF 투자에 관심이 있다면 지구 온난화와 같은 기후 뉴스에 귀를 기울여야 합니다.

안녕하세요, 허 셰프입니다.
『브런치 재테크』를 읽어주셔서 감사합니다.
질문이 있으시거나 더 자세한 내용을
알고 싶으시면 네이버 블로그 경성이브
(blog.naver.com/huh_chef)를 찾아주세요.

KI신서 5387

브런치 재테크

1판 1쇄 발행 2013년 12월 27일
1판 3쇄 발행 2016년 2월 5일

지은이 허서윤 · 신찬옥
펴낸이 김영곤 **펴낸곳** (주)북이십일 21세기북스
인문기획팀장 정지은
책임편집 양으녕 김찬성 **디자인** 전지선 **일러스트** 오동진
출판영업마케팅팀 안형태 이경희 민안기 김홍선 정병철 이은혜 백세희
출판등록 2000년 5월 6일 제10−1965호
주소 (우 10881) 경기도 파주시 회동길 201(문발동)
대표전화 031-955-2100 **팩스** 031-955-2151 **홈페이지** www.book21.com
이메일 book21@book21.co.kr **블로그** b.book21.com
트위터 @21cbook **페이스북** facebook.com/21cbooks

ⓒ 허서윤 · 신찬옥, 2013

ISBN 978−89−509−5329−4 13320
책 값은 뒤표지에 있습니다.